청춘, 고전에 길을 묻다 2

청춘, 고전에 길을 묻다 2

초판1쇄 인쇄 2022년 6월 7일
초판1쇄 발행 2022년 6월 20일

기획	단국대학교 교양기초교육연구소
지은이	김민수 김유미 박웅준 서상국 성은애 오민석
	이동희 이봉우 이유진 임승필 조헌국 홍인권
펴낸이	이대현
편집	이태곤 권분옥 문선희 임애정 강윤경
디자인	안혜진 최선주 이경진
마케팅	박태훈 안현진

펴낸곳	도서출판 역락
출판등록	1999년 4월 19일 제303-2002-000014호
주소	서울시 서초구 동광로 46길 6-6 문창빌딩 2층 (우06589)
전화	02-3409-2060
팩스	02-3409-2059
홈페이지	www.youkrackbooks.com
이메일	youkrack@hanmail.net

ISBN 979-11-6742-332-0 04080
     979-11-6742-331-3 04080(세트)

이 책은 2019년 대한민국 교육부와 한국연구재단의 지원을 받아 수행된 연구임.
(NRF-2019S1A5C2A04083354)

청춘,

고전에 길을 묻다

2

단국대학교 교양기초교육연구소

역락

　　사회가 필요로 하는 인재를 육성하여 국가 발전에 기여하는 것은 학교 교육이 감당해야 할 중요한 과제 가운데 하나이다. 전쟁이 할퀴고 간 상처와 사회적 혼란 속에서도 짧은 기간 내에 오늘의 대한민국을 이룩할 수 있었던 것은 여러 가지 요인이 작용한 덕분이겠지만, 무엇보다도 우리 국민의 뜨거운 교육열과 사회가 필요로 하는 인재 육성의 책무를 다해 온 학교 교육이 있었기 때문에 가능한 일이었다. 개발도상국에서 선진국의 반열에 들어선 오늘날 우리나라의 교육은 과거 산업역군 양성에 몰두하던 시기를 벗어나 미래사회를 창조해나갈 창의적 인재 양성이라는 새로운 과제 앞에 서 있다. 남들이 앞서 간 길을 따라 가는 교육을 넘어 남들이 가지 않은 길을 열어가야 하는 교육을 고민해야 하는 시대가 된 것이다. 이 과제를 우리는 어떻게 해결해 갈 것인가? 그 길을 오래된 미래, 고전에서 찾아야 한다는 것이 이 책을 내는 기본 취지이다.

　　단국대학교 교양기초교육연구소에서는 작년에 이어 올해 『청춘, 고전에 길을 묻다』 두 번째 책을 낸다. 이번에도 단웅이와 단비가 묻고 교수님들이 대답을 하는 형식을 취했다. 고전의 내용을 직접적으로 전달하기보다는 고전의 바다로 함께 들어가자고, 그래서 그 깊고 넓은 고전의 바다를 유영하자고 권유하는 형식을 취했다. 고전에는 아직 특정 목적을 위해 다듬어지거나 걸러지지 않은 지식과 사유의 보고가 구석구석 빛나고 있고, 그 빛나는 원시의 바다를 학생들이 직접 호흡하고 길어 올리기를 바라기 때문이다. 클라우드, 빅데이터, 블록체인, 메타버스 … 첨단 에듀테크가 하루가 다르게 도입되고 있는 오늘날, 고집스럽게 고전을 읽자고 하는 것은 그 어떤 것으로도 대체할 수 없는 최고의 가치를 지닌 것이 고전이기 때문이다.

『청춘, 고전에 길을 묻다』 두 번째 책에는 12편의 글을 전체 3부로 엮어 수록하였다. 제1부에서는 세계 문학의 원류라고 하는 호메로스의 『일리아스』로부터 톨스토이의 『부활』, 루쉰의 『아Q정전』, 사뮈엘 베케트의 『고도를 기다리며』까지 동서양을 대표하는 문학작품을 중심으로 이야기를 엮어 나갔다. 이야기를 만들어낸 작가들이나 이야기 속 인물들에 대해 알아가면서 신화와 역사, 종교, 삶의 본질, 그리고 인간에 대해서 생각해 보는 시간이 될 수 있다면 좋을 것이다.

제2부에서는 플라톤의 『소크라테스의 변명』, 에리히 프롬의 『자유로부터의 도피』, 한나 아렌트의 『전체주의의 기원』, 존 롤즈의 『정의론』과 같이 고전 중의 고전이라고 할 수 있는 책들에 대해 이야기하였다. 이 책들은 한때 지나간 과거의 이야기가 아니라, 오늘날 우리의 현실 세계로 뚜벅뚜벅 걸어 나와 우리 사회의 뜨거운 이슈가 되고 있는 자유와 정의, 공정의 문제를 이해하는 데 중요한 단서를 제공해 줄 것이다. 그리고 우리는 어떤 선택을 해야 하는지, 어떻게 살아야 하는지 물을 것이다.

제3부에서는 다윈의 『종의 기원』, 자크 모노의 『우연과 필연』, 하이젠베르크의 『부분과 전체』, 브로디 형제의 『인류사를 바꾼 위대한 과학』에 대해 이야기한다. 이 세상의 모든 것은 필연적으로 그렇게 되지 않으면 안 되었던 이유가 있는 것처럼 보이지만, 실상은 우연의 연속이었고 선택의 연속이었다는 사실을 알게 되면, 그것도 자연과학의 세계가 그렇게 설명될 수밖에 없다는 사실을 알게 되면 우리는 놀라지 않을 수 없다. 이 세상 모든 일은 전체와의 관계 속에서 발생하고 의미를 부여받게 된다는 지극히 당연한 사실, 그래서 자연과학은 자연과학자들만의 세계가 아니라는 사실을 새롭게 깨닫게 되는 것 또한 흥미진진한 경험이 될 것이다.

　　모쪼록 이와 같은 이야기들이 고전을 대하기를 버거워하는 독자들에게 흥미롭게 다가가 고전을 직접 호흡할 수 있는 용기를 일으킬 수 있게 된다면 그보다 더한 기쁨은 없을 것이다. 그 길을 함께 갈 수 있도록 이끌어 주신 필자분들과 연구소 식구들, 그리고 도서출판 역락에 깊은 감사를 드린다.

2022년 6월
단국대학교 교양기초교육연구소장
윤승준 삼가 적음

‖ 목차

제2부 ： 자유와 정의를 통해 본 개인과 사회

제3부 : 과학사로 보는 세계

제1부

문학을 통해 본 인간상

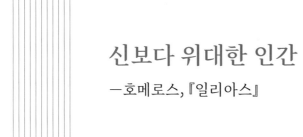

신보다 위대한 인간

―호메로스,『일리아스』

성은애

"노래하소서, 여신이여! 펠레우스의 아들 아킬레우스의 분노를.
아카이오이족에게 헤아릴 수 없이 많은 고통을 안겨주었으며
숱한 영웅들의 강건한 혼백을 하데스에게 보내고
육신은 개들과 온갖 새들의 먹이가 되게 한 그 잔혹한 분노를!"

호메로스, 그는 누구인가?

단웅이 호메로스Homeros, B.C.800년경~B.C.750년경는 어떤 작가인가요? 간단히
소개해주세요.

성 교수 호메로스는 기원전 8세기에 살았다고 추측되는 고대 그리스
의 시인입니다. 그리스 고대문학의 대표작이자 유럽 문학의 원조라
고 할 수 있는 서사시『일리아스』*Ilias*와『오뒷세이아』*Odysseia*를 썼다고

알려져 있습니다. 동서고금을 통해서 가장 위대하고 영향력 있는 시인 중 한 사람이라고 할 수 있으며, 그리스뿐 아니라 유럽 전체의 언어와 문학, 조형미술, 유럽인들의 의식 전반에 막대한 영향을 미쳤습니다. 소크라테스 이전의 가장 위대한 그리스 철학자였던 헤라클레이토스Heracleitos[1]는 "호메로스가 가지는 한계만큼이 우리 삶의 한계"라고 말했습니다. 역사의 시작점이라고 할 수 있는 시기에 전쟁영웅의 잔혹한 모험과 인간적 감정들을 섬세하고 생생하게 노래한 시인이라고 평가됩니다.

단웅이 성장과정이나 생애가 궁금합니다. 하지만 워낙 옛날 분이라서 기록이 별로 없을 것 같기도 해요.

성 교수 그렇습니다. 호메로스가 활동했던 시기는 기원전 8세기경으로 알려져 있으나, 워낙 예전이다 보니 작가로서 또 한 개인으로서의 호메로스에 관한 자료들은 매우 드물고 게다가 신뢰성도 떨어지는 단편적인 소문 같은 것이 대부분입니다. 막연히 『일리아스』와 『오뒷세이아』를 썼다고 알려져 있을 뿐이지, 언제 어디서 태어났고 사망했는지조차 확정할 수가 없어요. 기원전 5세기경에 활동했던 역사가 헤로도토스Herodotos가 썼다고 '소문난' 『호메로스 전기』를 비롯하여 호메로스의 삶에 대한 자료들이 없지는 않지만, 그 내용이 반드시 '사실'이라고 할 수가 없는 상황이죠. 가장 유명한 소문으로는 눈 먼 음

---

1   고대 그리스어의 고유명사는 그리스 알파벳을 로만 알파벳으로 변환한 형태로 표기하고, 흔히 쓰이는 영어식 철자가 있을 경우 함께 표기함.

유시인으로 길을 인도하는 소년과 개를 데리고 다녔다는 이야기가 있어서, 이를 소재로 한 그림이나 조각들도 많습니다. 부모에 관해서도 강의 신 멜레스와 님프 크리테이스 사이에서 태어났다는 전설 같은 이야기도 있고, 활동 장소에 관해서도 키오스 섬에서 태어나 이오스 섬에서 죽었다는 진술도 있긴 합니다. 그리스의 여러 섬들이 서로 자기네 섬에서 호메로스가 태어났다, 혹은 죽었다고 주장하고 있는 상황입니다. 어쨌든 이 모든 것은 어디까지나 소문일 뿐이고, 심지어는 호메로스라는 실제 인물이 있었는지 아니면 두 서사시를 지은 집단을 지칭하는 이름인지, 『일리아스』와 『오뒷세이아』가 과연 한 사람의 작품이라고 볼 수 있을 것인지조차도 여전히 논란이 되고 있습니다.

단웅이 확실한 내용이 하나도 없다는 것인가요?

성 교수 『일리아스』와 『오뒷세이아』가 이오니아 방언으로 쓰인 것으로 미루어 봐서는 이 두 작품을 지은 사람이 소아시아의 이오니아 지역 출신으로 보는 것이 논리적일 것 같습니다. 또한 두 서사시가 작품의 통일성이나 체계 면에서 꽤 완성도가 높은 편이라서, 후대에 일부 추가된 부분을 제외하면 대체로 한 사람이 기록했다고 보는 것이 일단은 좀 더 타당해 보입니다. 그 정도를 제외하면 나머지 문제들은 모두 불확실하다고 보시면 됩니다. 그래서 시인 호메로스의 신원을 둘러싼 이 모든 논란들을 "호메로스 문제"라고 부르는데요, 호메로스가 한 개인의 이름이 아니라 집단이라는 설에서, 두 서사시가 각각 다른 시기에 다른 사람에 의해 쓰였을 것이라는 설이른바 "분리론"과, 구전되는 이야기들을 한 작품에 집어넣기 위해서는 한 작가일 수밖에 없다는 주장이른바 "통합론"에 이르기까지 온갖 설이 난무하는 상황이라고 보시면 되겠습니다.

『일리아스』와 트로이 전쟁

단비　『일리아스』라는 제목은 무슨 뜻인가요?

성 교수　『일리아스』는 트로이 전쟁 이야기를 다룬 장편 서사시고, 작품 제목인 '일리아스'영어식으로 '일리아드'는 '일리움의 노래'라는 뜻입니다. '일리움'은 현재의 터키의 히사를리크Hisarlik 지역에 있었던 고대 도시 트로이아Troia; Troy의 다른 이름입니다. 아나톨리아 반도에 위치해 있고, 카나칼레라는 곳에서 남서쪽으로 30km 가량 떨어진 곳이죠. 이 지역을 고대 그리스어로는 트로이아, 일리온Illion, 일리오스Illios, 라틴어식으로는 일리움Ilium으로 불렀어요. 현대인들에게는 대개 영어식의 '트로이'라는 이름이 익숙하지요. 즉, '일리아스'는 '트로이의 노래'라는 정도로 이해하면 될 것 같습니다.

단비　트로이는 신화 속 이야기로만 알려졌다가 나중에 발굴되었다고 알고 있습니다.

성 교수　그렇습니다. 1870년대에 히사를리크 언덕에서 대규모 발굴 작업이 이루어져서 여러 지층에 걸친 고대도시의 유적이 발견되었어요. 독일 출신의 사업가이자 아마추어 고고학자인 하인리히 슐리만 Heinrich Schliemann 1822~1890이 호메로스의 『일리아스』에 나오는 트로이 전쟁이 '역사적 사실'이라는 것을 입증하기 위해 트로이 유적을 발굴했다는 스토리가 잘 알려져 있지요. 그러나 이것이 아주 정확한 설명은 아니고, 그 이전에 히사를리크 지역에 관심을 가지고 발굴에 착수했던 영국인 고고학자 프랭크 칼버트Frank Calvert 1828~1908가 있었어요. 일종의 발굴 기획 파트너였던 슐리만과 칼버트의 관계에 대해서는 복잡하고 흥미로운 이야기들이 많은데, 일단 여기서는 슐리만이 그리스 신화에 나오는 고대 도시 트로이를 발굴했다는, 대중적으로 잘 알려진 동화 같은 스토리가 있으나, 그것이 상황의 전부는 아니라는 정도만 지적하고 넘어가도록 하겠습니다.

단비 그럼 고대 트로이의 유적지에서 트로이라는 도시국가의 존재뿐만 아니라 신화 속 트로이 전쟁이 역사적 사실이라는 증거도 발견된 것인가요?

성 교수 오래된 도시국가의 존재는 확실하게 발견되었지만, 트로이 전쟁에 대해선 정확하게 그렇다고 보기는 어렵습니다. 트로이는 아마도 기원전 3600~3500년경 즉 신석기시대 말기에서 청동기시대로 넘어가는 과도기인 금석병용시대 정도부터 사람들이 정착했던 것으로 보이고, 『일리아스』의 내용으로 미루어보면 트로이 전쟁은 청동기 시대 말기~철기시대 초기 정도, 대략 기원전 1300년~1100년 사이로 추측되는데, 이 시기에 해당되는 지층에서 10년 간 벌어진 대규모 전쟁이나 도시 함락의 흔적을 정확하게 찾아내지는 못 했거든요. 슐리만이 트로이 전쟁 시대의 흔적이라고 지목한 지층은 그보다 훨씬 이전의 유적이었어요. 어쨌거나 애초에 슐리만의 발굴이 없었더라면 아마 이 지역은 1차 대전 때의 갈리폴리 전투로 아예 엉망이 되어 트로이 발굴이 더더욱 불가능해졌을 것이므로, 슐리만의 작업은 매우 중요한 의미가 있다고 할 수 있습니다.

단비 『일리아스』는 트로이 전쟁의 아주 작은 일부만을 다룬다고 알고 있습니다.

성 교수 『일리아스』는 10년에 걸친 트로이 전쟁에서 10년차, 그것도 그 중 몇 개월만을 다루고 있어요. 하지만 당시의 그리스인들은 트로이 전쟁 전체의 스토리를 대개 잘 알고 있었기 때문에, 호머의 서사시를 이해하는 데 별 어려움이 없었을 것이라고 추측됩니다. 그러나 현대의 독자들은 트로이 전쟁이라는 배경을 미리 학습해야 이 서사시를 잘 이해할 수 있겠지요. 아카이아(=그리스)[2] 연합군과 트로이간의 전쟁은 그리스 신화의 시대 순으로 보면 제일 마지막 사건, 즉 신화의 시대가 끝나고 역사의 시대로 진입하는 전환을 보여주는 사건입니다.

단비 트로이 전쟁의 발단이 되는 파리스의 심판이란 무엇입니까?

성 교수 당시 트로이는 소아시아 지역의 강국으로 프리아모스Priamos 왕이 통치하고 있었습니다. 전설에 의하면 프리아모스와 왕비 헤쿠

---

2 아카이아인(Achaioi)은 기원전 2000년경에 테살리아 방면에서 남하하여 펠로폰네소스 반도 일대에 정착했다고 알려진 고대 그리스의 대표적인 민족이다. 미케네 문명을 구성한 집단으로 알려져 있고, 호메로스 서사시에 나오는 그리스인을 의미한다.

바Hecuba는 믿거나 말거나 49명(!)의 자녀를 두었다고 합니다. 이 자녀들 중에는 『일리아스』에서 아킬레우스Akhilleus; Achilles와 맞대결하는 영웅 헥토르Hector, 예언자 캇산드라Kassandra; Cassandra, 그리고 문제의 파리스Paris (알렉산드로스Alexandros라는 이름으로도 알려짐)가 포함되어 있습니다. 헤쿠바가 파리스를 임신했을 때 꿈에서 파리스가 트로이 멸망의 원인이 된다는 예언을 들었다고 해요. 그래서 헤쿠바는 어린 파리스를 이다Ida 산에 버렸고, 양치기들이 파리스를 발견해서 양치기로 키웠다고 합니다. 한편 그리스 쪽의 스토리는 나중에 아킬레우스의 부모가 되는 인간 펠레우스Peleus와 여신 테티스Thetis의 결혼식[3]으로부터 시작됩니다. 불화의 여신 에리스는 "가장 아름다운 이에게"라고 새겨진 황금사과를 신들 사이에 던져 넣어, 헤라, 아프로디테, 아테나가 이 사과를 두고 다투게 됩니다. 결국 세 여신들 중 가장 아름다운 여신을 선택하는 일을 파리스가 담당하게 되자, 세 여신들은 각기 파리스에게 '뇌물'을 제안합니다. 헤라는 권력을, 아테나는 전쟁에서의 승리와 지혜를, 아프로디테는 세상에서 가장 아름다운 여인을 주겠다고 제안하죠. 권력이나 지혜보다는 예쁜 여자에 관심이 더 많았던 파

---

3   일설에 의하면 제우스는 장차 태어날 막강한 아들에 의해 권좌에서 쫓겨날 운명이었고, 어떤 여신과의 사이에서 나온 자식이 아버지에게 반기를 들 것인가를 알아내려고 예언의 신 프로메테우스를 바위산에 묶어 독수리가 매일 간을 쪼게 하는 벌을 주었다고 알려져 있다. 예언을 거부하던 프로메테우스는 나중에 헤라클레스에 의해 구조되었고 제우스는 이를 묵인했는데, 헤라클레스 역시 제우스의 아들이어서 그냥 넘어갔다는 설도 있으나, 다른 이야기에 의하면 프로메테우스는 제우스를 축출할 아들이 제우스와 테티스와의 사이에서 태어날 것이라는 내용을 해방의 대가로 알려주었고, 그래서 제우스는 자신이 호감을 가지고 있던 테티스를 서둘러 인간인 펠레우스와 결혼시켰다고 한다.

리스는 아프로디테를 선택합니다. 이것이 유명한 '파리스의 심판'이고, 트로이 전쟁의 발단이 된 사건입니다.

단비 세상에서 가장 아름다운 여인 때문에 전쟁이 난 것이군요.

성 교수 그렇습니다. 공교롭게도 세상에서 가장 아름다운 여인이란, 스파르타의 왕비 헬레네Helene였어요. 아프로디테의 선물을 쟁취하기 위해 파리스가 스파르타를 방문하여 융숭한 손님 대접을 받은 후 헬레네와 트로이로 도주한 것으로 알려져 있는데, 헬레네가 파리스와 눈이 맞아 야반도주를 한 것이냐, 아니면 파리스가 헬레네를 납치한 것이냐에 대해서는 여러 가지 설이 있습니다. 역사가 헤로도토스는 당시 이 지역에 만연한 여성 납치를 반영한 설정이라고 설명하고 있어요. 다만 『일리아스』에 등장하는 헬레네의 태도를 보면 납치당해서 온 것이 아니라 합의 하에 도주한 것으로 보이긴 합니다. 그러니 그리스인의 입장에서 보면 헬레네는 외간 남자와 도주한 간통 여성인데, 그런 그녀를 되찾기 위해서 그리스의 모든 도시 국가가 연합하여 10년 동안 침략전쟁을 하고, 게다가 트로이 함락 후 헬레네가 아무렇지도 않은 듯 스파르타로 귀환하여 다시 메넬라오스의 왕비로 여생을 보낸다는 것은 현실적으로 말이 안 되는 얘기죠.[4] 어쨌든 신

---

4 트로이로 간 것은 사실은 헬레네의 환영이었고, 진짜 헬레네는 이집트에 억류되어 있었으며, 트로이 전쟁이 끝난 후 메넬라오스가 이집트에 와서 진짜 헬레네를 스파르타로 데려갔다는 스토리도 외전 격으로 전해지고 있다. 메넬라오스가 트로이 함락 후 자신을 배신한 헬레네를 용서하고 고향으로 데리고 가는 상황은 에우리피데스의 극 〈트로이아의 여인들〉에서, 이집트에 표류한 메넬라오스가 진짜 헬레네를 만나 이집트를 탈출하는 과정은 에우리피데스의 〈헬레네〉에서 다루어져 있다.

화에 의하면 헬레네는 정말로 세상에서 가장 아름다운 여인이었고, 그래서 과거 헬레네에게 구혼했었던 수십 명의 주변국 왕들은 결혼 이후에도 헬레네에게 무슨 일이 생기면 무력을 동원해서 지원해주기로 동맹의 서약을 맺었기 때문에 이 전쟁이 가능했다는 설정입니다. 후대 사람들은 도대체 헬레네가 어느 정도의 미모이기에 그리스 전체가 전쟁을 감행한 것인가, 라는 질문을 당연히 던지게 되지요. 셰익스피어와 동시대 극작가였던 크리스토퍼 말로우Christopher Marlowe 1564~1593의 〈파우스투스 박사〉*Doctor Faustus, 1588~1592*에서는 메피스토펠레스에게 영혼을 팔아 죽은 사람을 소환할 수 있는 마법의 능력을 얻게 된 파우스투스가 고대 신화에 나오는 헬레네를 소환하는 장면이 나옵니다. 헬레네를 실제로 보게 된 파우스투스는 "이것이 1000척의 함대를 띄워 일리움의 드높은 망루들을 태워버린 그 얼굴인가? 아름다운 헬렌(=헬레네)이여, 나에게 불멸의 키스를 해주시오…"라는 유명한 대사를 하지요. 독일 고전주의의 대문호 괴테의 〈파우스트〉에는 아예 파우스트가 파리스처럼 헬레나(=헬레네)를 아내로 쟁취하는 설정이 포함되어 있습니다. 파리스와 달리 파우스트는 메넬라오스의 공격을 성공적으로 막아내고 헬레나와 함께 국가를 통치하지만, 결국 아들 오이포리온 때문에 비극을 맞는 내용이 들어 있습니다.

단비　10년간의 전쟁이니 당연히 에피소드가 굉장히 많을 것 같습니다. 『일리아스』가 다루는 트로이 전쟁의 에피소드는 어떤 것입니까?

성 교수　트로이 전쟁의 세부적인 에피소드들은 그 하나하나가 비극이나 서사시의 소재가 될 수 있고, 실제로도 이 에피소드들을 소재로 삼은 작품이 무궁무진하게 많았었다고 알려져 있습니다. 그 중에서 극히 일부만 전해지고 있는 것이죠. 우리가 읽을 『일리아스』는 그 중에서도 아카이아군의 최고 영웅인 아킬레우스가 총사령관 아가멤논과 갈등을 일으켜 전투에 나가지 않겠다고 버티다가, 절친 파트로클로스의 죽음으로 마침내 전투에 나서서 트로이의 영웅전사 헥토르와 일전을 벌여 헥토르를 죽이는 에피소드를 다루고 있습니다. 아킬레우스와 아가멤논의 갈등, 아카이아군과 트로이군의 대결, 헥토르 대 파트로클로스, 아킬레우스 대 헥토르, 그리고 마지막으로 프리아모스 왕이 아들의 시신을 찾으러 혼자 아카이아 군 진영으로 들어가 헥토르의 시신을 찾아와 장례를 치르는 이야기까지가 『일리아스』의 내용입니다.

헥토르의 죽음을 슬퍼하는 안드로마케Andromache Bewailing the Death of Hector . by Gavin Hamilton

출처: Alamy

단비 그러면 『일리아스』의 결말 이후 트로이 전쟁의 에피소드를 다룬 작품들도 많겠군요.

성 교수 당연하죠. 『일리아스』는 헥토르의 장례식으로 마무리되기 때문에, 트로이가 함락되는 스토리가 남아있습니다. 아킬레우스가 자신의 유일한 약점인 '아킬레스건'에 화살을 맞아 죽고,[5] 아킬레우스가 남긴 갑옷을 누가 물려받을 것인가로 아이아스와 오디세우스가 갈등을 겪고,[6] 오디세우스가 필록테테스를 찾아가 헤라클레스의 활을 받아오고,[7] 그 활로 파리스를 죽이고, 오디세우스의 제안으로 거대한 목마를 만들어 트로이 성내에 진입하는 등, 전쟁이 마무리되기까지 여러 에피소드들이 남아 있지요. 포로로 잡힌 트로이 여인들의 후일담이라든가, 아이네아스의 가족과 소수의 트로이인들이 패망 후 트로이를 탈출하여 지금의 이탈리아 반도로 와서 라비니움을 건설하는 스토리, 오디세우스를 포함하여 트로이 전쟁에 참전했던 그리스 영웅들이 각기 고향으로 귀환하는 스토리들도 엄청나게 많이 남아 있습니다. 호메로스의 또 다른 서사시 『오뒷세이아』도 결국 트로이

---

5 테티스는 아들 아킬레우스를 저승의 강 스틱스에 넣어 불사의 몸이 되도록 했지만, 손으로 잡은 뒤꿈치 부분(=아킬레스 건)은 강물이 묻지 않아 후에 아킬레우스의 치명적인 약점이 된다.

6 소포클레스의 비극 〈아이아스〉는 오디세우스에게 아킬레우스의 갑옷을 빼앗겼다고 생각한 아이아스가 광기에 휩싸여 가축들을 학살하고 수치심에 자살하는 이야기다.

7 소포클레스의 비극 〈필록테테스〉는 헤라클레스의 화살만이 트로이 전쟁을 끝낼 수 있다는 아폴론의 신탁에 따라, 헤라클레스의 활과 화살을 물려받았으나 부상으로 렘노스 섬에 버려진 필록테테스를 오디세우스와 네옵톨레모스(아킬레우스의 아들)가 찾아가 설득하는 이야기다.

전쟁의 후일담 중 하나라고 할 수 있겠습니다.

서사시라는 장르

단웅이 『일리아스』는 고대 서사시라는 장르에 속한다고 하는데, 이 서사시라는 장르에 대해서 알고 싶습니다.

성 교수 서사시Epic Poetry는 일반적으로 고대 영웅들의 뛰어난 행적을 다루는 장편 이야기시라고 정의할 수 있습니다. 에픽이라는 영어는 라틴어의 에피쿠스epicus에서 왔고, 에피쿠스는 고대 그리스어의 에피코스ἐπικός; epikos에서 왔는데, 이는 에포스ἔπος; epos의 형용사형이고, 에포스는 '말, 이야기, 시'라는 뜻입니다. 고대 그리스에서 서사시는 에페아 형식장단단6보격 dactylic hexameter[8]으로 쓰인 시들을 총칭하는 말이었습니다. 즉『일리아스』와『오뒷세이아』도 '에페아' 형식으로 쓰인 것이죠.

8　시의 한 행은 몇 개의 음보(foot)로 구성되고, 하나의 리듬 단위인 음보는 2-3 음절이 모여 이루어진다. 음보는 약강, 강약, 강강, 강약약, 약약강 등 다양한 율격(meter)으로 구성된다. 율격이란 음의 고저장단강약 등 주기적으로 반복되어 측정 가능한 소리의 반복을 말한다. 강-약의 율격은 언어에 따라 장-단의 율격으로 치환되기도 한다. 댁틸릭(dactylic)은 장단단, 혹은 강약약의 율격을 말하며, 6보격(hexameter)이란 hexa(=6) + meter, 즉 한 행에 음보 단위(여기서는 장-단-단이 한 단위)가 여섯 개 있는 것이다. 따라서 서사시에 사용되는 장단단6보격은 장-단-단으로 이루어진 3음절 단위가 1행에 여섯 번 반복되는 형식을 말한다. 반면 영시에서 일반적으로 가장 많이 사용되는 율격은 약강5보격(iambic pentameter)으로, 약-강으로 이루어진 율격 단위가 한 행에 다섯 번 반복되는 형식이다.

단웅이 그러면 서사시는 순전히 형식적인 개념인가요? 장단단6보격으로만 쓰면 모두 서사시인 것인지요?

성 교수 그렇지는 않아요. 장단단6보격은 서사시Epic Poetry의 가장 오래된 형식들 중 하나일 뿐이고, 에픽Epic이라는 장르에는 성경의 창세기, 출애굽기, 신수기 등의 산문서사나, 장편, 혹은 대하소설로 불리는 『모비딕』, 『전쟁과 평화』, 『잃어버린 시간을 찾아서』, 『마의 산』, 『율리시즈』 등도 포함되거든요. 서사'시'의 경우에도 호메로스 이후 장단단6보격이 아닌 다른 형식, 다른 언어로 쓰인 것들도 많습니다. 고대 영문학의 대표적인 영웅서사시인 작자 미상의 『베오울프』, 르네상스 시대의 대표작 중 하나인 단테의 『신곡』, 밀턴의 『실락원』, 낭만주의 시대에 나온 블레이크의 『밀턴』과 『예루살렘』, 셸리의 『해방된 프로메테우스』, 키츠의 『하이페리온』, 미국 시인 휘트먼의 『나의 노래』 등등을 다 '서사시'로 분류할 수 있습니다.

단웅이 시 형식이 아닌 내용을 가지고 서사시를 정의하고 구분할 수 있다는 것인가요?

성 교수 그렇습니다. 서사시의 형식을 개관하고 설명한 해럴드 블룸Harold Bloom에 의하면 서사시의 가장 핵심적인 특징은 '영웅주의'Heroism라고 합니다. 이때의 영웅은 '자연을 거스르는'contra naturam 자, 즉 주어진 운명이나 상황을 거스르고 극복하고자 일관된 비전을 가지고 투쟁하는 자로서, 운명이나 자연의 '안티테제'라는 것이죠. 예를 들어 〈출애굽기〉의 모세나 『모비딕』의 에이헙은 서사시의 영웅에 해당하지만, 자의식으로 가득 차 고민을 거듭하다가 운명을 수용하고 마는

햄릿은 비극의 주인공, 혹은 '비극적 영웅'이긴 하지만 '서사시의 영웅'은 아니라는 것입니다.

단웅이 『일리아스』의 주인공도 그런 '영웅'의 속성을 가지고 있다는 뜻이군요.

성 교수 그렇습니다. 『일리아스』의 주요 인물들, 특히 아킬레우스와 헥토르는 신들이 정해놓은 가혹한 운명을 알면서도, 끝까지 목숨을 걸고 그 운명과 싸우는 영웅들인 것이죠. 그런데 그리스 신화의 신들은 기본적으로 선하지도 정의롭지도 않은데다가, 정말 제멋대로인 '운명'이라는 것은 올림포스 신들도 어쩔 수 없는 경우가 대부분이에요. 그리스의 신들은 질투와 분노의 감정을 매우 쉽게 느끼는 등 매우 인간적이고, 때로는 짓궂다 못해 난폭하고 사악하기까지 해요. 신들의 왕이라는 제우스는 애초에 인간을 사랑하는 신이 아닙니다. 오죽하면 인간에게 불을 갖다 주었다는 이유[9]로 프로메테우스를 벌주기도 하잖아요. 그러니 나약한 인간으로 태어나 이 강력한 운명과 끝까지 싸우는 자는 영웅일 수밖에 없지요. 아킬레스와 헥토르가 어떤 종류의 영웅인가는 잠시 후 다시 자세히 이야기하도록 할게요.

---

9 헤시오도스의 『신들의 계보』(일명 『신통기』)에 의하면 인간이 신에게 바칠 제물을 두고 비계로 감싼 뼈를 제우스가 선택하도록 유도했다는 이야기가 나온다. 아이스퀼로스의 〈결박된 프로메테우스〉에 의하면 프로메테우스는 제우스가 자신의 아버지와 할아버지인 크로노스와 우라노스 같은 운명을 맞아 아들에게 권좌를 빼앗길 것이라고 도발했을 뿐만 아니라, 애초에 동생 에피메테우스와 함께 인간을 창조했으며 인간에게 각종 문명의 기술들을 전해주었던 것으로 설정되어 있다.

단웅이 그밖에 『일리아스』에 나타난 서사시의 특징으로 어떤 것들이 있을까요? 고대 그리스의 서사시가 현대 독자들에게는 다소 생소한 장르인데요.

성 교수 고대 서사시는 문자 텍스트 이전에 발생한 장르라고 할 수 있어요. 조상들의 위대한 업적과 문화적 기록을 유지하는데 구전문학의 장치를 활용하여, 일단은 쉽게 기억할 수 있는 장치들 즉 운율이 있는 노래 가사의 형태로 만들어 진 것이죠. 고대 그리스의 서사시는 한 명의 음유 시인 혹은 가객이 간단한 반주에 맞춰서 노래로 긴 이야기를 들려주는 형식입니다. 판소리 같은 장르라고 보시면 되겠어요. 사실 음유시인의 1인 공연의 형태로 유통되는 구전문학 전통은 많은 나라에서 찾아볼 수 있어요. 호메로스의 경우 이것이 어느 시기에 방대한 문자 텍스트로 보존된 것이고, 『일리아스』의 경우에는 총 24권으로 이루어져 있는데, 음유시인의 1회 공연 분량이 1권이라는 설도 있고, 처음에 텍스트가 기록된 파피루스 두루마리 1개가 1권이었을 것이라는 설도 있습니다.

단웅이 판소리 완창은 정말 대단한 업적이잖아요. 『일리아스』 같은 방대한 내용을 외워서 노래로 불렀다니 믿을 수 없네요.

성 교수 아마도 호메로스, 혹은 『일리아스』의 기록자는 수백 년 전부터 입에서 입으로 전해지는 음유시인들의 노래를 집대성하여 통일성을 부여하고 자신의 창작도 덧붙였을 것으로 추측됩니다. 그러니까 우리가 지금 보고 있는 텍스트 전체를 한 사람이 처음부터 끝까지 공연했다기보다는, 그 이전에 공연된 여러 노래 가사들을 한 작가가 모아서 일관되게 정리하고 보강한 결과물이 『일리아스』라는 것이 좀 더 사실에 가깝지 않을까 합니다. 물론 '완창'에 도전하는 공연자들도 있었을 것이라고 추측됩니다만.

단웅이 그렇게 정리된 서사시의 특성은 어떤 것들이 있을까요? 아무래도 노래 가사의 특징을 가지고 있을 것 같은데요.

성 교수 네. 앞서 언급한 운율이 가장 두드러지는 노래의 특징이죠. 그 외에도 음유 시인이 노래로 불렀던 것을 정리한 흔적들이 꽤 많이 남아 있어요. 우선, 고대 서사시는 대개 음악과 예술의 여신 무세스 Muses; 뮤즈에게 청원하는 내용으로 시작해요. 왜냐하면 옛날에는 시나 이야기를 특정한 작가 개인의 창작물로 보는 것이 아니라, 신으로부터 영감을 받아서 나온 것이라고 보았거든요. 나에게 영감을 주어 이 노래를 끝까지 잘 할 수 있도록 도와달라는 기도가 처음에 나오는 것이 서사시의 특징이에요. 또 하나의 특징은, 스토리를 처음부터ab ovo 전달하는 것이 아니라, 중간부터in medias res 시작해서 나중에 플래시백 flashback을 사용하는 구성을 취하고 있어요. 그래서 시간 순서대로 차근차근 이야기를 전달하는 것보다 좀 더 드라마틱한 느낌을 주지요. 『일리아스』도 트로이 전쟁의 발생부터 시작되는 것이 아니라 '아킬레우스의 분노'에 초점을 맞춰서 첨예한 갈등의 장면으로부터 시작됩니다.

단웅이 그렇지만 읽다보면 비슷비슷한 내용이 너무 길게 나열되어서 드라마틱하다기보다 조금 지루한 대목도 있어요.

성 교수 맞아요. 특히 그리스의 전함을 하나하나 설명하는 2권이 그렇죠. 이것을 전문용어로는 카탈로그^catalogue라고 하는데요, 상품 안내서처럼 어떤 장면에 등장하는 대상을 하나하나 자세히 나열하며 설명해주는 기법을 말합니다. 현대 독자들이 읽기에는 엄청 지루한 장면이지만, 음유시인의 노래를 듣는 고대 그리스 청중의 입장에서 보면 이 열거법이 상당히 흥미롭고 재미있을 수 있어요. 판소리 〈흥부전〉에 보면 흥부네가 박을 타서 그 속에서 나온 온갖 보물들이 나열되는 장면도 있고, 〈수궁가〉(=〈별주부전〉)에도 잘 알려진 〈약성가〉나 〈좌우나졸〉 대목에서 다수의 항목을 길게 나열하는 기법이 활용되는데, 노래로 들으면 리드미컬하고 재미있거든요. 게다가 음유시인들이 공연하는 곳이 주로 상류층 연회장인데, 당시의 상류층이란 결국엔 '전사의 후예'들이고 따라서 『일리아스』에 나오는 영웅들 중 자신의 조상이 있을 수도 있으니, 내용상으로도 매우 흥미롭게 듣지 않았을까 합니다.

단웅이 인물이 등장할 때도 꼭 누구의 아들, 혹은 '~한 아무개' 식으로 수식어가 붙어 있어서 이것도 좀 어색합니다.

성 교수 네. 이것도 공연하는 것을 듣는 형식이라는 점을 염두에 두고 보면 설명이 됩니다. 사람 이름만 언급하는 것보다 그 사람의 특징을 설명하는 수식어를 반복해서 사용하면 그 캐릭터를 쉽게 기억하도록 할 수 있지요. 또한 고대인들은 한 개인으로서보다 그가 소속된 가문이 더 중요하기 때문에 "아트레우스의 아들 아가멤논", "펠레우스의 아들 아킬레우스"라고 하면 이해가 쉬운 면이 있고, "준족의 아킬레우스"라든가 "인간들의 왕 아가멤논", "구름을 모으는 제우스", "영광스러운 헥토르" 식으로 정해진 공식에 따라 인물을 설정해놓으면 그 캐릭터가 청중들에게 쉽게 각인되는 것 같습니다. 이렇듯 과거의 작품들은 당시의 독자, 혹은 관객들이 그 작품을 어떻게 수용했을까를 상상하면서 읽으면 조금 덜 지루해요. 참조하시기 바랍니다.

영웅 아킬레우스

단비 아킬레우스는 그리스를 대표하는 영웅으로 알고 있는데요. 이 작품은 처음부터 '아킬레우스의 분노'로 시작해서, 작품이 한참 진행되도록 영웅 전사 아킬레우스의 모습은 보이지 않아요. 애초에 분노의 원인도 좀 유치하지 않나 생각되고, 심지어 좀 미성숙한 인물로 보이기도 해요. 왜 이렇게 설정된 것인가요?

성 교수 일단 고대 그리스 독자들이 잘 알고 있던 아킬레우스에 대해서 설명을 좀 하겠습니다. 아킬레우스는 앞서 설명했듯이 인간 펠레우스와 여신 테티스 사이에서 태어난 반인반신으로, 신이 아니기 때문에 언젠가는 죽을 운명이었어요. 테티스는 아킬레우스를 낳고 나서 이 아이가 영광스러운 명성을 얻고 일찍 죽거나, 미미하고 평범한 삶을 살면서 장수하거나, 둘 중의 하나라는 예언을 듣게 되어요. 테티스는 아들을 불사의 몸으로 만들고자 아기 아킬레우스를 거꾸로 들어 스틱스 강물에 담그기도 하고, 전쟁에 나가는 것을 막아보려고 아킬레우스에게 여장을 시켜서 리코메데스의 궁전에서 공주들과 함께 지내게 만들기도 해요. 호메로스 이후에 나온 이야기지만, 영리한 오디세우스가 행상으로 변장해서 리코메데스의 궁전으로 들어가 여성용 액세서리 따위엔 관심이 없고 칼과 무기에 관심을 보이는 아킬레우스의 정체를 드러내어 트로이 전쟁에 참전하기를 설득했다는 이야기도 있어요. 그러니까 아킬레우스는 트로이 전쟁에 참전하면 이 전쟁에서 자신이 죽을 것임을 알고 있었던 것이죠. 그러니 『일리아스』의 아킬레우스는 평범한 삶 대신에 불꽃처럼 자신을 내던져 큰 공을 세우고 영웅전사로 생을 마감하겠다는 결심을 하고 여기까지 왔지만, 과연 그럴만한 가치가 있을까 의심하는 마음도 여전히 남아 있는 상태라고 봐야할 거예요. 심리적으로 굉장히 압박이 심하고 불안정한 상태인 것이죠.

단비　　그렇지만 아가멤논과의 갈등 상황은 좀 이해가 잘 안 되는 측면이 있어요. 여성을 전리품으로 생각하는 당시의 문화가 생소하다는 문제를 제외하고 보더라도, 아가멤논이 충분히 보상을 해주겠다고 제안을 했는데도 끝까지 화해를 거부하니까요. 확실히 대인배는 아닌 것 같아요.

성 교수　아킬레우스와 연합군 총사령관 아가멤논은 트로이를 향해 출발할 때부터 갈등 요인이 있었어요. 바람이 불지 않아서 연합군 함대가 아울리스 항에 발이 묶여 있을 때, 아가멤논은 자신의 딸 이피게네이아를 아르테미스 여신에게 제물로 바치기로 해요. 그런데 이피게네이아에게 '너를 제물로 바칠 것이니 아울리스 항으로 오거라'라고 할 수는 없잖아요. 그래서 아가멤논은 딸과 왕비 클뤼타이메스트

Achilles and Hector by Hans Beham(1500~1550)　　　　　　　출처: Alamy

라에게 이피게네이아와 아킬레우스를 결혼시킬 거라고 해요. 비록
전쟁터로 갈 예정이지만 그리스 최고의 영웅 아킬레우스와의 결혼을
거절할 수는 없을 것이라고 생각한 거죠. 그렇게 이피게네이아는 아
킬레우스와 결혼할 것이라고 생각하고 아울리스로 오게 되지만, 결
국엔 아르테미스에게 산 제물로 바쳐져요. 이 상황에서 아킬레우스
는 출정을 위해 불가피한 것이었다고는 하나, 자신이 이피게네이아
를 속여서 불러들이는 미끼로 이용되었다는 사실에 매우 불쾌한 심
경을 드러내지요. 이피게네이아에게 미안한 감정이 드는 것은 물론
이고요. 트로이를 침공하기 위해 이렇게까지 해야 하나 생각이 들었
을 것이고, 큰 딸을 제물로 바치는 아가멤논의 냉혹함에 혐오감을 느
꼈을 수도 있어요. 자신은 이 전쟁에서 일생일대의 큰 공을 세우고
영광스럽게 죽을 각오로 온 것인데, 고작 아내를 뺏긴 복수를 하려는
메넬라오스와 냉혹하고 탐욕스러운 아가멤논 형제를 위해서 내가 목
숨 바쳐 싸워야 하나, 라는 생각을 계속 해왔을 수도 있습니다. 이런
상황에서 『일리아스』 1권에서 아가멤논에게 자신의 전리품(?)인 브
리세이스를 빼앗기게 되자 분노가 폭발한 것이죠. 아가멤논이 아킬

레우스에게 전쟁이 끝나고 돌아가면 사위 삼겠다고 제안하는 것도 이피게네이아를 생각하면 사실은 좀 뻔뻔한 제안이고, 아킬레우스를 자신과 동등한 동료 전쟁영웅으로서 존중하는 것이 아니라 손아랫사람으로 두겠다는 것이니 아킬레우스로서는 화가 나는 것이 당연해 보이기도 합니다.

단비   그런 배경을 알고 나면 얼마간은 이해가 되기도 합니다. 그러나 그렇다고 해도 아킬레우스가 인격적으로 완벽한 영웅은 아니지 않나요?

성 교수   맞아요. 고대 영웅서사시에 나오는 영웅의 조건에는 여러 가지가 있는데, 제일 중요한 것은 전투 능력이지요. 아킬레우스는 이런 면에서 그리스 최고의 전사라는 데 이견이 없을 거예요. 다만 완벽한 영웅이 되기 위한 나머지 조건들, 지혜로움이라든가 포용력과 리더십 같은 면에서는 다소 미흡하다고 볼 수 있지요. 앵글로색슨의 고대 영웅 서사시 『베오울프』의 주인공 베오울프를 보면 강건한 전사의 신체와 능수능란한 노인의 지혜를 다 갖춘 거의 완벽한 캐릭터거든요. 이렇게 비교해보면 아킬레우스가 완벽한 인물은 아니지만, 오히려 그가 가진 결함 때문에 좀 더 공감할 수 있고, 그가 자신의 삶을 훌륭한 것으로 만들기 위해 기울이는 엄청난 노력에 좀 더 주목할 수 있을 것 같아요. 즉 영웅이란 완벽한 인간이 아니라, 자신이 속한 민족 나아가서 인류에 대한 공헌이랄까, 자신의 삶을 훌륭한 것으로 만들 수 있는 어떤 비전을 가지고 타협 없이 끈질기게 싸워나가는 인물이라는 것이죠. 이러한 그리스식 영웅관을 가장 잘 보여주는 인물이 아킬레우스라고 말할 수 있을 것 같습니다.

단비　오히려 트로이 진영의 헥토르가 완벽한 영웅처럼 보이기도 합니다.

성 교수　물론 헥토르는 훌륭한 통치자, 훌륭한 리더, 훌륭한 전사이며 동시에 좋은 아버지이자 남편이기도 합니다. 여러모로 아킬레우스보다 균형 잡힌 사람이지요. 다만 전사로서의 능력이 아킬레우스에 미치지 못 하여, 혹은 트로이가 함락될 운명이라서, 아킬레우스와의 대결에서 패하고 마는 것입니다. 『일리아스』가 헥토르의 장례식으로 마무리되는 것은 여러 가지 면에서 의미심장한데요, 이 스토리 내에서 가장 완벽한 인간이 헥토르라는 점을 암시하는 것이기도 하고, 아킬레우스가 헥토르의 시신을 마구 훼손하는 만행을 저질렀으나 프리아모스의 간청에 감복하여 헥토르의 시신을 돌려주고 장례 기간 동안 휴전을 선언하는, 일종의 인간적인 성장을 보여주기 위한 장치이기도 합니다. 또한 완벽한 영웅 헥토르가 죽었으므로, 이제 남은 것은 주인공 아킬레우스의 운명적인 죽음이라는 것을 예감하게 함으로써 장중하고 쓸쓸한 결말이 가능해 진다고 볼 수 있어요. 그리스적 영웅관이란, 결국 모든 면에서 완벽한 인간이라기보다는, 개인적인 결함이나 실수에도 불구하고 끝까지 자신의 목표를 가지고 용감하게 투쟁하는 인물이라는 점을 기억해야 할 것입니다. 사실 최근의 수퍼히어로물을 보면, 모든 면에서 완전무결하다기보다는 개인적 결함에도 불구하고 장대한 목표를 위해 헌신하며 성장하는 영웅 캐릭터가 대세이잖아요. 그리스식 영웅관이 좀 더 현대적인 영웅관일 수 있겠다는 생각도 하게 됩니다.

신들의 역할

단웅이 트로이 전쟁은 인간들 사이의 일이지만 그 사건 자체가 그리스 신화에 속하고 올림포스 신들이 적극적으로 개입하는 것처럼 보입니다. 아킬레우스는 반인반신이기도 하고요.

성 교수 그렇습니다. 앞서 트로이 전쟁이 신화의 시대에서 역사 시대로 넘어가는 과도기의 이야기라고 했는데, 『일리아스』에서도 인간 세계와 신들의 세계가 하나로 얽혀 복잡한 이야기를 만들어냅니다. 이 서사시의 배경이 되는 시대는 결국 인간이 '신과 함께' 사는 시대였고, 호메로스의 시대 역시 올림포스 신들이 인간의 삶에 매우 깊숙하게 들어와 있던 시대였기 때문이지요. 『일리아스』에서는 심지어 신들끼리 그리스 편과 트로이 편으로 나누어 서로 싸우기도 해요. 애초에 트로이 전쟁의 발단이 파리스에게 판정을 요구한 세 여신들이기도 하고요. 또 결정적인 국면마다 제우스의 뜻이 매우 중요합니다. 이 모든 것이 '제우스의 뜻대로 이루어졌다'는 식으로 마무리가 되어야 하니까요. 그러나 현대 독자들에게는 올림포스 신들이 종교적 숭배의 대상이 아니라 판타지 속의 캐릭터에 불과하기 때문에, 신들을 배제한 인간들 사이의 전쟁 스토리가 훨씬 더 선명하게 들어오고 공감도 불러일으키지요. 그래서 트로이 전쟁을 다룬 영화나 드라마에서 아예 신들의 존재를 배제하고 전쟁의 진행 과정을 부각시키는 방향으로 각색이 이루어지는 경우가 많습니다.

단웅이 『일리아스』에 등장하는 신들이 다른 신화에 나오는 신들과 특별히 다른 점이 있나요?

성 교수 한마디로 말하면 '인간적인 캐릭터'라고 할 수 있겠습니다. 다른 텍스트나 작품에 묘사된 신들에 비해서 좀 더 개별적인 성격과 개성이 두드러진다고 할까요. 올림포스의 신들은 일종의 대가족처럼 보이고, 이들 사이의 갈등은 마치 사람들 사이에서 흔히 일어나는 집안싸움 같은 느낌을 주기도 합니다. 심지어 어떤 장면에서는 장소의 제약을 받는 것처럼 보이기도 해요. 테티스가 제우스를 만나려 하지만 제우스가 에티오피아에서 돌아오기를 기다려야 한다거나, 또 제우스가 트로이가 아닌 다른 곳에 정신이 팔려서 포세이돈의 개입을 초래하기도 하는 등. 마치 사람처럼, 여러 장소에 동시에 존재하거나 여러 가지 일에 동시에 집중하기가 어려운 것으로 나오는데, 원래 신은 이렇지 않잖아요. 신이란 불사의 존재일 뿐만 아니라 전지전능하고 어디에나 있어야 하는데, 『일리아스』에서는 이런 면도 나오긴 하지만 신들의 캐릭터 설정에 일관성이 좀 부족하다고 할까, 인간적인 속성이 좀 더 강조되어 있는 것을 볼 수 있습니다. 또한 신과 인간의 관계 설정도 전통적인 신화에 묘사되는 신과 인간의 소통방식^{기도, 희생, 꿈, 신탁} 등이 아닌, 성관계나 가족관계를 통해 그려지는 경우가 많고, 심지어 아테나가 아킬레우스에게 나타나거나 아프로디테가 파리스를 전쟁터에서 피신시키듯이 신과 인간이 직접 소통하는 경우도 종종 등장해요. 전체적으로 보면 올림포스 신들을 종교적 숭배의 대상으로서보다는 영웅서사시의 '캐릭터'로 취급하고 있다는 느낌이 강합니다.

전쟁과 여성

단비 호메로스의 서사시에 등장하는 영웅은 신들이 짜놓은 잔혹한 운명에도 불구하고 자신이 설정한 어떤 고귀한 목표를 위해 끝까지 투쟁하는 인물이라는 것을 알게 되었습니다. 그런데 그 목표라는 것은 구체적으로 어떤 것인가요?

성 교수 고대 서사시에 나오는 영웅들은 대개 전쟁 영웅이라고 할 수 있습니다. 이민족의 침공을 막아내거나, 국운이 걸린 전쟁에서 승리하거나, 중요한 전쟁을 통하여 새로운 나라를 세우거나 하는 이야기들이 대부분의 고대 서사시의 소재가 됩니다. 호메로스의 서사시에 나오는 영웅은 대개 전사warrior로서 전쟁에서의 승리를 통해서 사람들로부터 존경을 받고 명예로운 자리에 오르는 것을 삶의 목표로 삼은 사람들이지요. 『일리아스』에 나오는 대화에서도 전사들이 평소에 안락한 삶을 살면서 사람들의 존경을 받는 것은 중요한 위기의 순간에 국가 안보를 위해 목숨을 걸고 전쟁터에 나가기 때문이라는 얘기가 나옵니다. 근대 이후의 표현을 빌면 '노블리스 오블리주'라고 할까요, 막대한 부와 권력에는 그만한 책임과 의무가 따른다는 것인데, 고대 영웅들은 탁월한 전투력으로 전쟁터에 나가 승리를 거둠으로써 귀족의 도리를 다한 것이라고 할 수 있습니다.

단비　　그럼 전투 능력만 탁월하면 영웅이 되는 것인가요? 아킬레우스를 보면 그런 것 같기도 합니다만.

성 교수　기본적으로는 그렇습니다. 그리스 신화의 또 다른 영웅인 헤라클레스만 봐도, 엄청난 힘과 전투 능력 말고는 사실 결함이 많은 인물이잖아요. 그가 수행했던 12가지 과업도 지혜나 인품이 필요한 것은 거의 없어요. 다 괴물과 싸우거나, 엄청난 힘을 쓰거나 하는 일들이죠. 물론 후대로 올수록 영웅에게 요구되는 자질은 변화합니다. 고대에는 국가나 종족 사이의 전쟁과 침략, 정복이 매우 빈번했지만, 인류의 역사가 계속 전쟁만 하는 것으로 흘러온 것도 아니고, 한 사회의 지배층이 갖춰야 할 미덕이 전투 능력만 있는 것은 아니잖아요. 가령 중세의 전사들인 기사 계층에게 요구되는 '기사도'는 주로 십자군 전쟁에서 발휘되었던 전투 능력 이외에도 군주에 대한 충성, 책임감, 약자에 대한 배려와 도움, 굳건한 신앙 같은 미덕을 내세웠고, 근대 이후로는 전쟁이 아닌 평화 시에 필요한 행정 능력이라든가 리더십 같은 것들이 신사^{gentleman}의 자질로 전승되는 것이죠.

단비　　그런데 호메로스의 영웅은 기본적으로 전사라서 그런지 여성들에 대한 태도에 있어서 나중 세대의 기사나 신사와 전혀 다른 것 같아요. 여성이 성적인 욕망의 대상이거나, 자손을 생산하는 도구로만 취급되는 경향이 느껴집니다. 전쟁에서 승리한 쪽이 일종의 전리품으로 여성들을 노예로 데려가기도 하고요.

성 교수　네. 물론 현대의 남녀평등의 관점에서 보면 도저히 납득되지 않는 제도와 태도들이 있지요. 그러나 옛날 작품을 대할 때에는 21

세기의 관점에서가 아니라, 작품이 나온 그 시대의 맥락을 좀 더 상세하게 살펴봐야할 필요가 있어요. 일종의 역사적 상상력이 요구되는 것이죠. 가령 조선 시대의 왕이 후궁을 여럿 두고 사는 것은 현대적 관점에서는 용납되지 않지만, 그 당시에는 '정상적인' 것으로 받아들여졌으니까 이러한 상황을 염두에 둬야 한다는 것이죠. 『일리아스』도 발단은 전쟁에서 포로로 잡은 트로이 여성을 사이에 두고 아킬레우스와 아가멤논이 대립하는 것으로 시작하는데, 여기서 아폴론 사제의 딸이라 어쩔 수 없이 트로이 진영으로 돌려보내진 크리세이스와, 아가멤논이 아킬레우스로부터 빼앗은 브리세이스라는 두 여성은, 그냥 전쟁에서의 공로에 대한 존중의 표시, 즉 '전리품'으로 취급될 뿐, 그 여성 인물의 입장은 전혀 반영되지 않아요. 그렇지만 여성 인물이 이렇게만 취급된 것은 아니에요. 이미 완전한 가족을 이루고 있던 헥토르의 아내인 안드로마케와 아들 아스티야낙스는 비교적 꼼꼼하게 묘사되는데, 이 가족 공동체 내에서 헥토르는 훌륭한 아들일 뿐만 아니라 든든한 가장이자 좋은 아버지로 나오지요. 그러나 전쟁이 이 단란한 가족을 무참히 파괴하는 사건이 일어나게 되기 때문에, 독자들은 전쟁이 여성을 어떻게 무기력한 존재로 만드는가, 나아가 가족 공동체를 어떻게 파괴하는가를 생생하게 보게 되지요. 전쟁이라는 특수한 상황에서는 여성들의 역할이 아주 제한될 수밖에 없어서, 포로로 잡혀 성노예가 되거나, 전쟁에 나가서 죽은 남편 혹은 아들이나 남자 형제들을 애도하는 역할만 하게 됩니다. 그런 면에서 『일리아스』는 전쟁터에서 드러나는 영웅들의 업적과 영광을 보여주어 그들의 무공에 감탄하게 만들기도 하지만, 전쟁이 파괴해버린 여성과 가족의 일상을 묘사한다는 점에서 반전反戰의 감성을 드러낸다고 할 수도 있어요.

단비 그렇다고 『일리아스』를 반전시로 보기는 힘들지 않을까요?

성 교수 물론입니다. 트로이 전쟁의 영웅 아킬레우스의 분노에 관한 시이니까요. 『일리아스』는 기본적으로 전쟁 영웅들을 칭송하고 그들의 업적과 영광을 널리 알리는 내용이어서, 어떤 대목을 보면 전쟁의 폭력에 탐닉하는 것처럼 보이기도 해요. 전쟁터에서 적군을 죽이는 수많은 장면들이 굉장히 적나라하고, 서로 다 다르게 묘사되거든요. 사람을 죽이는 방법이 굉장히 여러 가지구나, 라고 생각하게 될 정도입니다. 소위 '헤모글로빈 미학'이라고 영화나 게임 등 대중 매체에서 폭력 자체의 묘사로 인해 공포가 아닌 쾌감을 느끼는 경우도 종종 있잖아요. 『일리아스』는 문자 텍스트이지만 그렇듯 폭력 미화의 경향을 상당히 보이기도 해요. 그러나 반면에 전쟁의 폭력이 망가뜨리는 삶이라는 측면에도 관심을 기울이고, 전쟁에서의 승리를 위해 치러야 하는 대가에 대해서도 깊이 생각하는 모습을 보여준다는 점에서, 『일리아스』는 인간들 사이의 전쟁에 대한 매우 복잡하고 심오한 통찰을 보여주는 고전이라고 할 수 있을 것 같습니다.

참고 문헌

1. 영화, 드라마

2003 *Helen Of Troy* directed by Robert Earl Wise.

2004 *Troy* directed by Wolfgang Petersen.

2018 *Troy: Fall of a City*. BBC

2. 저서

강대진, 『호메로스의 일리아스 읽기』, 그린비, 2019.

시몬느 베유, 이종영 옮김, 『일리아스 또는 힘의 시』, 리시올, 2021.

존 돌런, 정미현 옮김, 『신과 인간의 전쟁, 일리아스: 서양 인문학의 뿌리를 다시 읽
　　　다』, 문학동네, 2020.

호메로스, 천병희 옮김, 『일리아스』, 숲, 2015.

Bloom, Harold, ed. *Bloom's Literary Criticism: The Epic*. Chelsea House, 2005.

Fowler, Robert. Ed. *The Cambridge Companion to Homer,* Cambridge UP, 2004.

Linn, Bob, *Cliff's Note on Homer's The Iliad,* IDG Books Worldwide, 2000.

3. 사진 자료

alamy(www.alamy.com)

creativecommons.org/publicdomain/zero/1.0/

부활의 진정한 의미

—레프 톨스토이, 『부활』

서상국

> "우리가 한 인간을 두고서 당신은 성인이라든가 분별 있는 사람이라고 말하고, 또 어떤 사람에 대해선 당신은 악인이라든가 어리석은 사람이라고 말해선 안 될 것이다. 그런데도 우리는 항상 인간을 그런 식으로 구분 짓고 있는 것이다. 이것은 바람직스럽지 못한 일이다. 인간이란 흐르는 강물과 같다."

러시아 사람들 이름이 낯설어요.

단웅이 　교수님 러시아 고전문학 하면 푸시킨 또는 도스토예프스키 Fyodor Mikhailovich Dostoevsky, 1821~1881나 톨스토이Lev Nikolayevich Tolstoy, 1828~1910를 얘기하게 되는데 작가의 이름조차 발음하기가 쉽지 않아요. 우리 문화와 러시아 문화의 이질성이 그렇게 큰 것인가요?

서 교수 여러 가지를 얘기해서 답을 해야 하는 훌륭한 질문이네요. 우리가 누리고 있는 서양 문화가 주로 일본을 통해 전달된 미국을 중심으로 한 서유럽 문화라고 단순화할 수 있을 것입니다. 이는 서로마의 문화에 뿌리를 두고 있는 문화입니다. 이에 반해 러시아 문화는 그리스에 뿌리를 두고 있는 동로마의 문화입니다. 가톨릭이나 프로테스탄트로 대표되는 서로마 문화에 우리는 익숙해져 있죠. 같은 기독교이기는 하지만 러시아 문화는 그리스 정교正教에 바탕을 두고 있어서 그 근본적인 이질성이 존재합니다. 이런 문화적 근본의 차이가 결국은 언어 차원에서 익숙한 정도에도 영향을 미치는 것이죠. 영어, 프랑스어, 독일어, 스페인어 등과 같이 라틴어 계열의 외국어에 우리는 익숙하죠. 그러나 그리스어를 바탕으로 발전한 슬라브 언어, 보다 구체적으로 러시아어는 우리가 자주 접하지 않았던 언어이기에 낯설 수밖에 없다고 봅니다. 러시아 작가를 세 사람이나 알고 있음이 대단히 놀랍고 훌륭합니다!

단뭉이 러시아어 발음을 단기간에 익힐 방법이 있나요?

서 교수 글쎄요…. 외국어를 익히는 것은 단기간에 하기가 어렵습니다. 혹자는 "러시아어를 익히는 것은 대단히 힘든 일이다. 그러나 러시아어를 익혀서 푸시킨의 시 한 편을 러시아어로 읽을 수 있다면 그 수고로움은 보상받고도 남는다."라고 말하기도 합니다. 외국어를 익히는 것은 인생을 풍요롭게 해 주는 하나의 수단을 갖추는 것입니다. 적극적으로 권장해 드립니다.

단웅이 그렇군요. 그러면 러시아 문학을 읽는 것이 결코 수월한 일이 아니군요?

서교수 러시아어를 익혀서 원어로 읽을 수 있다면 더없이 좋은 일이 겠지요. 그러나 번역본을 잘 선택해서 읽으면 많은 것을 이해할 수 있습니다. 한 가지 방법은 번역본에 있는 작가의 이름뿐만 아니라 주요 등장인물들의 이름과 간단한 인물 설정을 제공하는 것이 보편적 입니다. 이것을 필요할 때마다 참고하면 쉬운 독서를 할 수 있습니다.

단웅이 러시아 문학을 읽을 수 있는 용기를 주셔서 감사합니다. 그런데 러시아 문학 작품에는 등장인물이 너무 많아요.

서교수 단웅씨의 수준 높은 교양을 보여주는 질문입니다. 러시아 사람들의 이름체계를 조금만 이해하시면 쉽게 해결되는 문제입니다. 동일 인물을 두고 부르는 방법이 다양해서 여러 사람으로 인식되기도 하거든요. 러시아 사람들의 이름체계는 이름+부칭+성으로 구성되어 있습니다. 이름은 태어날 때 고유하게 받는 것이고 부칭은 아버지의 이름에서 아들은 '-오비치/예비치'를 붙여서 만들고요, 딸은 '-오브나/예브나'를 붙여서 만듭니다. 예를 들어서 설명하겠습니다. 『부활』의 작가 이름이 레프 + 니콜라예비치 + 톨스토이입니다. '레프'가 이름이고 애칭이 '료바' '료부시카'이며, 부칭인 '니콜라예비치'는 아버지 존함이 '니콜라이' 즉 니콜라이의 아들이라는 뜻입니다. '톨스토이' 성은 온 가족이 다 가지는 것이고요. 이름과 애칭은 가족, 친구, 애인 사이에서 부릅니다. 이에 반해 이름+부칭으로 부르면 존경의 의미가 됩니다. 관공서나 군대에서처럼 신원을 정확히 파악해야 하는 경우는 이름+부칭+성을 동시에 부릅니다. 따라서 한 등장인물을 다른 등장인물들이 어떻게 부르는가를 보면 두 사람 사이의 관계를 짐작할 수 있죠. 이를테면 A가 B를 부르면서 '이름'이나 '애칭'을 사용하면 위에 언급한 친한 사이일 것이고요, '이름+부칭'을 썼다면 A가 B를 존경해야 하는 관계가 됩니다. 동일한 인물이 다양하게 불릴 수 있기에 등장인물이 많은 것처럼 여겨지기도 합니다.

러시아 문학이 한국인에게 친근하게 다가오는 이유

단비   조금 복잡하지만 앞으로 러시아 문학 독서를 위해 이름체계를 익히도록 하겠습니다. 한 번 익혀두면 평생 써먹을 수 있는 지식이니까요.

서 교수   백번 옳은 말씀입니다. 배움의 즐거움이 바로 이런 것이지요.

단비   사람 이름 발음이 어렵기는 하지만 그래도 러시아 문학은 우리와 무언가 동질성을 느낄 수 있게 해 주는 요소가 있는 것 같아요. 저의 느낌에 근거가 있나요?

서 교수   그렇습니다. 러시아 문화와 우리 문화에 일말의 동질성이 있습니다. 첫째는 가족 구성원 간의 유대가 다른 문화에 비해 친밀하다는 것입니다. 앞에서 우리가 학습한 러시아인들의 이름체계에서도 유추해 볼 수 있듯이 온전한 이름을 알면 그 사람의 아버지 이름을 알 수 있죠. 당연히 부모님의 명성에 누를 끼쳐서는 안 되는 것이 우리 문화와 러시아 문화가 공유하는 동질성입니다. 그리고 가족 구성원을 지칭하는 호칭이 잘 발달하여 있습니다. 부모 형제자매를 지칭하는 호칭은 어느 나라의 문화에도 있지요. 그러나 영어에서는 단어 조합으로 호칭을 쓰는 사위, 며느리, 시아버지, 시어머니 등의 용어가 러시아어에서는 독립적으로 일반 명사가 있습니다. 이런 호칭의 발달이 결국은 가족 구성원 간의 유대가 더욱 긴밀한 것을 보여줍니다. 그래서 가족 간의 화목이나 불화를 다루는 문학 작품들이 우리에게 친밀하게 다가올 수 있죠.

단비 아! 이해되네요. 가족관계 이외의 문화적 동질성도 있나요?

서교수 있습니다. 가정교육의 중요성도 우리가 공유하는 문화입니다. 러시아 사람들이나 우리 모두 땅 소유를 좋아하고요. 또 집에 근사한 도서관을 만들어서 독서를 즐기는 것 역시 문화적 공통성입니다. 오랜 러시아의 전제군주제와 우리의 왕조 제로 인해 국민은 사회 비판적 태도를 견지하는 것 역시 역사·문화적 동질성이라고 할 수 있을 것입니다.

단비 레프 니콜라예비치 선생은 어떤 작가인가요?

서교수 하! 하! 하! 벌써 작가 톨스토이를 존경심을 담아서 부르시는군요! 대단합니다! 외국의 학자들이 톨스토이에 대해 논문을 쓸 때는 그냥 '톨스토이'라고 쓰지만, 그 논문을 러시아 사람들이 있는 곳에서 발표할 때는 반드시 '레프 니콜라예비치'라고 말을 해야 합니다. 러시아인들에 대한 배려입니다.

단비   19세기 러시아 작가 하면 도스토예프스키와 톨스토이를 '양대
산맥' 또는 '도덕적 사실주의'의 대가들이라고 합니다. 무슨 뜻인가요?

서 교수 양대산맥이 맞습니다. 근본적인 차이점이라면 도스토예프스
키가 인간의 본성 중 부정적인 측면을 부각하여 본질을 추구하는 반
면에 톨스토이는 긍정적인 측면을 보다 중시합니다. 두 작가 모두 사
회의 스승으로, 여론 지도자로, 철학가로, 비평가로 존재했었기에 독
자들에게 '어떻게 살아야 하는가?'에 대한 해답을 제시하려고 했기
에 도덕적 사실주의 작가라고 합니다.

톨스토이는 누구인가

단웅이   톨스토이의 생애를 간략하게
설명해 주세요.

서 교수 답이 늦어서 죄송합니다. 아무
튼, 톨스토이는 1828년에 대단히 부
유한 가정에서 5남매 중 4남으로 태
어났습니다. 1844년에는 카잔대학교
동양어 학부에 입학하여 튀르크어,
페르시아어를 전공했으나 뜻한 바 있
어 대학을 졸업하지는 않았습니다.
흥미로운 일은 1847년부터 일기를 쓰

레프 니콜라예비치 톨스토이
출처: iStock

기 시작했는데 톨스토이 연구에 중요한 정보를 많이 가지고 있다는

것입니다. 스물세 살이 되던 해인 1851년에 작품을 쓰기 시작했고요,
같은 해 4월에 형인 니콜라이를 따라서 코카서스로 가서 장교가 되
어 산악부족과의 전투에 참여합니다. 1852년『소년 시절』발표를 필
두로 전집 100권의 작품을 남긴 대문호가 됩니다. 1862년 서른세 살
에 당시 열여덟 살이었던 소피아 안드레예브나 베르스와 결혼합니
다. 이제까지 젊음으로 방황하던 무질서한 생활이 이 결혼으로 안정
을 찾게 됩니다. 대표작인『전쟁과 평화』*Война и мир*를 1869년에,『안나
카레니나』*Анна Каренина*를 1877년에 발표했습니다. 우리가 주안점을 두
고 논의할 작품『부활』*Воскресение*은 1899년에 발표했습니다. 그의 나이
71세 때입니다. 1910년 10월 28일 가출하여 막내딸만 대동하고 여행
길에 올랐다가 지금은 톨스토이 역인 간이역 아스타포보 역에서 사
망했습니다. 부유하게 살았던 경제적 현실 대비 그는 검소한 생활을
하였으며 그의 무덤 역시 영지 야스나야 폴냐나에 소박하게 조성되
어 있습니다.

톨스토이의 무덤　　　　　　　　　　　　　　　　　출처: iStock

단웅이 　『부활』은 다른 앞선 두 대작과는 다르게 집필 시기가 매우 늦군요.

서 교수 　네 맞아요. 사실 톨스토이는 『안나 카레니나』 발표 이후 정신적인 위기를 겪습니다. 피상적으로 보면, 이 작품은 불륜으로 인해 자신의 존재가치를 더는 유지할 수 없는 안나가 애인인 브론스키를 처음 만나 사랑에 빠진 기차역에서 자살하거든요. 옳지 않다고 생각하게 된 것이죠. 『예술이란 무엇인가』에 보면 '예술은 소비자에게 선한 영향을 끼쳐야 한다.'라고 주장하고 있습니다. 소위 말해서 '감염이론'이라고 합니다. 그런데 작가는 『안나 카레니나』가 독자들에게 선을 감염시키지 않는다고 생각했었죠. 그래서 이 작품 이후 톨스토이의 주된 활동은 농민들을 위한 사회사업, 교육사업, 교재 집필, 철학적인 저서 집필 등으로 경도됩니다. 그래서 한동안 문학적 대작을 쓰지 않았던 것입니다.

『부활』은 어떤 작품인가

단비 　톨스토이가 정신적인 위를 겪은 이후에 다시 문학작품을 쓰게 된 계기가 있나요?

서 교수 　그렇습니다. 톨스토이는 정신적인 위기를 겪고 난 후 러시아 정교에 대해 많은 관심을 가집니다. 정교 교리 자체에 대한 잘못을 지적한 것은 아니고요, 교리 이외의 종교적 인습이나 성직자들의 잘못된 행위를 비판하기 시작합니다. 급기야 1882년에는 러시아 정교회에서 탈퇴하여 지주 생활을 청산한다고 선언하고 도덕적으로 완전무결한 참된 기독교 지향을 추구합니다. 이때 저술된 것이 종교성과 윤리성을 강조한 『참회록』입니다. 1901년에는 러시아 정교로부터 파문을 당하기도 합니다. 톨스토이는 대안으로 '톨스토프스트보'라는 것을 만들어서 일종의 종교·윤리·사회운동을 펼칩니다. "악에 저항하지 말라"를 필두로 자체 십계명과 유사한 것을 만들기도 하지

『부활』 초판본 표지 　　출처: 필자 촬영본

요. 톨스토이 운동의 주된 내용은 비폭력, 영적으로 완전무결해지기, 금욕적이고 단순한 삶 영위 등입니다. 비폭력 운동은 인도의 마하트마 간디가 계승하여 톨스토이 운동을 이어나간 것으로 유명하죠. 아무튼, 이런 톨스토프스트보와 가장 가까운 종파가 '두호보르'인데 이들은 군 복무를 거부하여 정부로부터 탄압을 받게 되고 결국은 캐나다로 이주계획을 세웁니다. 이를 재정적으로 뒷받침하기 위해 톨스토이는 『부활』을 집필하게 됩니다. 구체적인 목적을 가지고 집필하기는 하였으나 『부활』은 톨스토이의 3대 장편소설에 속하며 마지막 장편 문학작품이기도 합니다. 꼭 읽으셔야 하는 이유가 바로 여기에 있죠.

단비　　톨스토이가 대가인 것은 틀림없는가 봅니다.

서 교수 단비씨와 전적으로 동의합니다.

단비 작품 『부활』의 제목 자체에 기독교 뉴앙스가 있는 것이 두호 보르 종파를 위해 집필했기 때문이라고도 할 수 있겠네요?

서 교수 그래요. 하지만 '부활'이라는 개념은 분명 유일신唯一神 종교의 대표적인 내세관來世觀에 해당합니다. 그리스 정교를 도입하여 러시아 정교로 발전시킨 러시아 사람들에게도 '부활'은 분명 기독교에 뿌리를 두고 있습니다.

단비 '유일신교'는 무엇이고 '내세관'은 무엇인가요?

서 교수 어떤 신앙체계에서 유일한 신을 신봉하는 경우 '유일신교'라고 하지요. 기독교와 이슬람은 유일신교입니다. 반대 개념이 '다신교'인데 대표적으로 불교도 '다신교'에 해당한다고 할 수 있습니다. '내세관'은 이 세상에서 생을 다하고 난 후 즉 죽음 이후의 세계를 논하는 것입니다. 신약성경 로마서 8장 34절에 보면 "죽으실 뿐 아니라 다시 살아나신 이는 그리스도 예수시니 그는 하나님 우편에 계신 자요 우리를 위하여 간구하시는 자시니라."라고 했습니다. 따라서 기독교인에게 '부활'의 개념은 죽은 후 하나님 우편에 앉아서 영생을 누리는 것이 바로 내세관입니다. 불교에서는 '윤회'를 거듭하다가 '해탈'을 목표로 하는 것이 기독교와 다른 내세관입니다.

단비 그렇다면 『부활』의 주인공 드미트리 이바노비치 네흘류도프도 죽었다가 부활하는 것인가요?

서 교수　아닙니다. 소설 『부활』을 읽어보시면 주인공인 네흘류도프가 생물학적으로 죽음을 맞이한 후 부활하는 것이 아닌 것을 알 수 있습니다. 결론부터 말씀드리면 네흘류도프가 정상적인 삶을 영위하다가 영적으로 죽은 상태에서 생물학적인 생존을 하죠. 그러다가 이 영적인 죽음으로부터 '부활'을 하는 것입니다.

단비　정상적인 생활 ⇨ 영적인 죽음 ⇨ 부활의 단계를 작품 속에서 구체적으로 볼 수 있나요?

서 교수　그렇습니다. 작품 전체를 다 읽으시면 이 세 단계를 잘 볼 수 있습니다. 무책임한 대답이지요? 농담이라고 해 본 것입니다. 용서하십시오. 네흘류도프의 정상적인 생활은 대학 3학년까지의 삶이고요, 성인으로서 사회의 통념에 따라 아무런 자의식 없이 사는 삶은 전체가 영적인 죽음이며 이것을 극복하고 부활하는 부분입니다.

남자 주인공의 정상적인 삶의 단면

단웅이　네흘류도프의 정상적인 삶의 단면이 어떻게 묘사되어 있는지 궁금합니다.

서 교수　작품을 조금 인용해 드리겠습니다. "그때 그는 젊은이로서 처음으로 제삼자의 지시에 따라서가 아니라 스스로 삶의 아름다움과 중요성 그리고 자신이 해야 할 일의 중요성을 깨닫는 체험을 했다. 또한, 자신은 물론 온 세상의 무궁무진한 완성의 가능성을 보았고 자신이 생각하는 완성에 도달할 수 있다는 희망과 확인에 가득 차 있었다."(85-6) 이런 네흘류도프는 대단히 독립적이며 정상적이고도 긍정적이고 미래지향적인 젊은이라고 할 수 있겠죠. 우리가 모두 추구하는 젊은이의 상이라고 할 것입니다.

단웅이 이 당시 네흘류도프의 삶 전체가 긍정적이라고 평가하고 있군요.

서교수 그렇습니다. '여성관'도 대단히 건전합니다. "그때의 그는 어머니의 양육으로 잘 자란 열아홉 살의 순결한 청년이었다. 그는 여자에 대해서는 오로지 아내가 될 사람에 대해서만 꿈을 꾸고 있었다. 그에게 자신의 아내가 될 수 없는 여성들은 그저 다른 인간에 불과했다."(87) 이런 인생 철학을 끝까지 지키고 실천했더라면 정신적인 죽음도 경험할 필요 없고 부활의 지극히 힘들고도 긴 여정을 겪을 필요도 없었겠죠.

단웅이 음. 그랬다면 이 작품도 없었겠네요!

서교수 와! 제가 한 방 얻어맞았군요! 단웅씨의 지적이 날카롭고도 적확합니다.

단웅이 교수님! 자의식이 없는 삶 즉 사회적 통념에 따라서 생물학적 존재만 이어가는 것은 영적인 죽음에 해당하겠군요!

자의식에 기반한 삶, 사회 통념에 따라 사는 삶

서 교수   단웅씨의 지적에 감탄하지 않을 수 없군요! 훌륭합니다! 드미트리 이바노비치의 자의식 없는 삶 즉 사회적 통념에 따라서 사는 모습을 한 번 볼까요? "그 당시 그는 자기 자신의 진정한 자아는 정신적인 자아로 여기고 있었으나 지금은 건강하고 용감하며 동물적인 자기 자신을 진정한 자아로 여기고 있었다. …… 이 모든 무시무시한 변화가 그에게서 일어난 원인은 그가 더 이상 자기 자신을 믿지 않고 다른 사람들을 믿으며 살게 된 데 있었다. 그는 자기 자신을 믿는 일을 중단하고 다른 사람들을 믿게 되었는데, 그 이유는 자기 자신의 믿음대로 살아간다는 것이 너무도 어려웠기 때문이었다."(94) 이 '무시무시한 변화'는 곧 영적인 죽음을 의미합니다. 카튜샤와의 사랑이 구체적인 예입니다. 육체적인 사랑을 나눈 이후 네흘류도프의 행동은 자의식에서 나온 것이 아니라 전적으로 사회적 통념에 의한 것입니다. "그는 또한 카츄사에게 돈을 줘야 한다고 생각했다. 그녀를 위해 돈을 주는 것도 아니었고 그 돈이 그녀에게 필요한 것이기 때문도 아니었다. 그것은 세상 사람들이 다 그렇게 했기 때문이며 그녀를 농락하고도 돈을 주지 않는다면 비열한 인간이라고 비난받을 것이기 때문이었다. 그래서 네흘류도프는 카튜사에게 돈을 줬다. 자기가 생각하기에도 적당하고, 그녀의 형편에도 걸맞다고 생각되는 금액이었다."(125) 젊고 건강하고 교육을 받은 귀족 청년의 행동으로 절대로 적합하지 않죠. 더 심각한 오류는 이런 행동에 이어 하는 자기 합리화입니다. "더욱이 스스로를 훌륭하고 고상하며 관대한 청년이라고 여겨왔으나 이제는 더 이상 그렇게 생각할 수가 없었다. 하지만 그가 용감하게, 그리고 즐겁게 인생을 살아가기 위해서는 여전히 스스로를 그런 청년이라고 여기지 않을 수 없었다. 그리고 그렇게 하기 위해서는 딱 한 가지 방법이 있었다. 바로 그 일을 잊어버리는 것이었다. 그래서 그는 잊기로 했다."(127) 잊어버린다고 해서 있었던 일이 없었던 일이 되지 않는다는 것을 모르고 하는 치명적 실수입니다.

단비   네흘류도프에게 일어난 '무시무시한 변화'의 결과 또한 끔찍한 것이 되겠군요?

서 교수   그렇습니다. 육체적으로 농락한 네흘류도프가 카츄사에게 100루블을 줬고 이것을 계기로 카튜샤는 고모 집에서 쫓겨나 험난한 인생길에 접어들게 됩니다. 생계를 위해 다양한 사람들에게 학대받게 되는데 그 경로가 점점 더 열악해집니다. 경찰 서장 집 ⇨ 과부 산파네 집 ⇨ 삼림 감독관 집 ⇨ 세탁소 아주머니 집 ⇨ 귀부인 집을 거쳐 마침내 매춘 업자의 손에 들어가 창녀가 되고 살인사건에 연루되어 재판을 받게 됩니다.

단비   네흘류도프의 무책임에 화가 날 정도입니다!

서 교수   당연하죠. 예전이나 지금이나, 러시아 사회에서나 우리 사회에서 여전히 이런 일들이 일어나는 것이 안타까울 따름이죠. 그래서 고전 작품이 우리에게 주는 교훈이 무궁무진한 것입니다. 결국은 우리가 인간이라는 존재의 본성에 대해 철학적 고민을 할 수밖에 없게 되니까요. 네흘류도프의 경우 영적인 죽음의 상태에 있으면서도 그것을 깨닫지 못하는 것이 더 심각한 문제일 것입니다. 문제의 심각성이 크면 클수록 부활의 과정이 힘들고 길어질 것도 당연한 이치일 것이고요.

네흘류도프의 부활

단웅이 무슨 계기가 있어서 네흘류도프가 영적인 죽음을 극복하고 부활의 길에 접어들게 되나요?

서 교수 답을 길게 해야 하는 질문이네요. 간단히 말씀드리면 카튜샤가 살인사건에 연루되어 재판을 받게 되고 그 재판에 네흘류도프가 배심원으로 참가하게 됩니다. 육체적 능욕 이후 '잊고' 살았던 네흘류도프에게 자의식이 깨어납니다. "다음 날 아침, 잠에서 깨어 눈을 떴을 때 네흘류도프가 제일 먼저 느낀 것은 자신에게 무언가가 일어났구나 하는 자의식이었다. …… 그렇다. 거짓말하는 것을 집어치우고 모든 진실을 말해야 한다."(219) 많은 갈등과 고민 끝에 네흘류도프가 마침내 카튜사에게 이런 말을 합니다. "아니요. 끝나지 않았소. 이 일을 이렇게 내버려 둘 수는 없소. 나는 나의 죗값을 다 치르고 싶소."(275) 이 말을 실천에 옮기는 네흘류도프의 모든 행동이 부활의 길을 걷는 구체적인 내용이 됩니다. 문자 그대로 인고의 세월을 살아가는 것이죠. 한순간의 실수에 대한 참회와 그에 따른 속죄의 길은 길고도 험난합니다. 영적으로 거듭나는 것은 한순간에 할 수도 있겠으나 그것을 실천을 통해 완성해 나가기는 절대 쉽지 않은 일입니다.

네흘류도프는 귀족으로, 부자로, 젊고 건강한 청년으로 사는 삶을 포기하고 전적으로 카튜샤를 위해 시베리아로 유형을 따라가면서 죗값을 치릅니다. 카튜샤를 위하는 길이 곧 자신의 영적 부활을 위한 길이기도 하니까요.

단웅이 네흘류도프의 영적인 부활은 짐작이 가는데 부활하는 과정에서 감동하려면 작품을 다시 한번 더 꼼꼼히 읽어야 할 것 같아요.

서 교수 문학작품은 매번 새로 읽을 때마다 또 다른 감동을 선사한답니다. 읽는 사람의 심적 상태나 새로이 쌓은 경험 등이 작품의 새로운 면을 볼 수 있게 해 주거든요.

카튜샤의 부활

단비 음. 그런데, 창녀가 되어버리고 살인사건에 연루된 카튜샤 역시 부활의 길을 걸어야 할 것 같아요. 작품의 제목 자체가 다양한 층위의 '부활'을 의미하는 것 같거든요.

서 교수 역시 단비씨입니다! 맞습니다.

단비 카튜샤는 네흘류도프와 사랑하면서 오로지 육체적인 차원은 아니었던 것 같아요. 왜 남자들은 카튜샤를 성적인 대상으로만 여기나요? 카튜샤가 매우 예쁜가요?

서 교수 예쁜 것은 주관적인 평가 기준이겠지요. 다만, 카튜샤는 대단히 매력적인 여인으로 나옵니다. 작품의 여러 곳에서 카튜샤의 겉모습을 반복적으로 강조하는데 풍만한 가슴(15, 16, 58, 64, 270), "이슬 머금은 구스베리같이 까만 눈동자,"(89) "이슬을 머금은 체리처럼 검은 눈동자,"(103) 그리고 약간의 사시斜視로 매력을 더하죠. 중요한 것은 카튜샤의 사랑은 첫사랑이었고 순수한 사랑이었으며 육체의 결합을 초월하는 사랑이었다는 사실입니다. 임신한 카튜샤는 기차를 타고 지나가는 네흘류도프를 한 번 보기 위해 "깜깜하고 비고 오고 바람이 부는 가을밤"(244)에 간이역으로 나갑니다. 일등 칸에 있는 네흘류도프를 발견한 카튜샤는 객차를 따라 임신한 몸으로 "플랫폼의 젖은 널빤지를 따라"(245) 달립니다. 스쳐 지나가 버린 네흘류도프 때문에 다음 기차에 몸을 던져 목숨을 끝내려고 생각했던 카튜샤에게 "그 사람의 아이가 갑자기 꿈틀거리며 움직이더니 몸을 움츠리다가 쭉 폈다. 그러다니 무언가 가느다랗고 부드러우면서도 뾰족한 것으로 쿡쿡 찌르기 시작했다. 그러자 조금 전까지만 해도 그녀를 괴롭혔던 것, 더이상을 살 수 없다는 생각, 네흘류도프에 대한 증오 그리고 죽어서라도 그에게 복수하고 싶은 열망, 이 모든 것이 한순간에 사라지는 것이었다."(246) 카츄사의 사랑은 이렇게 진실한 것이었습니다. 여성의 모성애도 엿볼 수 있죠.

단비 카튜샤는 타락하게 되어 7년간의 창녀 생활을 하고 살인사건에 연루되어 재판을 받고 시베리아 유형을 떠나갑니다. 카튜샤의 '부활'은 어떤 양상인가요?

서 교수 카튜샤는 사랑하는 남자에게 버림받고 사회에서 버림받아 타락의 길을 걷습니다. 보편적 여성성의 발현과 마찬가지로 카튜샤 역시 "자신에게 쏟아지는 관심 자체가 그녀를 즐겁게" 해 줍니다. 귀족 자매의 집에서 자란 카튜샤는 물질을 잘 관리하지도 못합니다. "그녀는 돈을 잘 간수할 줄 몰랐다. 그녀는 자신을 위해서도 낭비를 했고 누구든지 돈을 달라고 하면 주었다."(22) 카튜샤에게는 선택권이 많지 않았죠. "마슬로바는 선택해야만 했다. 남자들이 치근대는 것을 겪으며 일시적이면서도 비밀스러운 간통을 해야만 하는 굴욕적인 하녀 생활을 선택하느냐 아니면 안정적이며 합법적인 상태에서 공공연하고 돈벌이가 좋은 지속적인 간통을 선택하느냐 하는 문제였다. 그녀는 후자를 선택했다. 그녀는 그렇게 함으로써 자기를 처음으로 유혹했던 남자부터 자기를 버리고 도망간 점원에 이르기까지 그녀를 능욕한 모든 사람에게 복수할 수 있다고 생각했다."(26) 사랑에 상처를 입은 카튜샤의 선택은 옳은 것이 아니었으며 자신을 능욕한 남자들에게 복수를 하겠다는 다짐 역시 정당하다고 할 수 없습니다. 영적으로 죽어 있는 상태입니다.

단비　카튜샤가 부활의 길을 걷게 되는 동기가 있나요?

서 교수　네. 여러 가지가 있습니다. 첫째는 네흘류도프의 진실하고 지속적이며 헌신적인 참회와 사과 그리고 그에 따른 행동이 카튜샤의 마음에 새로운 것이 생기게 하지요. 물론, 시베리아 유형 길에서 만난 정직한 정치범들과의 교류에서도 인간의 덕성을 보게 됩니다. 비록 초기 단계이기는 하지만 카튜샤의 부활은 다음과 같이 서술되어 있습니다. "그가 아는 한 가지는 그녀가 변했다는 사실이었다. 그녀의 내부에서 영적인 변화가 일어났으며, 그러한 변화가 그를 그녀와 결합시켜 주었을 뿐만 아니라 변화가 일어나게 해 준 하느님과도 연결시켜 주었다."(447) 네흘류도프가 변해가는 카튜샤를 관찰하고 있습니다.

단비　카튜샤는 더 아무도 사랑하지 않나요?

서 교수　아닙니다. 비록 "그 어떤 남자건 남자와의 관계가 모두 다 진절머리가 났다."(451)라고 하고 있기는 하지만, 이것은 진정한 남자의 사랑을 만나기 전의 일입니다. 그렇다고 해서 카튜샤의 부활이 수월한 것은 아니었습니다. "페름까지 오는 데 마슬로바는 육체적으로나 정신적으로 굉장히 힘들었다. 육체적으로 힘든 것은 비좁고 불결한 공간과 집요하게 달려드는 이와 벼룩 때문이었다. 이와 벼룩이 시도 때도 없이 물어뜯었다. 정신적인 고통은 이나 벼룩하고 별다르지 않게 끊임없이 달려드는 남자들 때문이었다."(659) 남자들을 이나 벼룩과 동일시하고 있음이 독자의 마음을 아프게 합니다.

플라토닉 러브

단웅이　카튜샤의 진정한 사랑은 네흘류도프와의 재결합인가요?

서 교수　아닙니다. 네흘류도프가 진정으로 결혼을 제안하고 희생, 헌신 충성에 기반한 사랑을 지속해서 보이나 카튜샤는 받아들이지 않습니다. 정치범 시몬손의 진정한 사랑을 카튜샤가 받아들입니다. 시몬손의 "카튜샤에 대한 사랑은 이 이론과 부딪치지 않았다. 그것은 그의 사랑이 플라토닉한 사랑이었으며, 이런 사랑은 약한 자를 도우려는 백혈구의 활동을 방해하지 않을 뿐만 아니라 오히려 생기를 더 불어넣어 주는 것이었기 때문이었다."(673) "바로 이런 사람이 마슬로바를 사랑함으로써 그녀에게 결정적인 영향을 미쳤던 것이다. 마슬로바는 여성의 섬세한 감수성으로 이것을 오래전부터 알아차렸다. 그리고 그녀 자신이 이런 비범한 사람의 마음속에 사랑을 느끼게 했다는 의식은 그녀의 자의식을 보다 고양된 정신세계로 끌어올려 주었다."(674) 이 인용의 마지막 문장은 카튜샤의 부활이 완성되어가고 있음을 보여줍니다.

사랑의 삼각관계

단비 음. 카튜샤를 가운데 두고 시몬손과 네흘류도프 사이의 삼각관계가 성립하는 것인가요?

서 교수 그렇게 볼 수도 있습니다. 위의 인용 바로 다음에 이 삼각관계에 대한 해결을 톨스토이가 직접적으로 제시하고 있습니다. "네흘류도프는 그의 너그러움과 예전에 그가 했던 행동 때문에 마슬로바에게 청혼했다. 그러나 시몬손은 마슬로바를 현재 있는 그대로 사랑했고, 또 단지 사랑하기 때문에 사랑하는 것이었다. 또한, 시몬손이 그녀를 다른 여자들과 구별되는 특별한, 그러니까 고차원의 정신적 특성을 지닌 비범한 여자로 여기고 있다는 것도 마슬로바는 알았다. 그가 자신에게서 어떤 덕성을 발견했는지 그녀는 잘 몰랐다. 그러나 그녀는 전력을 다해 그의 기대에 어긋나지 않으려고 자신의 생각이 미치는 한, 가장 뛰어난 특질을 키우기 위해 노력했다. 그녀의 이런 마음가짐이 그녀로 하여금 가장 훌륭한 여성이 되기 위해 노력하도록 만들었던 것이다."(674) 바야흐로 카튜샤가 자의식을 되찾고 행동을 고쳐나가고 있습니다. 가히 부활의 길을 순탄하게 걷고 있는 상태를 보여줍니다.

단비 카튜샤는 수인으로 유형길에 있고 네흘류도프는 같은 길을 속죄의 길로 가고 있습니다. 그리고 두 사람 모두 영적으로 부활의 길을 걷고 있는 셈이네요. 그렇다면 이 두 사람 사이의 정신적인 교감 역시 다른 차원에서 구현되어 있을 것 같아요.

서 교수 단비씨는 저를 계속해서 놀라게 하십니다! 두 사람의 정신적인 교감이 어떻게 이루어지며 또 어디까지 발전하는지 본문을 통해 확인해 보실까요? "그녀의 옷차림에서도 머리를 손질하는 것에서도, 또 사람을 대하는 태도에서도 예전에 그녀가 부리던 교태 같은 것은 전혀 없었다. 그녀가 보여준 변화와 지금도 변해가는 모습이 네흘류도프에게 큰 기쁨을 안겨주었다. …… 그는 그녀에게서 예전에는 한 번도 느껴보지 못했던 그런 감정을 느꼈다. …… 지금은 그가 무엇을 생각하든, 무슨 일을 하든 이 연민과 감동이 섞인 감정이 바닥에 깔려 있었고, 이는 그녀에게만 향하는 것이 아니라 만나는 모든 사람을 향한 것이었다."(676-7) 카튜샤의 변화가 네흘류도프에게 기쁨의 원천이 되고 있을 뿐만 아니라 네흘류도프의 인간에 대한 순수하고 도덕적인 감정이 카튜샤에 한정되지 않고 모든 사람에게 보편적으로 나타나고 있음을 볼 수 있습니다. 영적인 부활의 선한 면을 적나라하게 시사하고 있습니다.

단비 사랑 주제를 통해 작품을 처음부터 끝까지 설명해 주셔서 감사합니다. 문학작품을 읽는 방법을 조금 터득한 것 같아요.

서 교수 참 다행입니다! 사랑 주제에 대해서도 한 가닥의 스토리 라인만 다뤘습니다. 네흘류도프가 카튜샤를 사랑할 당시에는 순수하게 사랑했지만, 그 사랑을 지키지 못하죠. 반면에 카튜샤는 그 사랑으로 임신하여 아이를 출산하지만 성장하지 못하고 죽습니다. 두 사람이 엇나간 사랑을 한 것이죠. 네흘류도프의 결정적 잘못은 카튜샤에 대한 사랑을 순수한 차원에서 이어가지 못하고 사회적 통념에 의해 백 루블을 주고 잊기로 했던 것입니다. 이런 실수를 반성하고 자신의 삶을 바꾸는 과정은 지극히도 어렵고 오래 걸립니다. 이 작품에서 네흘류도프가 반성에 따라 실천하는 자신의 행동 변화 속에는 자신이 가지고 있는 모든 특권 즉 귀족, 지식인, 건강한 남자, 부자 등 모든 것을 포기하고 남은 삶을 반성 속에서 살아가는 것입니다. 우리가 살아가면서 실수를 줄이려고 노력하는 이유가 바로 여기에 있습니다. 다른 한편으로는 우리 사회에서 "죄송합니다!"라는 말 한마디로 자신의 실수를 덮어버리는 경우가 있습니다. 뒷맛이 씁쓸한 이유는 말로만 사과하고 자신의 행동과 삶에 변화를 가져오지 않고 이후에 같은 실수를 반복하기 때문입니다. 우리 사회의 지도자가 될 단비씨는 살아가면서 실수를 전혀 하지 않거나 최소화하실 수 있기를 바랍니다.

단비　　실수 ⇨ 반성 ⇨ 삶의 변화 과정이 매우 어려운 것이군요! 그런데, 이 작품에 주제가 사랑만 있는 것은 아니죠?

러시아 정교 비판

서 교수　작품 속에 있는 다양한 형태의 사랑 얘기는 단비씨의 개인적 독서를 위해 남겨 두기로 하죠. 당연히 다른 주제가 여러 개 있습니다. 작품 제목『부활』을 염두에 두면 어떤 주제가 지금 다루기에 적절할까요?

단웅이　아무래도 종교 특히 기독교이겠지요?
서 교수　아주 훌륭합니다.

단웅이　그런데 왜 '러시아 정교'라고 하죠? 보통은 '그리스 정교'라고 하지 않나요?
서 교수　단웅씨의 박식함에 다시 한번 더 감탄합니다! 기독교는 서양 문화의 양대 지주의 하나인 헤브라이즘을 뜻하죠. 다른 한 지주는 헬레니즘이고요. 기독교는 로마제국의 팽창으로 인해 서로마제국과 동로마제국이 분리됩니다. 서로마제국에서는 기독교가 '온 누리에 만유 하는'을 뜻하는 가톨릭이고 동로마제국의 기독교는 '바른 교회'라는 뜻의 정교가 됩니다. 이것이 그리스 정교입니다. 그런데 동로마제국의 수도였던 지금 터키의 이스탄불인 콘스탄티노플이 오스만 튀르크에게 정복당합니다. 즉 이슬람이 동로마제국을 점령한 것이죠. 이에 988년에 그리스 정교를 받아들였던 러시아가 그리스 정교의 총본산이 이교도화 되자 1453년에 "모스크바가 제3 로마이며 제4의 로마는 없다."라고 선언합니다. 이로써 러시아의 기독교는 더는 '그리스 정교'가 아니라 '러시아 정교'가 되는 것입니다.

단웅이 역사적인 변화는 이해할 수 있겠습니다. 그런데 같은 기독교를 그리스 정교에서 러시아 정교라고 지칭함으로 무엇이 달라지나요?

서 교수 계속해서 좋은 질문을 하시는군요! 러시아가 받아들였던 그리스 정교를 러시아 정교로 바꾸고 모스크바를 제3 로마라고 선언한 것은 큰 의미가 있습니다. 우선 러시아 사람들은 신의 선택을 받은 민족이라는 '선민의식'을 가지게 됩니다. 신께서 인류를 구원하러 다시 오실 때 러시아 민족을 통해서 올 것이라는 신앙이 굳건해 집니다. 그리고 이런 민족이 사는 러시아 영토가 신성해집니다. 이는 향후 가톨릭을 포함한 이교도가 러시아 영토를 침입해 오면 신성한 땅을 수호하기 위해 총력을 기울여 방어합니다. 나폴레옹과 히틀러의 침공이 성공하지 못한 영적인 차원의 이유가 바로 여기에 있습니다. 몽골의 침입과 러-일 전쟁은 복잡하니까 차후에 설명해 드릴 기회가 있기를 바랍니다. 선민의식과 신성한 영토를 가진 민족은 메시아니즘을 실천하게 되어 있습니다. 즉 예수님의 가르침을 땅끝까지 전파할 의무가 생긴 것이죠. 이런 메시아니즘의 결과가 거대한 러시아 영토의 확장으로 이어집니다. 오늘날 세계에서 가장 큰 영토를 가진 국가가 러시아인데 그 이유를 알 수 있을 것입니다.

단웅이 재미있습니다. 정치적인 이유만 학습했었는데 종교적인 뒷 배경이 있었군요. 이런 러시아 정교가 대문호 톨스토이에 의해 비판받아야 하는 이유가 무엇인가요?

서 교수 이 질문에 대한 답은 우리가 논하고 있는 작품 『부활』에서 찾을 수 있으니 구체적으로 분석해 보시지요. 그 전에 한 가지 전제를 먼저 해야겠네요. 톨스토이는 이 작품에서 기독교 자체를 비판하지 않습니다. 많은 시간이 지나면서 원시 기독교에서 변질한 기독교를 비판하고 있다는 것입니다. 톨스토이가 비판하는 구체적인 예를 하나 들어보죠. "하지만, 법정에서 하는 일, 즉 복음서에 손을 얹고 사람들에게 선서를 시키는 것이 맹세를 금하는 기독교 정신에 어긋나는지를 전혀 생각해보지도 않았을뿐더러 힘들다는 생각 역시 단 한 번도 해 본 적이 없었다."(59) '헛된 맹세'를 금하는 것은 기독교의 산상보훈 중 세 번째 보배스러운 훈계이죠. 이것을 어기고 있습니다. 그리고 46년간 봉직한 사제를 비판하고 있습니다. 이 사제는 막대한 재산을 소유하고 있으며 몇 년 후 50년 봉직 행사를 하고자 하는 세속적인 열망에 사로잡혀 있기에 작가 톨스토이의 비판을 받아 마땅하죠. 유사한 예를 하나 더 볼까요? "사제가 이 일을 하는 동안 보제는 슬라브어로 쓰인 다양한 기도문을 처음에는 읽다가 나중에는 죄수들로 구성된 성가대와 함께 번갈아 가며 노래로 불렀다. 하지만 이런 기도문 자체의 뜻은 보제도 모르고 성가대도 몰랐다. 게다가 보제가 하도 빠르게 읽고 노래하는지라 그 뜻을 파악하기는 더더욱 어려웠다."(251-252) 예배를 드리고 있으면서 기도문의 내용도 모르고 형식적으로 또 타성적으로 읽고 있음을 비판하고 있습니다.

단웅이 사제나 예배 절차에 대해 신랄한 비판을 하고 있군요.

서 교수 그렇습니다. 다음 예에서는 더욱 근본적으로 비판하고 있음을 볼 수 있습니다. 조금 길지만 인용해 보겠습니다. "사제부터 시작해 간수장이나 마슬로바에 이르기까지 이 미사에 참석했던 그 누구도 사제가 휘파람 소리를 내며 수없이 반복해서 불렀던 이름의 그 예수, 사제가 온갖 희한한 말로 칭송해 마지않은 그 예수가 이곳에서 행한 모든 것을 금지했다는 사실을 알지 못했다. 예수는 이런 무의미한 말을 늘어놓는 것을 금했다. 예수는 사제-스승이라는 자들이 빵과 포도주를 놓고 하는 이런 신성 모독적인 요술행위를 금했다. 예수는 한 인간을 다른 사람들의 스승이라고 부르는 일도 아주 구체적으로 언급하며 금했다. 교회 안에서 하는 기도도 금했고 오직 혼자서만 기도하라고 말씀했다. 예수는 자신이 교회당을 허물기 위해 왔다고 했다."(256) 예수께서 직접 금한 일들을 지금 사제와 교회 관계자들이 하고 있음을 지적하고 있습니다. 미사 행위를 '신성 모독적인 요술행위'로 치부하는 것은 매우 신랄합니다.

단웅이 이런 사실에 근거한 비판은 정당하고도 건전한 비판이겠지요?

서 교수 그렇습니다. 그런데 톨스토이는 더욱 심층적인 비판을 계속합니다. "빵을 먹고 포도주를 마심으로써 그리스도의 살과 피를 마셨다고 생각하는 사제들이 사실은 정말로 그리스도의 살을 갉아 먹고 피를 빨아 먹고 있는 것이라는 생각을 하는 사람이 아무도 없었다…… 사제들은 그리스도께서 자신과 동일하게 여긴 이런 '약한 자들'을 농락할 뿐만 아니라 이 사람들에게 그리스도께서 전한 복음을 감춤으로써 이들 '약한 자들'로부터 최대의 행복을 빼앗고 그들로 하여금 참혹한 괴로움을 맛보게 하는 것으로 그리스도의 살을 갈아먹고 피를 빨아 먹고 있다는 사실을 깨닫는 사람은 아무도 없었다."(257) 사제들의 잘못된 사고와 행동이 예수님의 가르침에 반하고 있는 것뿐만 아니라 일반 신도들에게까지 피해를 주고 있음을 직설적으로 비판하고 있습니다. '그리스도의 살을 갈아 먹고 피를 빨아 먹고 있는 것'이라는 비판은 우리의 신앙생활에서 늘 점검해야 하는 잘못일 것입니다.

단웅이 사제가 기독교의 본질적 가르침을 이렇게 어기고 있을 정도라면 일반 신자들의 신앙생활에도 비판의 여지가 있겠군요.

서 교수 네. 대부분은 지식인들 즉 귀족 계급에서 두드러지게 나타납니다. 네흘류도프의 이모인 카테리나 이바노브나 백작 부인은 "참으로 이해할 수 없고도 또 그녀의 성격에 어울리지 않게……. 기독교의 본질은 속죄에 있다고 주장하는 교의의 열렬한 신봉자였다. 그 당시 이미 유행이 지나버린 그 교의를 전도하는 모임에 빠짐없이 나가고 그런 사람들을 집으로 불러모으기도 했다. 이 교의의 가르침에 따르자면, 모든 의례행사, 성상, 성례까지 다 없애야 함에도 불구하고 백작 부인 집의 모든 방에는 예외 없이 성상이 걸려 있었다. 심지어는 그녀의 침대 바로 위에도 하나 걸려 있었다. 그러면서도 그녀는 아무런 모순점도 깨닫지 못하고 그 교의가 요구하는 것을 모두 충실히 이행하고 있었다."(456) 지식인이면서 귀족이고 사회의 저명인사까지 이토록 기독교의 가르침을 왜곡하고 있습니다.

토포로프의 모순

서 교수 이 작품에 나오는 유명한 '토포로프의 모순'을 소개할까요?
"토포로프가 맡고 있는 직무는 그 자체에 모순을 내포하고 있었다.
그 모순은 어리석은 사람이나 도덕적 감각을 잃어버린 사람들은 볼
수 없는 것이었다. 토포로프는 어리석었고 도덕적 감각을 상실한 사
람이었다. 그의 직무에 있어서 모순은 이런 것이었다. 토포로프의 직
무는 폭력을 포함한 외부의 공격으로부터 교회를 보호하고 교회를
지지하는 것이었다. 그런데 교회는 본질상 신에 의해 세워진 것이므
로 지옥의 문에 의해서도, 인간의 그 어떤 노력에 의해서도 흔들릴
수 없는 것이다. 그러니까 그 어떤 것에도 위협을 받지 않는 신성한
교회를 수많은 관리를 거느린 토포로프가 수장으로 있는 인간의 조
직으로 유지하고 보호해야만 한다는 것은 모순이다. 토포로프는 이
모순을 보지 못하고 있거나, 아니면 보고 싶어 하지 않았다."(540) 교
회 관련 관리의 수장마저 모순 그 자체임이 적나라하게 드러나고 있
습니다. 톨스토이의 비판이 예리하지 않나요?

단비 잘못에 대한 지적은 예리할수록 그 잘못을 더 잘 고칠 수 있는
것 아닐까요?

서 교수 아하! 또 한 번 제가 당했군요!

단비 대문호 톨스토이가 주장하는 기독교의 본질도 작품 속에서 찾
을 수 있나요?

서 교수 그렇습니다. 이 작품의 마지막인 제3부의 28장 전체가 단비씨의 질문에 대한 답입니다. 근간은 신약성서 '마태복음'입니다. 네흘류도프가 성경을 읽으면서 깨달은 첫 번째는 "스스로를 낮추어 겸손해짐으로써 마음의 평화와 삶의 기쁨을 느낄 수 있었던 것"(798-99)입니다. 또 다른 깨달음이 이어서 나옵니다. "모든 사람이 괴로워하고 있는 이 무서운 죄악에서 벗어날 수 있는 유일하고 확실한 방법은 사람들이 하느님 앞에 자기 자신을 항상 죄인이라 인식하고 또 자기에게는 절대로 남에게 벌을 주거나 바로잡을 만한 힘이 없음을 깨닫는 것"(801)입니다. 여기에서 네흘류도프가 새롭게 인지하게 되는 것은 "사람들은 스스로 악 그 자체이면서 악을 고치려 한다는 것"(802)이지요. 깨달음은 성경을 읽으면서 계속됩니다. "그가 그토록 찾을 수 없었던 해답은 바로 예수 그리스도가 베드로에게 준 그 해답이었다. 이 해답은 모든 사람을 언제나 끝없이 용서해주는 것이었다. 왜냐하면, 남을 용서해주지 않아도 되는, 죄가 없는 인간은 있을 수 없으며 또 남에게 벌을 가하거나 남을 교정할 수 있는 사람 역시 있을 수가 없기 때문이었다."(802) 이런 깨달음을 바탕으로 네흘류도프는 마태복음을 처음부터 다시 읽기 시작하며 5장에 있는 '산상보훈'을 읽게 됩니다. 이후의 변화는 놀랍습니다. 단순히 인용만 해도 단웅씨께서 모두 이해할 수 있는 내용이기에 중간 생략을 해 가면서 소개해 드립니다. "네흘류도프는 타오르는 램프의 불꽃에 눈을 고정시키고 심장이 멎을 것 같음을 느꼈다."(804) "그러자 오랫동안 느껴보지 못했던 환희가 그의 영혼을 사로잡았다……. 즉 산상보훈을 따르면 사람들은 인간이 누릴 수 있는 최고의 행복을 누릴 수 있게 되며, 이 산상보훈을 실천하면 모든 인간이 더 이상 다른 것을 할 필요가 없다는 것이었다. 왜냐하면, 이 산상보훈 속에 인생의 유일한 합리적인 의의가 존재하기 때문이다."(805) "우리가 우리 인생의 주인이라든가, 생명이 우리의 쾌락을 위해 주어진 것이라는 불합리한 확신 속에서 우리는 살아간다. 그런데 이것은 완전히 어리석은 짓이다. 우리가 이 세상에 보내진 존재라고 한다면 그것은 그 어떤 의지에 의한 것이며 또 그 어떤 목적이 있었음이 틀림없는 것이다. 그런데 우리는 오직 우리의 쾌락만 추구하며 살기로 정해버렸다."(806) 이 결과 작품 전체의 이야기를 채우고 있는 비참한 삶의 인생들이 생긴 것입니다. 물론 톨스토이의 주장이라는 것을 잊어서는 안 되고요. 중요한 것은 네흘류도프가 영적인 부활을 완성하는 장면이기도 합니다.

다양한 주제

단웅이 문학작품 특히 장편소설은 참으로 다양한 주제가 포함된 것 같아요?

서 교수 그렇습니다. 러시아 문학 이론가인 미하일 바흐친에 의하면 소설 장르는 그 자체가 변화와 발전을 멈추지 않고 끊임없이 새롭게 다가온다고 했습니다. 독자의 개인적인 경험, 지식, 심적인 상태에 따라서 같은 작품을 읽을 때마다 다른 의미를 제공한다는 뜻입니다. 동일 작품이라도 여러 번 반복해서 읽어야 하는 이유가 바로 여기에 있습니다. 러시아 문학을 전공하고 있는 저 역시 같은 작품을 여러 번 반복해서 읽습니다.

단웅이 오늘 대화에서 우리가 다룬 사랑과 종교 외에 어떤 주제들에 초점을 맞추고 이 작품을 읽으면 좋을까요?

서 교수 죄송합니다. 앞에서 하신 질문에 대해 제가 동문서답을 했군요. 여기에서 구체적으로 다룰 시간이 부족하기에 이 작품에 두드러지게 나타나는 주제를 소개해 드리겠습니다. 정의롭지 못한 사법제도, 귀족과 평민 사이의 사회적 불평등, 도시와 농촌의 차이, 토지 소유의 문제, 결혼과 성매매에 대한 잘못된 사회의 통념, 여러 등장인물의 죽음과 관련된 사망학, 이 작품만의 독특한 문학적 기법 등 다양한 주제가 있습니다. 단웅씨께서 제가 소개하지 못한 다른 주제도 얼마든지 찾아낼 수 있는 것이 문학작품입니다.

단웅이 마지막으로 간략하게 '부활'의 층위에 대해 간략해 설명해 주세요.

서 교수 훌륭한 질문을 해 주셔서 감사합니다. 간략하게 종합해 보면 부활하는 부류와 부활과 전혀 관계없는 타락한 삶을 살아가는 부류로 나눌 수 있을 것입니다. 부활하는 층위에는 드미트리 이바노비치 네흘류도프의 부활, 카튜샤 마슬로바의 부활, 정치범들의 부활, 사회 정의의 부활, 기독교의 부활이 있습니다. 부활하지 못하는 층위에는 모든 귀족, 관료, 사법인, 종교인 등이 포함됩니다. 이들이 부활하지 못하는 가장 근본적인 이유는 자신의 삶이 잘못되었다는 인식 자체가 존재하지 않기 때문입니다.

단웅이 작품을 직접 인용해 가면서 설명해 주셔서 작품을 깊이 있게 이해할 수 있었던 계기였습니다. 감사합니다.

서 교수 단웅씨와 단비씨의 만남은 제게 행운이었죠! 제가 감사드립니다. 『부활』도 곁에 두고 여러 번 읽으시고, 다른 문학작품도 이처럼 읽으면 다양하고 깊이 있게 이해하실 것으로 확신합니다. 승승장구하시길….

참고 문헌

1. 저서

레프 톨스토이, 강주헌 옮김, 『성경』, 작가정신, 1999.

레프 톨스토이, 서상국 옮김, 『부활』, 작가정신, 2008.

레프 톨스토이, 이상우 옮김, 『참회록』, 뿌쉬낀하우스, 2019.

레프 톨스토이, 이철 옮김, 『예술이란 무엇인가』, 범우, 2019.

2. 사진 자료

www.istockphoto.com/kr

시대의 경계 안에서
아Q가 승리하는 법

—루쉰, 『아Q정전』

이유진

"하지만 그는 그것보다 더 무서운 눈빛을 발견했다. 둔하면서도 예리한 그 눈빛은 그의 말을 삼켜버렸을 뿐만 아니라 육신 이외의 것마저 씹어 먹을 듯한 기세로 영원히 뒤쫓아오고 있지 않은가?

눈빛은 한데 어우러져 영혼마저 물어뜯는 것 같았다.

'사람 살려!'

그러나 아Q는 아무 말도 하지 않았다. 이미 두 눈은 캄캄했고 귀에서는 웅웅거리는 소리가 들렸으며 육신이 먼지처럼 산산이 흩어지는 느낌이기 때문이었다."

옛날이야기를 무척 좋아했던 문학소년

단웅이 '정신승리', '정신승리법'이라는 표현을 여러 번 들은 적이 있는데 『아Q정전』이라는 작품에 등장하는 표현이라고 합니다. 제목부

터 무슨 뜻인지 모르겠고, 어려운 작
품일 것 같아요. 우선 저자 루쉰에 대
해 알아가고 싶습니다.

루쉰 　　　　　　　　출처: Alamy

이 교수 　루쉰魯迅, 1881~1936은 중국을 넘
어 아시아 근현대문학을 대표하는 가
장 중요한 인물로 손꼽히지요. 그의
작품들은 중국 문학을 대표하는 고전
의 반열에 올라있고, 중국에서는 "민
족의 영혼"으로 불릴 정도입니다. 루
쉰은 1881년 9월 25일, 절강浙江省 소흥

현紹興縣 성내城內에서 태어났습니다. 본명은 저우수런周樹人, 자字는 예
재豫才로, 우리에게 많이 알려진 루쉰이라는 이름은 데뷔작 『광인일
기』狂人日記를 발표할 때 처음으로 사용했던 필명입니다. 루쉰의 집안
은 본래 호남성湖南省 도주인道州人 출신이었는데 14대조 때 소흥으로
이주하게 되었다고 알려져 있어요. 루쉰의 조부는 한림편수翰林編修로
북경에서 관리생활을 한 적도 있지요. 루쉰은 전형적인 봉건 소지주
가정에서 성장했어요. 6세 때부터 가숙家塾: 글방에 들어가 공부를 시작
했고, 11세 때는 삼매서옥三昧書屋에서 수경오壽鏡吾 선생에게 사사 받
았다고 전합니다. 글방에서 글공부를 하고 집으로 돌아와서는 조부
에게 글을 배웠다고 해요. 그런데 어린 시절부터 루쉰은 정해진 공부
말고 중국의 고서나 야사 등을 굉장히 즐겨 읽었다고 알려져 있어요.
글을 배우기 전부터 민간으로부터 전해진 옛날이야기를 듣는 것을
엄청나게 좋아했다고 합니다.

단웅이 문학소년이었군요! 어린 시절부터 작품을 쓰기 시작했나요?

이 교수 글쎄요. 루쉰의 어린 시절은 여러분들이 상상하는 문학소년의 이미지와 다를 수도 있어요. 반항적이고 전투적인 면모도 있었거든요.

단웅이 제가 생각하는 문학소년의 이미지도 그래요. 시대에 대해 굉장히 비판적이고 날카로운 느낌이 있는걸요.

이 교수 자, 그럼 루쉰의 어린 시절이 단웅이가 생각하는 문학소년과 비슷한 모습이었는지 계속 알아봅시다. 루쉰은 7살부터 산웨이슈우 三味假라는 소흥의 사립학교에서 고전학을 공부하기 시작했습니다. 루쉰의 첫 단편 「화이주」를 살펴보면 루쉰과 비슷한 학교에 다니는 소년의 경험이 다소 부정적으로 묘사되어 있어요. 루쉰이 어린 시절 받았던 교육은 엄격하고도 통제적이었지요. 사서오경四書五經을 익히는 전통적인 교육을 받았는데, 오늘날 방식으로 말하면 일종의 공무원 시험 준비를 기초부터 충실히 준비하는 것과 비슷하다고 볼 수 있어요.

단웅이 7살밖에 되지 않은 아이가 학교에 가서 공무원 시험 준비를 했다고요?

이 교수 현대적인 관점에서 보면 아이에게 너무 가혹하다고 느껴질 수 있겠지만 루쉰의 어린 시절은 전통사회에 속해 있었어요. 그의 생애는 전통과 현대의 경계에 있어서 이해하기가 어려운 부분이 더러 있지요. 어린 시절 안고촌安稿村 외가에서의 생활도 루쉰의 어린 시절을 상상하는 데 도움이 됩니다. 그는 「사희」(1922)에서 마을 소년들과 천진난만하게 어울리던 생활을 이렇게 회고합니다. "그곳은 내게 천국이었다. 모두들 오냐오냐해 주었고 『시경』詩經의 질질사간秩秩斯干이나 유유남산幽幽南山을 외지 않아도 되었기 때문"이라고 술회한 바 있지요. 『시경』을 외지 않고 맘껏 뛰놀 수 있어 즐거워하는 어린아이의 모습이 선하게 그려지지요. 이렇게 루쉰은 어린 시절 어디를 가나 사랑받는 명문가댁 도련님으로 행복한 시절을 보냈답니다.

단웅이 정말요? 루쉰이 살다간 시대를 떠올려보면 평탄한 삶을 계속 살아가기가 어려웠을 것 같아요. 우리나라도 마찬가지였지만 당시 중국도 혁명과 분열의 격동기를 거쳤다고 알고 있어요.

이 교수 맞습니다. 루쉰의 행복한 삶도 소용돌이에 휘말리고 말지요. 루쉰이 12세가 되던 해, 조부가 뇌물 사건으로 투옥되고, 아버지 백의伯宜가 중병으로 앓아눕게 되자 상황은 급변하게 됩니다. 루쉰은 쓰러진 아버지의 병을 고치기 위해 거의 매일 전당포와 한약방을 출입해야 했습니다. 전당포에서는 약값을 마련하기 위해 집안 물건을 저당 잡혔고, 이렇게 어렵게 마련한 돈을 가지고 약을 지어야 했지요. 훗날 루쉰은 작품에서 전당포를 드나들며 약을 지어야 했던 당시 경험을 속임수에 빠진 것이었다고 술회한 바 있습니다. 청년기 일본에서 현대의학을 공부하기로 결정한 이유가 되기도 했지요.

단웅이 조부가 투옥되고, 아버지가 중병에 걸렸다는 불행한 상황이 어쩐지 루쉰 개인만의 문제 같지 않아요. 당시 시대적 배경과 관련되어 있는 것 같기도 하고요.

이 교수 루쉰의 조부는 한림편수翰林編修로 명망이 높았지만…루쉰의 아버지는 그렇지 못했지요. 그래서 루쉰의 조부는 집안의 미래가 암울하다고 느꼈던 것 같습니다. 그래서 과거를 주관하는 관리에게 뇌물을 쓰려다가 들통이 나서 수감까지 되었고 집안은 완전히 풍비박산이 났지요. 어린 루쉰

청나라 최후의 통치자로 불리는 서태후西太后. 1835~1908
출처: Alamy

을 친척 집으로 보낼 정도로 큰 파탄이었답니다. 루쉰의 조부는 가문의 전통적 권위를 중시했던 인물로, 아들이 번듯한 관직에 올라야 마땅하다고 생각했던 것 같아요. 단웅이가 이야기한 것처럼 전통적 가치가 허물어져 가고 있던 새로운 시대에 역행하는 선택이었다고 볼 수 있겠네요.

전통과 '혁명의 시대'

단비 　 루쉰은 그런 개인적 어려움들을 어떻게 이겨냈나요?

이 교수 쉽지 않았답니다. 루쉰은 어린 시절부터 '이야기'와 관련해 아

주 뛰어난 기억력을 소유한 것으로 유명했습니다. 타고난 것일 수도 있겠지만 소설, 이야기, 잡문 등을 어려서부터 가리지 않고 읽었기 때문이겠지요. 아주 어린 시절부터 루쉰은 자신이 수집한 그림책의 삽화를 추적하고 식물과 곤충에 관한 책을 베끼는 것을 좋아했다고 합니다. 이렇게 옛날이야기는 어린 시절 엄격한 공부와 개인적 삶의 비극을 잊을 수 있는 일종의 안식처 역할을 했답니다. 하지만 삶은 뜻대로 풀려가지 않았어요. 루쉰이 노력을 다해 집안을 열심히 보살폈음에도 불구하고 아버지가 세상을 떠나자 집안은 완전히 몰락하고 맙니다.

단비 명문가 도련님의 삶에 '반전'이 생겼다고 볼 수 있겠네요. 당시 중국이 직면한 시대 상황도 만만치 않게 복잡했다고 알고 있습니다. 이른바 '혁명의 시대'였다고 알려져 있잖아요?

이 교수 1840년 아편전쟁 이후, 근 백 년 간 중국의 역사는 암흑 그 자체였다고 볼 수 있어요. 영국을 선두로 하는 서양 제국의 침략을 받아 반식민지 위치로 떨어지는 굴종의 시간들을 견뎌내야만 했습니다. 루쉰의 생애는 이러한 중국의 암울한 시대적 배경과 함께 살펴야 이해될 수 있어요. 아편전쟁 이후 중국은 줄곧 정치적 퇴행, 사회·경제적 고통이 날로 악화되는 상황이었습니다. 그 모든 시대적 상황이 루쉰의 생애주기와 겹쳐집니다. 루쉰은 중국, 중국인의 삶에 시대적 혼란과 고통을 가져온 근본적인 원인을 찾기 위해 평생을 바친 인물이라고 표현해도 과언이 아닐 거예요. 루쉰을 비롯한 당시 젊은 지식인들은 중국 봉건사회의 유교적 폐습이 국민성을 후진시킨 가장 큰 원인이라고 진단했어요. 새로운 시대가 다가오는 것을 가로막았다는 것이지요.

단비   역사 시간에 배웠던 기억이 얼핏 납니다. "전근대적인 국민정신을 계몽하기 위한 문화운동이 진보적인 지식인들 사이에서 일어나게 되고, 1919년 5:4운동이라는 문화혁명(신문화운동)이 확산되는 계기가 되었다"고요. 루쉰도 문화혁명에 가담한 인물이었다고 알고 있습니다.

이 교수   네, 아주 정확하게 기억하고 있군요(웃음). 루쉰은 신문화운동을 주도한 대표적인 인물이었습니다. 신문화운동에서 그의 무기는 다름 아닌 '문학'이었지요. 루쉰은 문학을 통해 민족의 낡은 사상과 의식을 변화시킬 수 있다고 믿었어요. 아까도 언급했지만 루쉰은 평생 유교의 폐습에 대해 비판했습니다. 특히 정주성리학程朱性理學이 중국인, 중국사회의 정신을 강하게 속박해서 정체되도록 만들었다고 주장했어요. 중국 역사상 모든 백성을 봉건통치와 예교에 속박된 '노예'라고 부르기도 했지요. 중국인이 거듭나기 위해서는 오래된 노예 근성을 버리고 자신이 주인이 되는 새로운 시대를 창조해야 한다고 강하게 주장했답니다.

단비   그런데 루쉰은 전통교육을 받은 세대잖아요. 엄격한 유교적 전통교육을 받은 세대가 완전히 새로운 문화 혹은 혁명을 주장하는 것이 현실적으로 가능할까요?

이 교수   상당히 모순적인 상황처럼 느껴진다는 말이지요?

단비 네, 마치 자기 자신을 부정하는 것 같아서요. 집안 형편이 어렵기 전까지만 해도 루쉰은 전통 명문가 교육을 받고 자랐는데 어느 날 갑자기 '공가점타도(孔家店打倒)' 같은 과격한 주장을 할 수 있었을까 하는 생각이 듭니다.

이 교수 상당히 부조리한 상황, 인물처럼 느껴지지요? 그런데 루쉰이 꼭 전통 유학 교육만 받은 것은 아니랍니다. 아버지의 죽음 이후, 1898년 난징에서 강남수사학당江南水師學堂, 광무철로학당鑛務鐵路學堂을 다니면서 서양 학문과 독일어, 영어 등 외국어를 배우기도 했답니다. 난징에서 학교를 다닐 때, 근처 공원을 돌아다니다가 한족漢族이라고 놀림 받는 경험도 하고…난징에서 보낸 4년 동안 루쉰은 완전히 새로운 세계에 눈을 뜨게 됩니다. 물리, 수학 등 근대 과학의 기초를 배우며 서양 과학의 힘을 느꼈지요. T. H. 헉슬리의 『진화와 윤리』*Evolution and ethics and other essays*를 읽고 전통사회의 구습에만 얽매여 있는 중국의 앞날에 대해 깊이 있는 고민을 시작했다고도 하지요. 루쉰이 활동했던 중국 근현대 문단을 연구한 팡시앙뚱房向東은 "전통적인 일원화 문화가 전면적이고 철저하게 비판을 당하는 동시에 외래문화가 전래되어 문화의 다원화 형국이 형성되었다"고 평한 바 있습니다. 하루아침에 서양 사조를 추종하는 것 같기도 하고, 마치 자기 자신을 부정하는 것처럼 보일 수도 있지만 새로운 시대를 열어가기 위한… 그 시대 젊은이들만의 방식이었다고 이해해 보면 어떨까 합니다.

단비 혼란스러운 시대에 나름의 답을 찾아가기 위해 좌충우돌하면서 사상과 정신이 오히려 자유롭게 열릴 수 있게 되었다는 말씀이시군요.

이 교수 맞아요! 단비가 말한 '좌충우돌'이라는 표현이 딱 들어맞는 상황이었어요. 이 시기 루쉰은 유신파維新派에 의해 간행된 『시무보』時務報, 서구의 정치, 경제, 문화를 널리 소개했던 『역서강편』譯書江編 등을 통해 서구의 자연과학과 사회사상을 본격적으로 알아가게 됩니다. 특히 당시 일본에서 유학 중인 학생들이 펴낸 잡지들에는 서구의 서적을 번역해서 연재한 내용들이 많았다고 해요. 어려서부터 무엇이든 읽을거리를 가리지 않고 좋아했던 루쉰은 이런 연재물을 통해 장 자크 루소Jean-Jacques Rousseau의 『사회계약론』, 몽테스키외Charles-Louis de Secondat의 『법의 정신』, 알렉상드르 뒤마Alexandre Dumas Père의 『춘희』 등 새로운 사조의 작품, 예술을 마음껏 접할 수 있었습니다. 1901년, 루쉰은 드디어 광로학당을 졸업하고 국비장학생으로 선발되어 일본으로 유학을 떠나게 됩니다. 이후, 의학을 배우기로 마음을 정하고 변발辮髮을 자르기도 했지요.

단비 스무 살이 넘도록 간직한 변발과 이별했다니…중국 전통과 완전히 단절하고 새로운 삶을 살아가기로 결심한 것으로 볼 수 있겠네요?

이 교수 그렇게 보이지요? 새로운 공부를 시작하면서 과거의 중국, 전통과 거리를 둔 삶을 살아가기로 마음 먹은 것은 분명해 보여요. 새로운 정체성을 자각해 가는 과정이었다고 볼 수도 있고요. 왜 우리도 외국에 나가면 그전에 깨닫지 못했던 정체성에 대해 고민하게 되잖아요. 젊은 루쉰도 마찬가지였어요. 일본에서 유학하면서 중국인에 대한 일본인들의 증오를 실감하게 되고, 일본에 있는 동료 중국인들의 행동에 부끄러움을 느끼기도 했다고 전합니다. '광복회光復會'와 인연이 닿은 것도 이 시기의 일입니다.

단비 저와 비슷한 또래에 있었던 일이네요. 광복회를 통해 루쉰은 어떤 경험을 하게 되나요?

이 교수 루쉰이 청소년기부터 쭉 혼자 고민해 왔던 문제들을 이제는 동료들과 함께 나눌 수 있게 되었지요. 서양 작품들을 같이 번역해 나가기도 하고요. 번역작업을 하면서 원서에 없는 대사를 끼워 넣는 재기발랄함을 선보이기도 했답니다. 이 시기 루쉰은 「스파르타의 혼」, 쥘 베른Jules Verne: 1828~1905의 『달나라 탐험』Autour de la lune 등을 번역했다고 알려져 있습니다. 한편으로 새로운 시대, 새로운 삶을 모색하는 데 필요한 공부가 무엇일까 고민하기도 합니다. 한마디로 진로를 깊이 고민하는 시기였어요. 단비와 또래도 비슷하고 가지고 있는 고민도 크게 다르지 않았답니다. 루쉰은 일본의 유신維新이 서양의 과학, 특히 의학과 깊은 관련이 있다고 생각해서 의학을 본격적으로 공부하기로 결심합니다. 청년 루쉰이 이렇게 진로를 정한 데에는 중국에서 아버지의 병구완을 했던 개인적 경험이 영향을 끼쳤다고 해석하는 사람도 많아요. 한약방을 열심히 오가며 아버지의 병을 돌봤지만 차도가 없었던 씁쓸한 경험이 서양의학을 공부하게 된 계기가 되었다는 것이지요. 이렇게 1904년 루쉰은 센다이 의학전문학교에 유일한 중국인 유학생으로 입학하게 됩니다.

단비 　어린 시절 옛날이야기를 좋아했던 문학소년이 의사가 되려고 했다고요? 루쉰이 의사가 되려고 했다는 이야기는 처음 들어본 것 같습니다.

이 교수 　전통사회가 직면한 지식의 낙후성落後性, 그중에서도 일상생활의 낙후된 문제를 가장 빨리 바로잡을 수 있는 분야가 '의학'이라고 판단했기 때문이지요. 그 당시 루쉰의 입장에서는 가장 자연스러운 선택이 아니었을까요? 그렇지만 단비가 말해준 것도 맞아요. 루쉰이 한때 의학을 공부했다는 사실이 그렇게 널리 알려진 것 같지는 않아요. 루쉰이 의학을 공부하기로 정한 것보다, 일본에서 공부를 다 그만두고 돌아오기로 뜻을 정한 계기가 더 중대한 문제로 다뤄졌기 때문이지요.

단비 　그동안 얼마나 힘들게 공부해 왔는데 갑자기 모든 것을 그만두다니요. 국비장학생이었잖아요. 만약 루쉰이 제 친구였다면 공부를 포기하지 말고 버티라고 말해주고 싶어요.

이 교수 　1906년, 그러니까 루쉰이 의학 공부를 시작해서 만 2년이 되지 못한 시기의 일이었어요. 수업 시간에 일본인 교수가 틀어준 뉴스 필름을 보고 큰 충격을 받아 자퇴를 결정했다고 합니다.

단비 　도대체 필름이 얼마나 충격적인 내용이었나요? 의사의 꿈을 접을 정도로 말이지요.

이 교수 　필름에는 러일전쟁 중 스파이 혐의를 받은 중국인이 처형당하는 내용이 담겨 있었다고 해요. 그런데 루쉰이 충격을 받은 것은 중국인이 처형당한 장면이 아니었다고 하지요. 필름 속에서 무참하게 처형당하는 중국인 포로의 모습이 아니라 그저 방관하는 동포들의 모습을 보고 더 큰 충격과 절망을 느꼈다고 합니다. 일명 '환등사건幻燈事件'이라고 불리는 경험에 대해 루쉰은 다음과 같이 자세히 술회한 바 있어요. "그 당시에, 저는 오랫동안 제 동료 중국인들을 보지 못했는데, 어느 날 그들 중 일부가 미끄럼틀에 나타났습니다. 한 사람은, 두 손을 뒤로 묶인 채, 사진 가운데에 있었고, 다른 사람들은 그의 주위에 모여 있었지요. 신체적으로, 그들은 다른 사람들이 말을 물을 정도로 강하고 건강했지만, 그들의 표정은 그들이 영적으로 굳어지고 무감각하다는 것을 너무나 분명하게 드러내고 있었습니다. 이 영상에 따르면, 손이 묶인 중국인들은 러시아인들을 위해 일본 군대를 감시했습니다. 그는 '공적인 예'로서 목이 잘렸습니다. 그의 주변에 모인 다른 중국인들은 그 광경을 즐기러 온 것이었습니다." 이렇게 루쉰은 중국인들이 동포의 죽음을 두고도 구경하는…환등사건을 통해 구경꾼 의식의 존재를 포착해 낼 수 있었습니다. 구경꾼 의식을 흔들어 깨우지 않으면 중국의 미래가 없다고까지 생각했어요. 그래서 육신을 고치는 의사가 되기보다는 '정신을 일깨우는 작가'가 되기로 결심을 바꾼 것이지요.

신해혁명의 충격과 삶의 재편

단비　공부를 그만두기로 결정한 후, 루쉰은 어떤 삶을 살아가게 되나요?

이 교수 센다이 의학전문학교를 자퇴
하고 얼마 지나지 않아 어머니가 위
독하다는 전보를 받게 됩니다. 어머
니를 돌보기 위해 잠시 귀국해서 정
혼자였던 '주안'과 결혼하고 크고 작
은 삶의 변화와 함께 새로운 삶을 모
색해 나갔지요. 친구들과 잡지 『신
생』의 창간을 시도하기도 하고, 동생
인과 함께 『외국소설집』域外小說集을

위안스카이   출처: Alamy

출간하기도 했어요. 1909년에는 중국으로 아예 귀국해 항주杭州에 있
는 사범학교에서 화학과 생리학 등을 가르치다가, 이듬해에는 고향
인 소흥으로 돌아와 소흥중학교에 근무하기로 했지요.

단비   1909년, 1910년, 1911년…신해혁명이 일어났던 시기 아닌가요?
신해혁명은 작품 『아Q정전』과도 밀접한 관계가 있다고 배웠어요.

이 교수 맞아요. 신해혁명은 『아Q정전』의 배경으로 등장하지요. 신해
혁명은 『아Q정전』뿐 아니라 중국의 근현대사에서 가장 중대한 사건
이라고 볼 수 있어요. 청나라의 공식적 종언과 함께 중국사 최초의
근대적 공화국의 시작을 알렸으니까요. 신해혁명의 파장을 짧게 보
면 1911년부터 1912년까지, 길게는 1915년, 1916년까지 이어진 것으
로 보기도 해요. 위안스카이袁世凱: 1859~1916가 대총통 지위로 만족하지
못하고 1915년 일본 제국주의의 지원을 받아 황제로 등극하려다가

급사하는 사건이 있었기 때문이지요. 위안스카이가 본인의 뜻대로 황제가 되었다면? 중국의 역사가 또 다른 방향으로 흘러갔을지 아무도 모르는 일이지요. 어쨌든 위안스카이의 시도를 끝으로 중국은 제도적 측면에서 황제가 통치하는 전통적 세계와 이별하게 된답니다.

단비　중국은 오래도록 황제가 통치해 온 나라였잖아요. 왕조가 몇 번이고 바뀌었어도 통치체계의 큰 틀거리는 그대로 유지되지 않았나요? 그야말로 하루아침에 하늘과 땅이 한바탕 뒤바뀌는 '난리'였다고 표현해 볼 수 있겠네요.

이 교수　중국에서 '황제'는 군주의 칭호를 넘어서는 의미를 지녀요. 황제는 중국 역사에서 통치 권력의 '시원始原'이라고 볼 수 있거든요. 전통사회(왕도 있고 신하도 있는 봉건신분사회 말이지요)에서 한 어린아이가 "이 세상은 어떻게 생겨났지?"라는 근원적 물음을 가진 다음에 "이 세상은 누가 다스리지?"라는 질문을 했다고 한번 가정해 볼까요. 이때 어른들의 모범답안은 무엇일까요. 전통사회에서는 "하늘로부터 힘을 부여받은 황제가 이 세상을 다스린다"고 말하면 아마 충분한 답이 되었다고 생각할 것 같아요. 그런 의미에서 신해혁명은 전통사회의 모든 규범이 부정, 붕괴되는 '하루아침에 하늘과 땅이 뒤바뀌는 난리'였다고 표현하는 것이 맞겠어요.

단비　역시, 세계관이 뒤흔들리는 충격이었다고 보는 것이 정확하겠지요? 신해혁명 이후 루쉰을 비롯한 당시 지식인들이 어떤 방식으로 새로운 시대의 길을 개척해 나갔을지도 궁금합니다.

이 교수 우선 서로 엄청나게 싸웠답니다(웃음). 루쉰을 다룬 저서 중에 『루쉰, 욕을 하다』라는 책 이름이 나왔을 정도로요. 루쉰이 먼저 싸움을 걸기도 했지만 루쉰 또한 엄청난 공격을 받았어요. '할취瞎嘴'라는 필명의 한 독자는 싸움꾼 루쉰에게 '차라리 중국을 떠나는 편이 좋겠습니다'라는 충정(?)의 편지를 보낼 정도였지요. 루쉰은 당시 문인, 학자들에게 신랄하고, 혹독한 비판을 참 많이 하는 것으로 유명했거든요. 1935년, 루쉰이 '오자敖者'라는 필명으로 발표한 「죽은 곳」이라는 글을 읽어보면 그가 왜 당시 사회에서 '독종', '글 싸움꾼'으로 불렸는지 느낌이 옵니다.

> 한 공자가 어부에게 물었다.
> "자네 아버지는 어디서 죽었는가?"
> "바다에서 죽었습니다."
> "그런데도 두렵지 않은가? 여전히 바다로 가는가?"
> 이번에는 어부가 물었다.
> "그럼 당신의 아버지는 어디서 돌아가셨습니까?"
> "집에서 돌아가셨네."
> "그런데도 두렵지 않습니까? 여전히 집에 앉아있는 것입니까?"
> …그러나 강의실에서 죽은 교수는 집에서 죽은 교수보다 확실히 적을 것이다.

루쉰은 공자公子와 어부의 대화를 이렇게 한 편의 우화처럼 담아냈어요. 루쉰은 첸쉬안퉁錢玄同: 1887~1938을 겨냥해 이 글을 발표했다고 알려져 있는데, 우선 첸쉬안퉁에 대해 알아볼 필요가 있겠습니다. 첸쉬안퉁은 일본 와세다대학교에서 유학했고, 베이징대학교와 베이징사범대학 교수를 지낸 그야말로 당시의 대표적인 지성이었지요. 루쉰을 비롯하여 후스胡適, 천두슈陳獨秀 등과 함께 『신청년』新靑年의 공동편집자를 맡기도 했고요. 루쉰이 『광인일기』狂人日記를 집필하는데 지대한 영향을 준 인물이기도 합니다.

단비　루쉰의 날카로운 비판은 적과 아군을 가리지 않았다는 말씀이시군요! 자세한 사정을 알 수는 없지만…만약 제 동료가 이야기까지 지어서 저를 비웃거나 디스하면 참기가 어려울 것 같아요. 루쉰과 첸쉬안퉁, 두 사람 관계는 괜찮았나요?

이 교수　첸쉬안퉁은 학계에 존경받는 인물이었는데, 자신보다 나이도 어렸던 마렴馬廉, 1893~1935이 중풍으로 강단에서 사망한 것에 큰 충격을 받은 모양이에요. 마렴의 일이 있고 난 뒤 강의에 소극적이었다고 하지요. 루쉰은 첸쉬안퉁의 그런 모습을 전해 듣고 "강의실에서 죽은 교수는 집에서 죽은 교수보다 확실히 적을 것이다"라고 일갈했어요. 동지였던 두 사람이 본격적으로 갈라지게 된 시기를 1919년 5·4혁명 때부터라고 보는 사람들도 있어요. 아무튼 서로의 동향을 끊임없이 의식하고 있었던 것만은 분명하답니다. 그러니까 두 사람의 관계를 적 혹은 아군으로 구분하는 것은 무의미하지 않을까 해요. 루쉰이 세상을 떠난 닷새 후, 첸쉬안퉁이 남겼다는 추억과 애도의 글을 읽어보면 참 재미있어요. 두 사람이 '찐 친구'였다는 것을 느낄 수가 있거든요. 루쉰의 장점 세 가지, 단점 세 가지를 꼭꼭 짚었지요. 장점으로는 첫째, 학문이 엄밀하다는 것, 둘째, 명성을 얻기 위해 학문을 하는 것이 아니라 학문이 좋아서 학문을 한다는 것, 셋째, 그의 작품『아Q정전』에도 드러나듯 역사를 읽고 세상을 보는 안목이 예리해 사회개혁에 유익하다는 점을 칭찬했답니다.

단비 루쉰의 단점으로는 어떤 점을 이야기했나요?

이 교수 우선, 의심이 많다고 했어요. "무심코 한 말을 악의로 받아들이고 음해로 받아들이면서 쓸데없이 화만 자주 냈다"고도 했고요. 경솔하게 상대방을 믿는 것도 약점으로 보았어요. 누군가 자신을 칭찬해 주는 말을 하면 바로 '동지'로 여기다가 그가 자신을 속인 사실을 나중에야 깨닫고 욕설을 쏟아내며 결별한다고도 했고요. 질투심이 굉장하다고도 했답니다. 절친한 '갑'이 내가 싫어하는 '을'과 가까워지면 갑에게 불같이 화를 내면서 미워했다고 평했지요. 첸쉬안퉁의 이러한 평가가 참말인지는 루쉰만 알 수 있겠지요(웃음).

단비 루쉰의 단점까지 알고 나니 루쉰이 한결 가까워진 것 같아요(웃음). 루쉰, 첸쉬안퉁의 사이가 멀어졌던 계기가 1919년 5·4혁명이라고 보는 시각도 존재한다고 말씀하셨잖아요. 도대체 어떤 주제를 두고 싸워서 사이가 멀어진 것일까요?

이 교수 당시 중국의 사상사는 일종의 '제로 베이스zero base' 상태로 돌아가 있었어요. 무엇이든 처음부터 다시 시작해야 했지요. 예컨대 서양에서 도입된 과학에 대해 "인간의 삶에서 제기되는 근본적인 문제를 과학으로 해명할 수 있는가?", "과학이 삶의 방향을 제시할 수 있는가?"를 주제로 열띤 논쟁이 벌어지기도 했고요. 전통사회가 깨져버린 상태에서 새로운 삶의 방식과 의미를 처음부터 찾아야 했으니까 얼마나 어려웠겠어요. 당시 지식인들은 격변하는 외부, 내부의 세계와는 별개로 온갖 미신과 현학에 사로잡혀 있는 사람들을 위해 일종의 계도啓導가 필요하다고 여겼거든요. 새로운 시대의 큰 방향성을 모색하기 위한 크고 작은 역사논쟁, 문자와 문학, 민생을 개혁하는 문제까지 논쟁에 논쟁이 더해져 도무지 싸움이 끊이지 않았답니다.

단비 이러한 논쟁과정이 루쉰의 작품 세계에도 영향을 끼쳤을까요?

이 교수 루쉰은 소흥사범학교 교장에 취임하여 재직하다가 1912년 남경에 중화민국 임시정부가 수립되자 북경으로 이주하기로 합니다. 사실, 루쉰은 신해혁명에 더 많은 기대를 걸고 있었다고 해요. 기대를 걸었던 신해혁명이 복고주의적 경향을 보이자 크게 실망했다고 하지요. 이 시기 발표된 『광인일기』는 새로운 시대적, 사상적 출구를 찾기 위한 고뇌를 담아내고 있어요. 루쉰은 중국 사상과 사회의 참모습을 성찰하기 위해 역대 역사문헌을 고증하는 연구에 몰두하며 시간을 보냈다고 하지요. 첸쉬안퉁이 루쉰의 장점으로 꼽았던 내용들 기억하나요? 루쉰은 학문, 특히 역사문제에 대해서는 늘 진심이었다고요. 역사를 향한 진지한 성찰은 그의 모든 작품을 관통하는 대주제라고 볼 수 있어요. 혁명적 분위기에 휩싸이기보다는 혁명이 완수해야 하는 역사적 사명에 대해 고민했지요. 루쉰에게 있어 혁명은 일회적인 사건이 아니었던 거예요. 혁명을 통해 무엇이, 어떻게 바뀌었는지가 더 중요했다는 것이지요. 목표한 개혁이 완수되지 않았다면, 신해혁명은 실패한 것으로 볼 수 있다는 거예요.

단비 국내에서 『광인일기』는 『아Q정전』과 한 권으로 묶여서 출판된 경우가 많았던 것 같아요. 분량도 거의 비슷했던 것으로 기억합니다.

이 교수 『광인일기』는 앞에서 앞서 언급한 5·4 신문화운동과 관련이 깊습니다. 『광인일기』는 중국 사상 및 문학혁명의 이정표 역할을 했던 중요한 작품이지요. 중국 내에서는 『아Q정전』 보다 더 중요한 의미를 지닌 작품으로 평가되기도 합니다. 루쉰의 작품 중 현실에 대한 고발성이 가장 두드러졌기에 당시 젊은 지식인 세대에게 큰 영감을 주었던 작품으로 유명하지요. 흘인(먹는 사람)-피흘인(먹히는 사람)의 이미지가 섬뜩하게 대조를 이루는 강렬한 작품이랍니다.

단비 먹는 사람과 먹히는 사람이요?! 진짜 '식인食人'하는 장면이 나오는 작품인가요?

이 교수 실제로 작품에서 '식인'이라는 표현이 여러 번 등장하고 있어요. 주인공도 형님이 몰래 누이동생을 잡아먹었고, 그 살점을 밥이나 반찬에 섞어 나에게 먹였을지도 모른다고 의심하는 내용이 등장하지요. 직접 읽어보면 알 수 있겠지만 단비가 작품의 장르를 오해해서 읽어보지 않을 수도 있으니까~한 구절만 소개해 볼게요. "4,000년 동안 식인을 해온 곳. 오늘에야 알았다. 나도 그 속에 여러 해 동안 섞여 있었음을. 4,000년 식인의 이력을 지닌 나, 처음에는 몰랐지만 이제는 알았다. 진정한 인간을 만나기가 어렵다는 것을!"

단비 아! 공포물이 아니라는 말씀이시군요. 주인공이 '4,000년 식인의 이력을 지닌 나'라고 했으니까 함축된 내용이 있을 것 같아요.

이 교수 전반적으로 음울한 분위기가 지배하고 있고, 식인이라는 표현이 섬뜩하기는 하지요. 일단, 『광인일기』가 쓸모없는 예교禮敎가 사람을 잡아먹고 박해하는 폭력적 현실을 고발한 작품이라는 것까지만 언급하겠습니다. 이렇게 루쉰은 1918년 발표한 『광인일기』부터 1925년 발표한 「이혼」에 이르기까지 활발한 창작활동을 이어갑니다. 『아Q정전』은 1921년 12월부터 1922년 2월까지 『신보부간』晨報副刊에 '파인巴人'이라는 필명으로 발표한 중편소설입니다.

아Q의 정신승리법

단웅이 세계적으로 루쉰의 대표작이 『아Q정전』으로 인식되는 까닭은 무엇일까요?

이 교수 어려운 질문일 수도 있고, 쉬운 질문이 될 수도 있겠네요. 단웅이가 질문해 준 것처럼 작가 루쉰의 명성을 세계적으로 알린 작품은 『아Q정전』이지요. 『아Q정전』은 아까 언급한 신해혁명을 배경으로 '아Q'라는 품팔이꾼의 운명을 그려내고 있어요. 그런데 어찌된 일인지 이 아Q라는 인물이 상당히 기묘해요. 모든 시대에, 모든 사람들에게 공감을 불러일으킬 수 있는 인물이거든요. "더 없이 우쭐대고 잘난 체하면서도 더없이 스스로 경멸하고 업신여기는, 약자를 능멸하고 강자를 두려워하면서도 얼빠진 채 가련하고 우스꽝스러운 일생"을 살아가는 아Q가 어쩐지 친숙하게 느껴진다는 것이지요.

단웅이 제가 가지고 있는 『아Q정전』 표지에 아Q의 '어떤' 표정이 담겨 있거든요. 어떤 표정인지 말로 묘사하기가 어려웠는데…"더 없이 우쭐대고 잘난 체하면서도 더없이 스스로 경멸하고 업신여기는"이라는 묘사가 정말 딱 들어맞는 것 같아요.

이 교수 어디 어떤 책을 읽고 있는지 표지를 한번 볼까요? 아, 자오옌녠趙延年, 1924~2014이 작업한 삽화 같군요. 자오옌녠은 중일전쟁, 중화인민공화국의 수립, 문화대혁명, 개혁개방 등 중국의 근현대사를 풍부하게 경험한 판화예술가랍니다. 젊은 시절 루쉰이 주창한 목판화 운동의 영향을 많이 받았다지요? 자오옌녠은 문화대혁명 당시 '우파'로 분류되어 이른바 '외양간'이라 불리는 수용소에 갇히는 끔찍한 경험을 했다고 알려져 있어요. 외양간에서 끝없이 반성문을 제출하고, 비판투쟁을 당하면서 가장 더럽고 힘든 노역을 맡았다고 해요. 이렇게 가장 암울했던 시기에 『아Q정전』을 다시 읽을 기회를 얻었다고 하지요. 문화대혁명 당시 정말 많은 예술가가 고초를 겪었는데, 자오옌녠은 루쉰의 작품 덕분에 어려운 시기를 견뎌낼 수 있었다고 합니다. 루쉰이 쓴 「『아Q정전』을 쓰기까지」라는 글의 대목을 본인의 저서에서 직접 언급하기도 했고요.

> 내 생각으로는 만약 중국이 혁명을 하지 않는다면 아Q도 하지 않겠지만 혁명을 한다면 아Q도 한다. 우리의 아Q의 운명은 이럴 수밖에 없고, 성격도 앞뒤가 맞지 않는 것

은 아닐 것이다. 중화민국 원년은 이미 지나가 버려 추적할 수도 없다. 하지만 이후에 다시 개혁이 있다면 아Q와 같은 혁명당이 분명 나타나리라 믿는다. 나도 소설 속 이야기가 사람들이 말하듯이 지금보다 먼저 일어난 시기의 일이길 바란다. 하지만 내가 본 것은 현대 이전에 일어난 일이 아니라 현대 이후에 일어난 일이거나 어쩌면 이삼십 년 후에 일어날 일일지도 모르겠다.

자오옌녠은 루쉰의 역사적 통찰을 굳게 믿었던 것 같아요. 혁명의 소용돌이에 휘말린 지금 이 순간을 개인적 고난으로 여겨 비통해하는 대신, 시대의 큰 흐름 안에서 이해해 보려고 한 것이지요. 그리고 만약, 이 비참한 외양간을 무사히 걸어 나갈 수만 있다면 '아Q의 상像'을 직접 창작해 보겠다는 희망도 품었다고 합니다.

단웅이 작품의 배경이 된 신해혁명을 깊이 있게 공부하지 않으면 작품을 제대로 이해할 수 없을까요?

이 교수 괜찮습니다. 다양한 읽기 방식이 존재할 수 있으니까요. 신해혁명이라는 시대 배경을 깊이 있게 공부하지 않아도 다른 측면에서 작품을 느끼고 이해할 수 있어요. 반대로, 신해혁명이나 방관하는 중국인의 모습에만 너무 집중해서 작품을 읽어서도 곤란합니다. 정해진 답이 있는 것은 아니지요. 과거의 봉건사회, 식민통치, 오늘날 계층갈등 등 이런 모습은 우리 시대에도 발견되잖아요. 『아Q정전』은 부조리한 시대와 사회를 경험한 사람이라면 누구든 공감할 수 있는

청나라 풍속화 속 변발

폭넓은 세계를 열어주는 작품이랍니다. 수업 시간에 학생들이 작품을 읽고 제일 많이 하는 말이 있어요. 주인공 '아Q가 남 같지 않고 꼭 나 자신 같다'라는 말을 많이들 한답니다. 궁지에 몰려 소외되어 있을 때도 있고, 힘 있는 자들에게 짓눌려 아무런 말도 못 하면서 괜히 엉뚱한 사람에게 큰 소리를 내기도 하고요. 자신이 가진 못난 모습, 저열한 내면을 있는 그대로 담아내고 있다는 것이지요.

단웅이 교수님께서 앞에서 언급하신 『광인일기』는 일종의 일기형식, 『아Q정전』은 전(傳)이니까 사마천司馬遷, B.C. 145~86?의 「사기열전」과 같은 형식으로 이해하면 될까요? 그런데 『아Q정전』 목차를 살펴보면 제가 읽은 「열전」과 성격이 다른 것 같아요. 『아Q정전』은 뭐랄까 작은 연극 같은 느낌이 있어요.

이 교수 처음부터 단웅이는 작품명이 너무 어려워 보여서 읽기가 겁난다고 말하지 않았나요(웃음). '우승기략優勝記略', '연애의 비극', '생계 문제' 등 장명章名의 흐름을 보았을 때, 한 편의 극 같은 느낌이 들었다는 것이지요? 우선 작품명을 한번 살펴봅시다. 아阿는 남을 부를 때 친근감을 나타내기 위해서 성이나 이름 앞에 붙이는 표현으로 이해해 볼 수 있어요. 'Q'의 유래에 대해서는 해석이 좀 분분해요. Q가 변발이 드리워진 모양새를 상징한다고 보는 해석도 있지요. 작품에서는 이렇게만 언급됩니다. "나는 아Q의 이름이 어떻게 쓰는지 알지 못한다…어떻게 표현해야 할까? '아꿰이阿桂' 아니면 '아꿰이阿貴'인가?" 아Q는 부모나 형제를 모르는 인물이에요. 작품 속에서 그야말로 출처出處가 없는 인물로 설정되어 있어요. 그런데 이렇게 출처도 모르는 인물을 위해 정전正傳을 지었다니 뭔가 이상하지요? 단웅이가 「사기열전」을 읽어보았다고 했잖아요. 혹시 「열전」에서 가장 인상 깊었던 인물이 누구인지 말해 줄 수 있나요?

단웅이 교수님과 대화를 나누면서 생각이 많이 바뀌었어요. 『아Q정전』을 한번 제대로 읽어볼 생각이에요. 저는 「사기열전」에서 '백이伯夷와 숙제叔齊'의 삶이 가장 인상 깊었어요. 왕위도 던져버리고, 삶도 멈춰버리고…그들이 한 결정이 도무지 이해되지 않았지만 알 수 없는 여운이 남았거든요. 공자는 이들을 '인(仁)'한 인물의 전형이라고 꼽았다고 하는데 정말인가요?

이 교수 맞아요. 오랜 세월 백이, 숙제는 인한 인물의 대명사로 평가되어 왔지요. 사마천은 백이, 숙제의 삶을 옮겨오면서, 온갖 나쁜 짓을 저지르고도 죽을 때까지 편안하게 지내고 부귀가 대대손손 이어지는 자들도 있는데, 지름길로 가지 않고 공명정대한 일만 하는 사람들이 재앙을 당하는 이유는 무엇일까? 과연 천도天道가 옳은 것일까, 그른 것일까? 라고 의문을 던졌지요. 이렇게 전傳은 한 인물의 생애를 기록하고 그 가운데 역사적 의미를 음미, 탐색하는 전통적 문체, 형식의 일종으로 이해할 수 있답니다.

단웅이 그렇다면 '아Q'의 삶은…어떤 역사적 의미를 음미하기 위해 전으로 지어진 것일까요? 그것도 정전正傳이라고 표현했잖아요.

이 교수 루쉰이 고안한 새로운 시대의 역사, 문체라고나 할까요. 고전의 전형적 내용과 형식을 완전히 비틀어 버린 것이지요. 그의 또 다른 대표작 『광인일기』에는 "나는 역사책을 한번 훑어보았다. 그러나 역사책에는 연대도 기록되어 있지 않고 그저 비뚤비뚤하게 '인의도덕仁義道德'이란 몇 자만 씌어 있었다"라는 구절이 등장합니다. 이 구절은 격동하는 시대 안에서 인의도덕만 되새김질하는 것이 무슨 의미가 있느냐는 '선언'으로 읽히기도 합니다. 루쉰은 평소 짧고 정밀하고, 날카롭고 매서운 문장을 지향했어요. 이렇게 볼 때 루쉰의 '정전正傳'은 격동하는 시대에 딱 들어맞는 형식이라고 볼 수 있어요. 인의도덕과는 거리가 먼, 출처도 알 수 없는 날품팔이를 주인공으로 삼아 생동감 넘치는 '진짜' 이야기를 창조했지요.

단웅이 그럼 도대체 주인공 아Q의 '정신승리법'이 무슨 뜻이 길래 다들 정신승리법, 정신승리라는 표현을 쓰는 걸까요?

이 교수 단웅이가 직접 책을 읽고 발견해 보면 어떨까요(웃음)?

단웅이 '정신승리법'이라는 표현이 등장하는 대화의 맥락을 살펴보면 무언가 부정적인 의미인 것 같아요. 어떤 일을 실패한 사람이 이러쿵 저러쿵 변명을 늘어놓으면 "너, 참 쯧쯧 정신승리했구나!"라는 말을 듣거든요.

이 교수 주인공 아Q는 깡패들에게 얻어맞아도 "나는 얼굴로 주먹을 때린 것"이라고 말합니다. 육체적으로는 졌지만, 정신적으로는 내 자신이 우월하기 때문이라고 우기며 패배할 때마다 새로운 정신승리법을 만들어 내지요.

단웅이 아Q의 정신승리법은 제가 싫어하는 저의 모습과 참 많이 닮아있는 것 같아요. 요즘 유행하는 '졌지만 잘 싸웠다'라는 말과도 굉장히 비슷한 느낌이고요.

이 교수 나도 그렇습니다. 내가 제일 미워하는, 어쩔 도리 없는 나의 못난 모습과 굉장히 비슷하답니다(웃음).

단웅이 『아Q정전』에서 아Q가 미워하는 인물들의 면모도 궁금합니다. '가짜 양놈'이라는 캐릭터도 있다고 들었습니다. 아Q가 정말 싫어하는 인물이라고 들었어요.

이 교수 하하, 가짜 양놈이요, 스포일러라 자세히 말할 수는 없지만… 아Q 혼자만 의식하고 있는 것은 아닐까요. 변발을 움켜잡고 싸웠던 '소D샤오둔' 같은 인물도 있지요. 소D를 비롯해서 작품 속 인물들 모습 하나하나가 피해의식과 노예근성에 찌든 당시 중국인들의 모습을 그대로 재현하고 있다고 볼 수 있어요. 부조리한 상황을 보고도, 겪고도, 무관심한 척 넘겨 버리는 모습들. 혁명의 한가운데 서 있지만, 시대에 휩쓸려 갈 뿐인 무기력한 모습으로 그려지고 있지요.

단웅이 이번 기회에 『아Q정전』뿐만 아니라 『광인일기』까지 함께 읽어보려고 합니다. 작품을 통해 전통 시대와 현대의 경계에서 어떤 일들이 있었는지 더 깊이 공감할 수 있을 것 같습니다.

이 교수 나도 이참에 작품을 다시 읽어보려고 합니다. 작품을 다 읽고 나서 또 함께 이야기를 나눠봅시다.

참고문헌

1. 저서 및 논문

김병우, 『루쉰』, 문학과 지성사, 1997.

이용지, 『세계관 전쟁: 근대 중국에서 과학신앙과 전통주의 논쟁』, 성균관대학교 출판부, 2020.

이욱연, 「시대와 정전—루쉰의 『아큐정전』의 경우」, 『中國現代文學』 39, 한국중국현대문학학회, 2006.

루쉰, 정석원 옮김, 『아Q정전』, 문예출판사, 2014.

왕부인, 김현정 옮김, 『중국의 노신연구』, 세종출판사, 1997.

위엔량쥔, 구문규 옮김, 『루쉰 잡문예술의 세계』, 학고방, 2003.

주정, 홍윤기 옮김, 『루쉰 평전』, 북폴리오, 2006.

자오옌녠, 이욱연 옮김, 『그림으로 만나는 루쉰』, 문학동네, 2021.

팡시앙뚱, 장성철 옮김, 『루쉰, 욕을 하다』, 휴먼필드, 2004.

2. 사진 자료

Picryl(picryl.com)

agefotostock(www.agefotostock.com)

기다림의 부조리

—사뮈엘 베케트,『고도를 기다리며』

김유미

"에스트라공: 이 지랄은 이제 더는 못하겠다.

블라디미르: 다들 하는 소리지.

에스트라공: 우리 헤어지는 게 어떨까? 그게 나을지도 모른다.

블라디미르: 내일 목이나 매자. (사이) 고도가 안 오면 말야.

에스트라공: 만일 온다면?

블라디미르: 그럼 살게 되는 거지."

사뮈엘 베케트Samuel Beckett, 1906~1989의 언어

단웅이 『고도를 기다리며』*En attendant Godot* 책을 읽기 전부터 이 작품의
제목은 많이 들어 봤어요. 그리고 인터넷에서 공연 포스터 사진을 본
적이 있어요. 연극으로 자주 공연되는 작품으로 작가는 노벨문학상

수상자라고 들었어요. 작가에 대한
궁금증이 먼저 생깁니다.

김 교수 작가 사뮈엘 베케트는 1969년
에 노벨 문학상을 받았어요. 그런데
그것보다 좀 더 중요한 작가적 특징
은 그가 아일랜드 사람이라는 것과
시, 소설, 희곡 장르를 가리지 않고
썼다는 거예요. 그리고 프랑스어를
아주 잘 한다는 것도요. 베케트는 더
블린 근교에서 1906년에 태어나서 초

사뮈엘 베케트　　　　출처: Alamy

등학교에 입학하면서 프랑스어를 배워요. 유럽인들에게 프랑스가 문
화의 중심이었던 측면을 반영하는 부분이죠. 베케트는 외국어에 흥
미도 있고 재능도 있었던 것을 알 수 있어요. 트리니티 칼리지에 입
학해서는 프랑스어와 이탈리아어를 전공하거든요. 대학을 졸업한 후
에는 파리에서 영어교사를 하는데 이때 제임스 조이스와 교류를 가
져요. 조이스 역시 아일랜드 사람으로서 유럽문단에 큰 영향력을 끼
친 인물이에요. 이 당시에 조이스 외에도 예이츠, 오스카 와일드 등
아일랜드 출신의 영향력 있는 문인들이 상당수 있었어요. 그리고 베
케트의 첫 책은 희곡이 아니라 시집이에요. 그 다음에는 소설을 쓰고
요. 『고도를 기다리며』는 1948년에 집필을 시작해서 1952년에 프랑
스어판으로 출간돼요. 그리고 그 다음 해에 바빌론 소극장에서 초연
되면서 유명해지죠.

단웅이 그럼 모국어가 아닌 프랑스어로 책을 냈다는 거잖아요. 초등학교 때부터 프랑스어를 배웠고 대학에서도 전공을 했다고 하니 프랑스어에 대한 자신감이 있었겠지만 그래도 모국어가 아닌 언어로 작품을 쓴다는 것이 무척 놀랍네요. 이것이 이 작품의 특징과 어떤 관련이 있을까요?

김 교수 네, 이 작품의 특징과 관련됩니다. 이때 아일랜드는 영국의 식민지였어요. 아일랜드어가 있지만 이런 이유로 영어를 썼고 프랑스어는 외국어죠. 베케트가 밝힌 바에 따르면 다음과 같은 의미와 효과가 있었다고 해요. 첫째 모국어보다 습득해서 배운 언어가 스타일 없이 쓸 수 있어서 쉽다는 것. 둘째 국경과 특정 언어의 뉘앙스를 뛰어넘어 '그 누구도 아닌 사람들'의 이야기이기를 바랐다는 것. 셋째 모국어의 고정된 의미에서 벗어나 언어의 정수에 도달할 수 있는 이야기가 가능하다는 것이에요. 이러한 언어관은 모국어를 벗어난 해방감을 주며 여타의 다른 작품들과도 차별화된다는 점에서 긍정적으로 이 작품에 기여했다고 볼 수 있어요. 읽어보시면 느끼겠지만 이 작품이 기존의 형식에서 많이 벗어나 있어요. 그렇기 때문에 모국어가 아닌 언어가 오히려 이러한 부분에서도 잘 맞는 셈이죠. 결과적으로는 탁월한 선택이었어요.

새로운 형식 실험, 부조리극

단비 이 작품이 기존의 형식에서 많이 벗어나 있다고 말씀하셨는데요. 그렇다면 난해한 작품, 일반 관객이나 독자가 보기 어려운 내용이라는 의미가 아닐까 싶습니다. 기존의 형식에서 얼마나 벗어나 있는지, 일반인들이 이해하기 어려운 것은 아닌지 걱정이 됩니다. 특히 희곡이라는 형식은 독서의 대상으로 익숙하지 않고 부담스러운데 내용까지 어려우면 접근성이 떨어질 것 같습니다.

김 교수 그렇게 겁을 낼 수도 있겠습니다. 처음에는 당황할만합니다. 기존 형식에서 벗어나 있다는 것을 모르고 보면 더욱 그럴 것입니다. 장르물에 익숙한 독자일수록 장르관습에 따라 작품을 즐기게 되잖아요. 추리물을 좋아하면 그것을 찾아보고 작가별 특징도 파악하죠. 특히 영화를 볼 때 역사물, 액션물, 좀비물, 멜로드라마 등 자신의 취향에 따라 특정 장르물에 빠져서 보게 되는 거죠. 이 작품은 대중적이지 않다는 점에서 그것과 정확히 반대의 지점에 있긴 합니다만 부조리극이란 형식을 한번 이해하게 되면 장르물처럼 수용할 수 있습니다. 이 작품은 부조리극이라는 형식을 취하고 있습니다. 1차적으로 조리에 닿지 않는 대화로 이루어져 있다는 점에서 부조리극이란 이름을 직관적으로 받아들이셔도 좋습니다.

이제 부조리극에 대해 좀 더 본격적으로 설명을 해볼까요. 특징부터 말하자면 줄거리를 이야기하기 어려울 정도로 전통적인 이야기와 거리가 있습니다. 수수께끼 같은 대화로 이어지는 게 신기한데 읽다보면 그게 또 어떤 의미인지 알 것 같기도 합니다. 물론 여전히 해독이 어려운 지점도 있습니다만 그것을 너무 크게 인식할 필요는 없습니다. 세세하게 몰라도 작품 전체를 이해하면 되는 것이 부조리극이기도 합니다. 그리고 또 중요한 특징은 순환적으로 이야기와 상황이 돌고 돈다는 것입니다. 기승전결의 구성 속에서 완결성을 추구하는 기존의 형식과 이런 부분에서도 차이가 있는 것이죠. 기존의 연극과 다르다는 것이 가장 큰 특징인 셈입니다. 그러니까 부조리극은 태생에서부터 기성을 거부하는 차별성이 가장 큰 무기였던 것입니다. 작품의 구성, 등장인물, 언어를 모두 해체하면서 기존의 방식과 의미에 문제를 제기하고자 하는 부조리극의 의도를 여기서 읽어낼 수 있습니다. 부조리극이란 이름은 영국의 연극학자 마틴 에슬린^{Martin Esslin}이 이 작품을 보고 부조리극이라고 지칭함으로써 널리 퍼지게 됩니다. 프랑스 쪽에서는 부조리극을 반연극 즉 앙티 테아트르^{Anti-theatre}이라는 이름으로도 부릅니다.

단비   설명해주신 부조리극의 특징을 이 작품 고도를 기다리며에 적용해서 한 가지만 짚어주신다면 부조리극이란 작품을 이해하는데 도움이 많이 될 것 같습니다.

김 교수   이 작품에 블라디미르와 에스트라공 두 인물이 중심인데 이 인물이 나누는 대화가 다음과 같습니다.

블라디미르: 그럼 갈까?
에스트라공: 가자.
둘은 그러나 움직이지 않는다.

대사와 행동이 어긋나지요. 그렇지만 고도를 기다려야 한다는 행위, 고도가 오지 않는 배반의 연속인데도 기다릴 수밖에 없는 인간의 존재론적인 당위를 극의 진행과 함께 이해하게 되면 이러한 어긋남이 더 절실하게 그 의미를 전달해주는 역할을 해요. 사실 블라디미르와 에스트라공은 서로 가치관이나 생각이 다르거든요. 그래서 항상 서로 다른 소리를 하는데 또 행동은 비슷하게 해요. 이런 것이 이 작품에서의 부조리극적 특징을 가장 간명하게 보여주는 예라고 할 수 있어요.

단비　말씀을 듣고 보니 굉장히 새로운 종류의 연극이라는 느낌이 들었어요. 이런 연극이 등장하게 된 계기라든가 하는 것이 있을 것 같거든요. 시대상황과 관련해서 부조리극이 나오게 된 배경이 있다면 말씀해 주세요.

김 교수　양차 세계대전과 관련이 깊죠. 큰 전쟁을 두 번이나 겪고 나서 서양의 지식인들은 참담한 마음이 들었어요. 인간의 이성이란 것이 대단한 줄 알았는데 그렇지 않다는 것을 처절하게 깨달으면서 반성적인 반응이 이어져요. 19세기에 사실주의가 등장하고 그것이 시대정신을 표현하는 유용한 방법이 될 수 있었던 것이 인간의 이성에 대한 신뢰 때문이었거든요. 과학이 발달하고 진화론이 등장하면서 그 전까지는 신이 모든 것을 답해주었다면 이제 인간이 객관적으로 타당한 답을 찾을 수 있다는 것이었는데 세계대전을 겪으면서 이러한 인식이 무너지고 이에 바탕한 사실적인 방법에도 의문을 제기하게 돼요. 그래서 이 시기에는 사실적인 방법으로 더 이상 진실을 담기 어렵다고 판단해서 표현주의극, 서사극, 잔혹극 등 비사실적인 방법들이 등장하게 되는데 부조리극도 이러한 흐름 속에서 나왔다고 할 수 있어요.

부조리극은 인간의 삶이 부조리하다는 것 자체를 드러내는 것으로 진실을 밝히고자 했어요. 부조리한 세상을 담아낼 수 있는 방법은 부조리하다는 것이죠. 이런 방향이 옳고 이렇게 가면 진보하고 미래가 이런 식으로 펼쳐질 것이라는 전망 따위보다는 절망적인 현실 그 자체를 보여주는 것이 맞다는 거예요. 그래서 완결된 구조가 아니라 순환구조, 반복구조를 통해 부조리극의 메시지를 전달하는 것이고요. 전후의 황폐한 사회 현실과 불구화된 정신상황에서 부조리극의 낯선 형식은 달라진 현실을 비추는 가장 효과적인 양식이 되었던 거죠. 내용과 형식의 불일치를 통한 부조리극은 인간 조건의 궁극적이고 본질적인 리얼리티를 제공한다는 점에서 전후에 국한되는 것은 아니지만요.

그리고 좁혀서 작가의 개인적인 배경에서 보자면 숨어서 레지스탕스 운동을 했던 경험과 관련지어 생각해 볼 수 있어요. 2차 대전이 발발하자 베케트는 중립국 국민이라는 안전한 신분을 이용해 프랑스 친구들의 레지스탕스 운동을 돕는 한편 남프랑스 농가에 피신해 작품을 집필하는데 이때의 피신 생활 경험이 이 작품의 바탕이 되었다고 해요.

단비　앞에서 바빌론 소극장 공연이 초연이고 그 후에 이 작품이 유명해졌다고 하셨잖아요. 보통 새롭고 전위적이고 이해하기 어렵고 그러면 여러 관객들의 마음을 얻기 어려웠을 것 같은데 첫 공연에서 금방 유명해졌다고 하니까 어떻게 가능했는지 궁금해요.

김 교수 두 가지로 설명할 수 있을 것 같아요. 기존의 연극에 익숙한 관객이라면 이 작품을 더더욱 이해하기 힘들었을 거예요. 바빌론 소극장의 관객들도 대부분 이런 관객들이었을 것이고요. 그럼에도 관객 반응이 좋았다는 것은 '이해할 수 없지만 알 것 같은 느낌'을 전달해주었다는 것이죠. 이 작품을 통해 말하고자 하는 메시지를 직관적으로 받아들일 수 있게 했다는 것이죠. 관객들은 새로운 방식의 연극을 잘 이해하지 못한 상태에서 이해했다는 아이러니를 그대로 보여주었다는 점에서 부조리극의 방식이 그대로 관객에게도 구현된 셈이죠. 처음에는 관객들이 의미 파악을 위해 애를 썼고 신문과 방송은 작가와의 인터뷰를 통해 해답을 찾으려 했다고 해요. 물론 허사였죠. 작가인 베케트도 고도가 누구인지 모르겠다고 이야기를 했거든요. 여기서 연극평론가 등 전문가의 말 한마디가 중요한 역할을 하게 돼요. "통합된 원칙을 잃고 분열된 세계 속에서 느끼는 인간 존재의 우주적 상실감을 표현하고자 한 연극"이라고 한 마틴 에슬린의 말이나 "실존주의 철학에 입각한 예술로서 인간의 허구적 환영을 지탱하는 도덕적 종교적 정치적 사회적 구조의 붕괴로 인해 의미가 유실된 세계에서 의미를 찾아내는 연극"이라고 한 에드워드 올비의 말 등이 새로운 형식의 부조리극을 이해하는데 도움을 주었을 거예요. 세부적으로 인물의 행동이나 대사 등은 이해하기 어려웠겠지만 큰 틀에서의 이러한 조언을 통해 기존의 의미 찾기 방식의 해석이 도움이 되지 않는다는 것을 알았을 거예요. 바빌론 극장은 문을 닫을 위기에 처해 있었는데 이 공연을 통해 재기할 수 있었다고 할 정도니 그 영향력을 상상해볼 수 있죠.

부조리극이 난해할 거라는 생각이 편견일 수 있다는 것을 알려주는 예시가 있어요. 1957년에 재소자를 관객으로 이 작품을 공연했는데 그들은 아무런 어려움 없이 이해했다고 해요. 유럽의 지적인 관객을 혼란에 빠뜨렸던 일이 무색할 정도죠. 기존의 연극으로 학습되었다는 것이 새로운 작품을 수용하는데 오히려 걸림돌로 작용했을 뿐 상황에 초점이 놓인 부조리극을 있는 그대로 감상하면 되는 것이죠. 재소자들은 감각적으로 받아들였기에 문제가 없었다는 점에서 이 작품이 지닌 난해함이란 수식어는 다시 생각해봐야 할 부분이에요.

한국적 전통과 부조리극

단웅이 말씀을 듣고 보니 난해하다는 점에 대해서는 어느 정도 오해가 풀렸지만 그럼에도 의문이 남아요. 어쨌든 서양 지성사의 입장, 서양 연극사의 맥락에서는 부조리극이 나온 배경이라든가 하는 것들이 이해가 되지만 우리나라 사람들이 서구의 지식인들과 비슷하게 이러한 문제를 인식하지는 않잖아요. 그래서 여전히 어렵게 느껴지는 부분이 있을 것 같거든요.

김 교수 서양 연극의 전통을 과감하게 벗어난 작품이라고 해도 서양 연극의 맥락에서 논의되는 것은 맞아요. 그래서 서양사의 관점에서 이 작품을 봐야 하는 부분도 어느 정도 인정할 수 있어요. 인물들이 신에 대해 생각하는 가치관 같은 것도 동양과 서양이 다를 수 있죠. 그런데 형식면에서는 부조리극이 오히려 동양 연극, 한국의 전통연희와 닮은 점이 있어요. 우리의 전통 연희에서는 논리적인 대사를 중심으로 극이 진행되지 않아요. 서양의 연극 전통과 대조적이죠. 춤과 음악, 장면의 비약 등이 두드러진 특징이라서 현대극을 주로 본 관객이라면 이해하기 어렵거든요. 부조리극처럼요. 그런 점이 닮았죠. 우리의 전통 연희에 있는 원초적이고 직관적인 감수성을 되살리면 부조리극의 형식을 쉽게 받아들이게 될 거예요. 우리의 연극 DNA는 부조리극을 즐길 수 있게 해줘요. 내용 면에서는 공부하면서 생각해 봐야 하는 부분이 있지만 형식면에서는 좀 더 유연하게 받아들일 수 있어요.

단웅이   그래서 우리나라 산울림 소극장의 〈고도를 기다리며〉 공연이 유명한 것인가요? 제가 찾아보니까 산울림 소극장에서 이 작품을 공연한 역사도 길고 세계적으로도 인정받았다고 하더라고요. 이 공연은 아직도 계속되는 것 같고요. 아무리 노벨 문학상을 받은 작품이라도 그냥 난해한 외국의 작품이기만 했다면 우리나라 관객들에게 오랫동안 사랑받기 힘들었을 것 같아요.

김 교수   맞아요. 산울림 소극장의 〈고도를 기다리며〉는 산울림 소극장이 세워지기 전 1969년에 한국일보 소극장에서 임영웅 연출로 초연된 이후 현재까지 재공연되고 있는 작품이에요. 1969년은 노벨문학상을 받은 해인데 꽤 일찍 우리나라에서 공연된 셈이에요. 이것이 우리나라 최초 공연은 아니에요. 1961년에 극단 8월에서 이 작품을 가장 먼저 공연했지만 금방 잊혀졌지요. 가장 최근에는 2019년 명동예술극장에서 50주년 기념 공연을 가졌고요. 산울림 소극장의 대표 레

퍼토리이기도 한 이 작품은 부조리극을 대중화하는데 기여했다고 평가받았어요. 이런 평가를 받는 데는 연출가 임영웅의 공이 컸다고 할 수 있어요. 기자 시절부터 이 작품에 관심을 갖고 있다가 연출가로서 다소 낯설고 어려운 작품을 어떻게 전달해야 좋을지에 대한 고민을 정공법으로 풀어나간 결과예요. 다만 원작이 지닌 다의성을 최대한 존중하되 배우들의 명쾌한 연기로 의미 전달이 쉽게 이루어지게 했다는 것이 핵심이죠. 그래서 주인공 블라디미르와 에스트라공 역할을 맡은 배우들 모두 연기력을 인정받고 유명해졌어요. 정동환, 안석환 배우 등이 대표적이에요.

그리고 세계적인 무대에서 한국의 〈고도를 기다리며〉가 호평을 받은 것도 사실이에요. 1988년 서울국제연극제에서 마틴 에슬린은 산울림의 〈고도를 기다리며〉에 대해 종교적 구원의 의미에서 벗어나 있고 두 주인공의 무용적인 움직임이 돋보였다는 점에서 긍정적으로 평가했어요. 1990년에는 더블린 연극제에 초청받아 베케트의 고국에서 공연을 하여 감동적인 관객 반응을 이끌어 내기도 했고요.

베케트 외에도 아일랜드 작가들 중에 세계적인 인물이 많은데 특히 우리나라 극작가들이 아일랜드 작가의 영향을 많이 받았어요. 식민지 경험과 기질적인 면에서도 닮은 부분이 있다고 해요. 유치진, 함세덕의 경우에도 숀 오케이시, 존 밀링턴 싱의 영향을 받았고요. 아일랜드의 영국 식민지는 1921년에 종식되기 때문에 베케트의 경우 그 앞 세대의 작가들과는 또 다른 특징을 보이지만요.

2019년 명동예술극장 〈고도를 기다리며〉

단웅이 말씀을 듣고 보니 그냥 유명한 것이 아니었네요. 혹시 여기에 어떤 한국적인 해석이나 우리 연극의 특성이 반영되어 잘 표현된 것은 없나요?

김 교수 겉으로 볼 때 한국의 전통연희와 직접적인 연관성을 찾기는 어렵지만 전통연희가 지닌 놀이정신이 주인공 두 인물에 녹아들어 훨씬 리듬감 있고 재미있는 작품으로 만들어졌다고 할 수 있어요. 놀이성에 대해서는 연출이 스스로 밝히기도 했어요. 앞에서 마틴 에슬린이 지적한 대로 서양 문화에서 중요한 기독교의 구원이라는 의미가 우리한테는 그렇게 중요하게 와 닿지 않기 때문에 그 부분을 다르게 해석한 것도 중요한 차이점이죠. 그렇지만 무엇보다도 산울림의 〈고도를 기다리며〉가 장수할 수 있는 이유는 부조리극의 웃음을 잘 살렸기 때문이라고 봐요. 여기에 놀이성이 기여했고요. 부조리극의 웃음은 무대 위에 낯선 환경과 관객의 인식이 만나면서 발생해요. TV에서 자주 볼 수 있는 대중적 코미디 프로그램의 박장대소와는 다른 방식의 웃음이에요. 낯설고 어색한 방식으로 슬며시 미소지어지는 정도이지만 속으로는 '어~ 생각보다 재미있는데'하죠. 약한 병맛

코드와 블랙 유머와 놀이성이 적절히 조화되었다고 할까요. 산울림은 더블린 공연 이후 철학적인 주제보다 웃음의 연극성을 강화하는 방식으로 변화했다고 해요. 포스트모더니즘이 유행하면서 시대상황의 변화에 맞춰 이런 특성을 강화하게 된 것이죠. 그렇지만 처음부터 놀이성, 유희성은 이 공연에서 중요했던 것이고요. 비극이 아닌 희비극의 특성을 명확히 하면서 이 작품이 지닌 부조리극의 의미를 산울림만의 방식으로 보여준 것이죠.

그런데 우리가 공연이 아닌 독서물로 이 작품을 읽게 되면 서구의 기독교적인 세계관을 중심으로 한 구원의 의미가 더 크게 다가와요. 그래서 웃음이나 놀이의 측면이 잘 느껴지지 않을 수 있어요. 이것은 공연을 통해 보는 것이 훨씬 좋을 것 같지만 그래도 두 인물이 나누는 소소한 놀이에서 웃음의 가능성을 찾아보세요.

단웅이 부조리극이 우리의 연통연희와 관련되는 측면이 있어서 관객들에게 낯설지 않게 다가갈 수 있다면 베케트의 〈고도를 기다리며〉 외에 우리나라에서 부조리극이 자주 공연되었을 것 같기도 하다는 생각이 드네요. 부조리극으로서 또 어떤 작품이 있는지, 관객들에게 좋은 반응을 얻었던 작품들이 많이 있었는지 궁금해요.

김 교수 우리나라에서 부조리극은 1960년대 후반부터 1970년대 1980년대에 가장 많이 공연되었어요. 1970년대 프랑스에서 공부하고 들어온 연출가들한테 익숙한 새로운 형식이 부조리극이기도 했어요. 요즘도 간혹 찾아볼 수 있을 정도로 공연되고 있죠. 베케트의 다른 작품 〈오 행복한 나날〉도 공연되고요. 그렇지만 좀 더 대중적으로 알려진 작가는 프랑스의 극작가 이오네스코입니다. 〈의자〉〈수업〉〈대머리 여가수〉〈코뿔소〉 등이 많이 알려져 있어요. 〈수업〉은 현재도 자주 공연되는 작품이라고 할 수 있고요. 우리나라 작가들이 쓴 부조리극도 있고요. 어려운 형식에 비해 관객들의 반응도 좋은 편이었어요. 웃음이 들어 있기 때문인 것 같아요.

단웅이 제목이 '고도를 기다리며'인데 제목부터 잘못 이해하게 돼요. 저는 고도가 인물 이름이라고 전혀 생각하지 못했거든요. 들어본 적이 없는 이름이라 그랬던 것 같아요. 고도우라고 표기되어 있었다면 혹은 괄호 안에 원문이 표시되어 있었다면 이런 일이 생기지 않았을 것 같아요. 저와 비슷한 사람이 많을 것으로 예상되거든요. 저는 높이를 이르는 고도를 먼저 떠올렸어요. 고도라는 인물이 의미하는 바가 무엇인지도 궁금해지네요.

김 교수 맞아요. 제목에서부터 어려움을 겪게 되어 더욱 어려운 작품이라는 인상을 줄 수도 있네요. 저도 처음에는 제대로 알지 못했어요. 그런데 그것이 이 작품을 이해하는데 별 방해가 되지 않아요. 읽으면서 알면 되는 거죠. 이 작품이 부조리극이란 것을 적용해보자면 좀 거시적인 관점이 필요해요. 제목에도 등장하듯이 고도가 중요한 인물처럼 나오고 주인공들이 애타게 기다리기도 하기에 고도에 대해 생각하게 돼요. 이 작품을 처음 본 관객들도 고도가 누구인지를 놓고 많은 질문들이 오갔다고 했죠. 이런 질문을 해보는 것은 의미가 없지 않은데 고도가 누구인지를 하나로 정리해야만 이 작품의 의미를 제대로 아는 것은 아니에요. 고도는 그 누구여도 상관없고 사람이 아니어도 좋고 추상적이고 상징적인 어떤 것일 수도 있겠죠. 고도가 누구인지, 무엇인지를 밝히는 게 그렇게 중요하지 않다는 것이 부조리극인 이 작품을 이해하는 하나의 방법이에요. 물론 우리의 습관대로 질문하게 되는 것은 자연스러워요. 고도가 누구인지, 어떤 의미인지가 궁금한 것은 당연해요. 그러니 일단은 기존의 방법대로 읽고 질문할 수 있어요. 그렇지만 그것과 거리를 두고 다른 방식으로 생각할 수 있도록 다시 질문하는 것이 필요해요.

인물 탐색하기

단비 작품을 읽기 전에 주요 인물에 대해 설명을 들으면 이해하는 데 도움이 될 것 같습니다. 읽기 전 단계에서 블라디미르와 에스트라공에 대해 말씀해 주실만한 것이 있을까요.

김 교수 작품을 읽는데 방해되지 않을 정도로 얘기하자면 블라디미르는 모자, 하늘, 정신, 생각, 기억이라는 키워드로 설명할 수 있고 에스트라공은 구두, 땅, 몸, 망각이라는 키워드로 설명할 수 있어요. 두 인물이 대조적이죠. 나무를 닮은 인물과 돌을 닮은 인물, 이성과 감성, 정신과 육체 각각 어느 한 쪽의 특성을 잘 보여주죠.

단비 너무 간략해요. 두 인물의 관계에 대해 설명해주실 수 없을까요.

김 교수 서로 다른 인물이지만 서로에게 의지가 되는 관계죠. 블라디미르가 주로 기다려야 한다는 말을 하는 것으로 봐서 일을 주도하고 에스트라공이 이를 따르는 것으로 나오지만 에스트라공은 사실 왜 기다려야 하는지 잘 모르는 인물이거든요. 그런데도 블라디미르의 말을 따라주는 것은 서로에게 힘을 주죠. 독자 입장에서는 블라디미르한테 안정감이나 신뢰감을 갖게 되긴 해요. 잔소리 비슷한 것을 하면서 에스트라공이 위험에 처할 때 도와주기도 하고 고도가 온다는 믿음을 잃지 않으려 하는 모습이 모범생과 닮아 있어 익숙하죠. 에스트라공은 사람들에게 매를 맞기도 하는 등 약한 존재이면서 기다림이나 앞날에 대해서도 별 생각이 없는 사람으로 나와요. 그렇지만 기존의 가치관에 균열을 내는 인물이 에스트라공이거든. 이 점을 유념해서 읽으면 좀 더 많은 것을 파악할 수 있어요.

앞에서 베케트가 2차 대전 당시 레지스탕스 활동을 지원하고 프랑스 시골에 숨어서 작품을 썼다고 했잖아요. 이 작품에 이 경험이 녹아 있다고 했는데 남성적인 블라디미르와 여성적인 에스트라공은 베케트 부부의 모습을 반영했다는 이야기도 있어요. 이런 이야기를 굳이 하는 것은 이렇게 한정지어 해석하라는 것이 아니라 여러 다양한 모습의 인간관계를 상상할 수 있다는 거예요.

단비　　저는 사실 포조와 럭키를 이해하기 힘들어요. 블라디미르와 에스트라공은 그래도 이해할 수 있는데 포조와 럭키는 왜 그런 모습을 하고 등장하는 것인지, 두 인물의 관계를 어떻게 이해해야 하는 것인지, 주인과 노예 같은 관계로 보이기는 하는데 그렇게 해석해도 되는 것인지, 그것이 2차 세계대전과 무슨 관련이 있는 것인지 등의 문투성이입니다.

김 교수 주인과 노예로 볼 수 있지요. 현대적인 개념으로 바꾸자면 생산수단 관리자^{기업가}와 제공자^{노동자}로 보이기도 하고요. 그런데 포조는 과학문명과 자본주의가 뭉친 물질주의로, 럭키는 정신을 상징한다고 볼 수 있어요. 물질이 주인이 되고 정신이 노예가 되어버린 상황을 은유한다고 할까요. 앞에서 부조리극이 나오게 된 사회적 배경에 대해 언급했죠. 전쟁의 참혹함 앞에 인간의 이성에 대한 배반감이 이만저만하지 않았다고요. 럭키는 왜소해질 대로 왜소해진, 결국 주인이 되지 못하고 손발 묶인 종에 머물고 만 서구의 지성에 대한 반성적 의미를 담고 있다고 할 수 있어요. 럭키와 포조가 과거에는 어땠다고 하는 얘기가 나오는데 그것을 통해 주인과 노예의 관계라는 것이 고정된 것이 아니라는 것을 암시하기도 하고요. 서구를 지탱해온 정신사라는 것이 결국 럭키의 모습인 셈인데 부조리극이 얼마나 새로운 충격을 통해 전면적인 반성을 하려고 하는지를 알 수 있게 하는 부분이에요.

물론 책을 읽고 이런 의미를 금방 알 수 있지는 않다는 것이 함정이긴 해요. 이런 부분은 깊이 생각을 해야 해서 일반 독자의 입장에서 좀 어렵게 느껴지기도 하고요. 그렇지만 이 부분을 이렇게 해석할 수 없다고 해서 이 작품의 감상이 제대로 되지 않는 것은 아니에요. 포조와 럭키, 블라디미르와 에스트라공의 관계를 어떻게 이해할 것인가에 대해서는 다양한 접근이 허용될 수 있어요. 저는 개인적으로 포조-럭키 계열의 관계와 블라디미르-에스트라공 계열의 관계가 있다고 생각했어요. 인간 대 인간, 인간 대 사회, 사회 대 사회에 다양하게 적용될 수 있지만 일단 개인적 차원에 적용해보면 우리는 포조-럭키 계열에 있기도 하고 블라디미르-에스트라공 계열에 있기도 해요. 이런 방식으로도 생각할 수 있다는 것이 독자들을 좀 편하게 해주지 않을까요.

단비 이 작품은 부조리극이라서 그런지 줄거리를 명확히 제시하기 어렵지만 주요한 사건을 말하자면 블라디미르와 에스트라공이 고도를 기다린다는 것이죠. 제목에서도 그것을 말해주고 있고요. 그들이 오지 않는 고도를 기다린다는 것은 어떤 의미를 갖는 것일까요? 부조리극이라고 이런 의미를 찾는 것이 무의미한 것은 아니겠죠?

김 교수 물론이에요. 부조리극은 거시적 관점에서 연역적으로 이해하면 되지만 독서를 하면서 볼 때는 이런 구체적인 의미들을 당연히 생각해보게 되죠. 우선 서양을 지탱해온 기독교적인 종교관에 의하면 여기서 기다림은 구원이겠죠. 블라디미르가 구원의 확률에 대한 이야기를 혼잣말처럼 해요. 예수님 대신 도둑 하나가 구원을 받았잖아요. 그 정도 비율로 구원을 받는다면 나쁘지 않다고 생각해요. 물론 그 이야기도 확실하지 않다고 하면서 구원에 대한 믿음을 불안해하지만요. 어쨌든 기독교적인 구원에 대한 오래된 믿음에 문제제기를 하는 측면이 있고요. 2차 세계대전을 겪고 나온 작품이기 때문에 구원의 의미를 좁혀서 종전으로 이들의 기다림을 생각할 수도 있고요. 1957년 이 작품을 본 재소자들한테 기다림은 또 다른 의미를 지녔겠죠. 기다림에 대한 다른 해석도 있어요. 이는 고도를 무엇으로 보는가와 관련되는데 고도를 구원이 아니라 죽음 등으로 해석하는 것이죠. 그렇다면 여기서 기다림은 죽음을 유예시키는 의미를 갖게 되죠. 이렇게 보면 기다림이라는 행위 자체가 중요해져요. 사실 고도를 죽음으로 해석하지 않아도 블라디미르와 에스트라공의 기다림은 그 자체가 중요하다는 것을 알 수 있어요. 고도를 구원으로 해석해도 구원보다 이들의 허사로 되풀이되는 기다림 자체가 무대를 채우고 있다는 것을 공연에서는 더 확실히 파악할 수 있고요.

단비 그렇다면 블라디미르와 에스트라공이 이 작품에서 처한 상황은 무엇을 말하기 위한 것인가요? 인간이라면 누구나 처할 수밖에 없는 상황인가요? 그렇다면 우리는 이런 절망적인 상황에 놓여 있는 것인가요?

김 교수 두 인물은 불안정한 상황에 놓여 있다는 것을 알 수 있어요. 집도 없고 머무를 곳도 정해지지 않은 것으로 보이죠. 물론 이 작품의 배경이 되는 시간과 공간에 대해서도 구체적인 설명이 없어서 더 막연하게 느껴지기도 해요. 인간의 탄생 자체가 자신이 원하고 아니고의 문제를 떠나 있잖아요. 그런 점에서 던져진 존재라고 할 수 있죠. 집 없는 떠돌이 신세의 두 인물이 노숙자로 보이기도 하지만 모든 인간에게 해당되는 존재론적인 설정이라고 할 수 있어요. 특별히 불행한 인물에 한정하지 않고 인간 모두에 적용해볼 때 나의 이야기로 볼 수 있는 여지가 더 커지겠죠.

단비 이 작품이 지속적으로 사랑을 받는 이유도 이런 특성과 관련이 될 것 같네요. 이 작품이 아주 오래된 것은 아니지만 전후 부조리극의 형식이 시대적인 유행을 탈 수도 있는데 이 작품이 지닌 현재성을 짚어주시면 좋겠어요.

김 교수 부조리극이 전후에 새롭게 등장했던 배경 때문에 부조리극 자체는 그 당시에 더 새롭고 의미가 있었던 것은 사실이지만 이 형식에 담긴 내용은 보편적이죠. 그리스 비극의 경우에도 비극이란 형식은 현대에 소구력이 낮고 폴리스라는 사회 정치적인 발전과 관련되기 때문에 시대적인 특성에 한정되는 측면이 있지만 내용이 지닌 보편성은 여전히 재해석의 여지를 갖고 현대적으로 읽히잖아요. 물론 편의상 형식과 내용을 구분해서 설명했지만 내용과 형식은 밀접한 연관을 지닌 것이라서 이렇게 나눠질 수 없는 면이 있다는 것을 전제로 생각해야 해요. 『고도를 기다리며』도 부조리극이라는 형식 때문에 작품의 내용과 증폭되는 면이 있어요. 그러니까 내용적 측면에 초점을 두고 전후에 국한되지 않는 동시대성을 지닌 부조리극으로 새롭게 해석할 수 있는 가능성은 항상 열려있겠죠.

　이 작품의 기다림을 거창한 철학적인 의미가 아닌 일상적인 것으로 생각해도 돼요. 블라디미르처럼 대 놓고 간절히 기다리는 무엇인가가 있을 수도 있고, 에스트라공처럼 막연히 습관적으로 기다리기도 하고요. 코로나 종식이 가능한지 현재를 사는 우리들한테는 이런 기다림도 추가되었죠. 그런 점에서 이 작품이 지닌 보편성은 현재적인 의미를 지니게 되죠. 무엇보다도 저는 블라디미르와 에스트라공이 보여주는 별 것 아닌 행동들이 위안을 줘요. 두 인물은 서로 애칭을 부르거든요. 블라디미르는 디디이고 에스트라공은 고고예요. 저는 고도보다는 고고와 디디 줄여서 '고디'가 언제 봐도 사랑스러워요. 그것이 현재성이 아닐까 싶어요.

단비　이 작품에 대해서 쉽게 설명해주셨지만 독자들이 읽으면서 깊이 생각해보면 좋을만한 부분도 있을 것 같아요. 철학적이라는 수식어를 동원하지 않더라도 이 작품을 통해 들여다보고 품어보면 좋을 만한 문제의식 같은 것이 있다면 무엇일까요?

김 교수　1차적으로는 작품을 통해 부조리함의 여러 차원들을 다 찾아보고 표면적인 부분에서 근원적인 부분까지 부조리함이 드러난 곳들을 살펴봤으면 좋겠어요. 사회가 부조리하다는 말은 참 많이 하지만 근원적인 부조리함에 대한 탐색은 잘 하지 않기 때문에 이런 부분을 이번 기회에 생각해 보면 좋겠어요.

　또 하나는 시간에 대한 것이에요. 기다림과 기다림 이외의 시간을 다른 시간인지, 기다림 자체가 중요하다고 했는데 그렇다면 그 시간은 어떤 시간인지, 블라디미르와 에스트라공의 시간에 대한 관념은 차이가 있는지, 포조가 보여주는 시간관은 어떠한지 등이에요. 시간의 흐름을 무엇으로 볼 것인지도 생각해볼 수 있죠. 시간의 흐름을 진보라는 관점에서 볼 수 있는데 그렇다면 작가는 이 관점에 의문을 제기했을 것이고요. 그동안 이루어 놓은 서구의 문명에 대한 회의와 반성이라는 배경에서 보면 이렇게 추론이 가능하겠죠. 작가가 진보라는 시간 개념에 균열을 내고자 한다면 그 반대의 성격인 멈춤 같은 것을 가져왔을 테고, 기다림은 진보와 대비되는 멈춤에 가까운 행위일 수 있고요. 이런 관점에서 보면 블라디미르와 에스트라공의 기다리는 행위가 보여주는 바는 일정하지만 그 성격은 다를 수 있고요. 에스트라공의 시간관, 그가 보여주는 망각 능력이나 꿈꾸는 능력은 과거의 기억이나 원한으로부터 자유롭게 한다는 점에서 현존하는 시간개념에서 벗어날 수 있게 해주기도 해요.

참고문헌

1. 저서

마틴 에슬린, 김미혜 옮김, 『부조리극』, 한길사, 2005.

사뮈엘 베케트, 오증자 옮김, 『고도를 기다리며』, 민음사, 2000.

윤화영, 「Waiting for Godot의 시간 - 기억, 습관의 현재, 사이의 시간」, 『현대영미드라마』 25(3), 2012.

이진아·이은경, 『한국 소극장 연극의 신화-소극장 산울림 30년사』, 레터프레스, 2015.

이현우, 『로쟈의 세계문학 다시 읽기』, 5월의 숲, 2012.

임준서, 『반연극의 계보와 미학』, 살림, 2004.

2. 사진 자료

명동예술극장(www.ntck.or.kr/ko/ntck/intro)

Picryl(picryl.com)

flickr(www.flickr.com)

제2부

자유와 정의를 통해 본 개인과 사회

성찰되지 않는 삶은 살 가치가 없다

—플라톤, 『소크라테스의 변명』

임승필

"위대하고 강력하며 현명한 아테네 시민인 그대, 나의 벗이여, 그대는 최대한의 돈과 명예와 명성을 쌓아올리면서 지혜와 진리와 영혼의 최대의 향상은 거의 돌보지 않고 이러한 일은 전혀 고려하지도 주의하지도 않는 것이 부끄럽지 않습니까?

……

매일매일 덕에 대해서, 그리고 내가 내 자신과 다른 사람들을 시험해 볼 때 여러분이 들은 기타의 일들에 대해서 토의하는 것이 인간의 최대의 선입니다. 성찰되지 않는 삶은 살 가치가 없기 때문입니다."

소크라테스와 플라톤의 『소크라테스의 변명』

단웅이　아마도 소크라테스Socrates, B.C.469~399의 이름을 한 번도 들어보지 않은 사람은 거의 없겠지요. 그렇지만 『소크라테스의 변명』이라는 책을 처음 들어보는 사람은 꽤 있으리라 생각됩니다. 이 책의 내용이 어떤 것일까 매우 궁금한데, 우선 책을 쓴 사람이 누구인지 알아보는 것이 좋을 것 같습니다. 이 책의 저자는 소크라테스인가요?

임 교수 『소크라테스의 변명』이라는 책 이름이 그런 오해를 줄 수 있을 것 같습니다. 하지만 이 책의 저자는 소크라테스가 아니라 그의 제자 플라톤Plato, B.C.427~347입니다. 플라톤과 아리스토텔레스는 서양 고대철학을 대표하는 두 명의 철학자이지요. 영국의 철학자 화이트헤드Alfred North Whitehead, 1861~1947는 "서양철학사는 플라톤의 각주에 불과하다"는 유명한 말을 남겼는데요. 이 말은 플라톤이 서양 고대철학을 넘어 서양철학사 전반에 걸쳐 얼마나 큰 영향을 미쳤는가를 잘 보여주고 있습니다.

단웅이 플라톤의 저서에 『소크라테스의 변명』만 있는 것은 아니겠지요? 서양철학사에서 플라톤이 그처럼 중요하고 영향력 있는 철학자라면 분명히 다방면에 걸쳐 많은 저술을 남겼을 테니까요.

임 교수 예, 그렇습니다. 플라톤의 저서는 어떤 주제에 대해서 주요 등장인물들이 대화하고 토론하는 형식으로 되어 있어서 보통 '대화편'dialogues이라고 불립니다. 플라톤은 뛰어난 철학자였을 뿐만 아니라 문학적으로도 큰 재능을 갖고 있었던 인물이었다고 할 수 있겠네요. 그는 20여 편의 대화편을 남겼는데, 『소크라테스의 변명』은 플라톤이 쓴 여러 대화편 중의 하나입니다. 방금 플라톤은 소크라테스의 제자라고 말했었지요? 사실 소크라테스는 직접 저술한 책이 전혀 없고 플라톤의 여러 대화편 속의 주인공으로 등장할 뿐입니다. 그러니 소크라테스는 제자를 잘 둔 덕분에 유명해졌다고 말할 수 있겠네요. 플라톤 자신이 저명한 철학자였기 때문에 플라톤이 소크라테스의 입을 통해 말하고 있는 것 중에서 어디까지가 소크라테스의 주장이고 어디서부터가 플라톤 자신의 생각인지가 논란이 될 수 있겠습니다. 하지만 전문 철학 연구자가 아닌 일반 독자들에게 이것은 큰 문제가 되지는 않을 것 같습니다. 플라톤의 작품을 읽을 때 일반 독자에게 더 중요한 문제는 소크라테스가 오늘을 사는 우리 자신에게 줄 수 있는 가르침이 무엇인지를 생각해보는 것이 될 테니까요.

소크라테스 플라톤

단웅이 『소크라테스의 변명』이라는 책 이름이 매우 인상적입니다. 서명에 특정 인물의 이름이 들어간 것이 특이할 뿐만 아니라 '변명'이라는 말도 저자가 뭔가 예사롭지 않은 주제를 다루고 있을 것 같은 느낌을 줍니다. 플라톤은 자신의 책에 왜 이런 이름을 붙였을까요? 이 서명은 소크라테스가 자신이 저지른 어떤 실수나 잘못에 대해 해명 또는 변명한다는 의미를 담고 있다고 이해하면 될까요?

임 교수 ‘변명’辨明이란 말이 그런 해석을 가능하게 할 수 있겠군요. 한국어에서 ‘변명’은 부정적 의미로 사용되는 경우가 많지요. 예를 들면, 약속시간을 지키지 못하고 늦게 도착한 사람이 교통 혼잡 때문에 늦었다고 변명하는 것처럼요. 그런데 ‘소크라테스의 변명’에서 ‘변명’apology은 그보다는 조금 더 넓게 이해될 필요가 있답니다. 이 대화편의 내용을 참조한다면 ‘변명’ 대신 ‘변론’이나 ‘변호’로도 번역이 가능할 듯싶습니다. 이 서명을 제대로 이해하기 위해서는 이 책이 소크라테스의 삶 자체를 다루고 있는 대화편이라는 사실을 기억할 필요가 있습니다. 플라톤의 여러 대화편 중에서 소크라테스의 삶과 직접 관련이 있는 대화편에는 『소크라테스의 변명』Apology, 『크리톤』Crito, 『파이돈』Phaedo, 『에우튀프론』Euthyphro 등이 있습니다.

단웅이 그렇다면 『소크라테스의 변명』이라는 책을 제대로 이해하기 위해서는 소크라테스의 삶에 대해 알 필요가 있겠군요. 인류의 역사에서 오랫동안 인류의 스승으로 큰 존경을 받아온 세계 4대 성인聖人 하면, 여기에 예수, 석가, 공자, 소크라테스 네 사람이 포함되는 것으로 알고 있는데요. 앞의 두 사람은 기독교와 불교의 창시자이고, 우리가 현재 유교 문화권에서 살고 있다 보니 ‘공자’라는 이름도 매우 친숙한데요. 그리고 보니 소크라테스에 대해서는 서양 고대 시기에 활동했던 철학자라는 것 말고는 아는 것이 별로 없는 것 같습니다.

임 교수 미국의 저명한 저술가 윌 듀란트Will Durant는 그의 서양철학사를 다룬 베스트셀러 『철학이야기』The Story of Philosophy에서 “우리는 소크라테스에 대해 거의 아는 바가 없다. 그럼에도 불구하고 우리는 귀족적인 플라톤이나 말이 없고 학자적인 아리스토텔레스보다 소크라테스를 더욱 친숙하게 생각한다"고 말하고 있는데, 많은 사람들이 이 말에 공감하지 않을까 생각되는군요. 일반인들에게 소크라테스에 대해 그나마 알려진 것에는 '소크라테스는 외모가 너무 못생겼다', '그는 악처를 두고 있었다', 뭐 이런 것들인데요. 사실 이런 것들은 소크라테스의 삶과 가르침을 이해하는 데는 별로 중요하지 않은 것들이겠지요. 오늘날 우리가 아주 오래전 그리스 아테네에 살았던 소크라테스라는 인물에 대해 어떤 정보를 얻고자 할 때 참고할 수 있는 자료에는 플라톤의 여러 저서 외에 역시 소크라테스의 제자였으며 군인이었던 크세노폰Xenophon, B.C.428경~354경의 『소크라테스 회상록』이라는 책이 있습니다. 이 책의 제일 앞부분을 보면, 크세노폰은 소크라테스의 삶을 다음과 같이 흥미롭게 묘사하고 있습니다.

> "소크라테스는 언제나 공공장소에서 소일했다. 이른 아침에는 산책로를 거닐고 체력단련장을 찾았으며, 오전에는 사람들로 붐비는 시장에 모습을 드러냈으며, 하루의 나머지 시간은 가장 많은 사람과 만날 성싶은 곳에서 보냈다. 그는 대개 담론으로 시간을 보냈고, 원하는 사람은 누구나 그의 말을 들었다."

소크라테스의 삶을 아주 간단히 요약해본다면 거리와 시장에서 많은 사람들을 만나 토론하고 가르치다 어떤 이유로 재판에 회부되어 사형 선고를 받고 죽음을 맞이하게 된다는 것인데요. 『소크라테스의 변명』이라는 책은 재판에 회부된 소크라테스가 법정에서 자신을 변론한 내용을 기록한 책입니다.

단웅이 크세노폰이 묘사하고 있는 소크라테스는 특별히 바쁜 일 없이 한가로이 이곳저곳을 다니며 많은 사람들과 대화와 토론을 즐기는 사람이라는 인상을 줄 뿐, 재판에 회부될 정도의 악인이라고는 생각되지 않는데요. 그런 그가 어떤 이유로 재판을 받고 비극적인 최후를 맞이하게 되는

재판을 받는 소크라테스

지 궁금해집니다. 『소크라테스의 변명』에서 이에 대한 답을 찾을 수 있겠지요? 이 책을 읽는 효과적인 방법이 있을까요?

임 교수 기원전 399년 소크라테스는 세 명의 인물, 즉 젊은 비극 시인으로 알려진 멜레토스Meletos, 민주주의의 지지자였던 아니토스Anytos, 그리고 웅변가 리콘Lykon에 의해 고발당하게 되는데요. 그에게 씌여진 죄목은 서양철학사를 다룬 여러 책에서 흔히 발견할 수 있는 것처럼 청년들을 타락시키고 신의 존재를 부인한다는 것이었습니다. 소크라테스가 처음 고발될 때부터 사형을 받을 때까지 이 사건의 전 과정은 『소크라테스의 변명』을 비롯해서 『크리톤』, 『파이돈』과 같은 플라톤

의 대화편에 담겨 있습니다.

『소크라테스의 변명』은 크게 세 부분으로 나눌 수 있는데, 이 세 부분은 재판에 회부된 소크라테스가 자신을 변론하는 세 가지 연설에 해당합니다. 첫 번째 연설은 소크라테스가 자신은 죄가 없음을 변론하는 부분이고, 두 번째 연설은 사형선고가 이루어진 후에 소크라테스가 자신의 형량에 대해 발언하는 부분이며, 마지막으로 세 번째 연설은 사형 확정 후 소크라테스의 최후 변론 내용입니다. 이제 세 변론의 순서에 따라 소크라테스가 어떤 죄로 고발되었고 어떻게 자신을 변론하고 있는지 자세히 살펴보도록 하지요.

소크라테스의 첫 번째 변론:
소크라테스는 어떻게 자신의 무죄를 주장할 수 있었는가

단비　『소크라테스의 변명』 속에 소크라테스의 변론이 세 가지씩이나 포함되어 있다고 하니 구성이 조금 복잡해 보입니다. 책 내용을 잘 따라가려면 일단 '누가 어떤 이유로 소크라테스를 고발했을까', 이 질문에 집중하는 것이 좋을 것 같은 생각이 드는데요. 이에 대한 답은 앞에서 언급한 세 변론 중 첫 번째 변론에 포함되어 있지 않을까요?

임 교수　그렇습니다. 『소크라테스의 변명』 전체 내용 중 첫 번째 변론에 해당하는 부분이 가장 많은 양을 차지합니다. 첫 번째 변론에 나오는 소크라테스의 설명을 토대로 그가 재판에 회부된 과정을 재구성해보도록 하지요. 앞에서 이미 얘기했듯이 소크라테스는 멜레토스 등의 고발로 법정에 서게 되는데, 이때 그는 이미 70세의 고령이었답니다. 그런데 우리가 기억해두어야 할 것은 멜레토스 등의 고발 이전에 아테네에서는 이미 소크라테스에 대해 여러 고발이 있었고, 멜레토스의 고발은 소크라테스에 대한 기존의 나쁜 여론을 등에 업고 진행되었다는 사실입니다. 『소크라테스의 변명』에서 소크라테스는 이들을 각각 옛 고발자와 최근의 고발자로 부르고 있는데요. 소크라테스는 이 첫 고발이 사람들이 익히 들어왔던 것이고 그래서 더 잘 알려진 것이기에, 이 고발의 내용을 소개하고 그에 대해 자신을 변호하는 것에서부터 이야기를 풀어나가고 있습니다.

단비 제가 정확히 이해하고 있다면, 『소크라테스의 변명』이라는 책의 큰 줄거리는 멜레토스 등의 고발로 법정에 선 소크라테스가 자신을 변론하는 이야기라고 말할 수 있겠는데요. 그 당시 아테네에서 소크라테스에게 좋지 않은 감정을 갖고 있었던 사람들이 멜레토스 등 몇몇 사람에 한정된 것은 아니라는 사실을 기억할 필요가 있겠군요. 그렇다면 옛 고발자들의 고발 내용은 무엇이었습니까?

임 교수 소크라테스에 따르면, 오래전부터 많은 고발자들이 소크라테스를 다음과 같이 비방해 왔습니다. "소크라테스는 악행을 하는 자이며 괴상한 사람이다. 그는 지하의 일이나 천상의 일을 탐구하고 나쁜 일을 좋은 일처럼 보이게 한다. 그리고 그는 위와 같은 일들을 다른 사람들에게도 가르친다." 이와 같은 비방은 그리스 최대 희극 작가로 알려진 아리스토파네스Aristophanes, B.C.445경~385경의 희곡 『구름』에 잘 나타나 있는데, 이 희곡에서 아리스토파네스는 소크라테스라는 인물을 등장시켜 그를 괴기스러운 행동과 허튼소리를 일삼는 이상한 인물로 묘사하고 있습니다.

단비   무척 흥미롭군요. 그 당시 소크라테스에 대한 악평이 꽤 널리 퍼져 있었던 듯한데, 소크라테스가 어떤 방식으로 자신을 변호할지 궁금합니다.

임 교수 소크라테스는 이러한 비방이 아무런 근거도 없는 것임을 보이기 위해 자신은 자연철학, 또는 자연에 대한 사색과는 무관한 사람임을 강조합니다. 소크라테스의 이런 반응은 그리스 철학의 발전 과정을 생각해본다면 충분히 납득할 만한 것인데요. 그리스 철학은 보통 이오니아학파에서 시작하는 것으로 설명되는데, 세계는 물로 구성되어 있다는 탈레스의 주장에서 알 수 있듯이 초기 그리스 철학자들의 최대 철학적 관심사는 자연 현상의 궁극적 원인을 밝히는 것이었습니다. 오늘날에도 철학의 영역은 크게 형이상학과 인식론 등의 이론철학과 윤리학과 사회·정치철학 중심의 실천철학으로 나누어볼 수 있는데요. 우리가 철학의 주제 측면에서 소크라테스 철학의 특징을 살펴본다면, 서양철학사에서 소크라테스의 큰 기여는 철학의 관심을 자연 문제에서 인간·윤리 문제로 이동시킨 데 있다고 말할 수 있습니다.

단비   고발자들을 향해 소크라테스가 보인 반응을 충분히 이해할 수 있을 것 같습니다. 그런데 소크라테스가 한 말을 우리가 모두 사실로 받아들인다고 하더라도, 여전히 이해하기 힘든 점이 있습니다. 소크라테스에 대한 온갖 나쁜 소문은 그렇다면 사실 무근인가요? 그를 둘러싼 소문은 어쨌든 소크라테스의 행위에 다른 사람과 다른 뭔가 이상한 점이 있기에 생긴 것이 아닐까요?

임 교수 그런 의문이 들 수 있겠네요. 소크라테스 자신도 이러한 의문이 드는 것은 당연하다고 생각하는데요. 이제 그는 자신에 대한 비방이 발생한 원인에 대해 자기 나름대로 설명해보려고 시도합니다. 여기서 유의할 점은 소크라테스는 자신에 대한 비방과 악평이 그가 갖고 있는 어떤 지혜 때문에 생긴 것이라고 보고 있다는 사실입니다. 소크라테스에 따르면, 그는 이 세상에서 가장 지혜로운 자라고 사람들 사이에 소문이 나 있었는데, 이러한 소문을 뒷받침한 것은 델포이Delphoi 신의 보증이었습니다. 당시 아테네 사회에서는 국가의 대사를 결정할 필요가 있을 때 델포이 신전을 찾아가 신탁神託, oracle을 구하는 일이 흔했는데, 소크라테스의 한 친구가 델포이 신전을 방문해서 이 세상에서 가장 현명한 자가 누구인지를 물어보았을 때 델포이의 사제는 '이 세상에 소크라테스보다 더 현명한 사람은 없다'고 답했다는 것입니다.

단비   소크라테스에게 일어난 일은 매우 흥미롭지만, 다른 한편으로 조금 황당하게 들리기도 하는데요. 우선 어떤 사람이 자신이 소유한 지혜로 인해 세상의 비방을 받게 되었다는 이야기 자체가 이해하기 힘듭니다. 그런 지혜를 가진 사람은 오히려 세상 사람들의 칭찬과 존경을 받아야 하지 않을까요? 그러나 그 이전에 이 세상에서 가장 지혜로운 자는 소크라테스라는 신탁에 대해 생각해볼 필요가 있을 것 같습니다. 어떤 사람이 자신의 능력을 과대평가하는 자기도취에 빠져 '내가 이 세상에서 가장 똑똑해!', 이렇게 말할 수는 있겠지만, 자신은 전혀 그렇게 생각하지 않는데도 어느 날 누군가로부터 자신이 이 세상에서 가장 지혜로운 사람이라는 말을 듣게 된다면 어떤 느낌을 받게 될까요? 누구든 그러한 말을 듣는다면, 그 말의 진실성을 의심하면서 어떤 혼란 상태에 빠지게 되지 않을까요? 소크라테스는 어떤 반응을 보였을지 궁금합니다.

임 교수 소크라테스도 그 말을 처음 들었을 때 의아하게 생각하면서 그 신탁을 어떻게 해석해야 할지 고민에 빠졌답니다. 그는 신탁과는 달리 자신은 어떤 지혜도 갖고 있지 않다고 생각했습니다. 그렇지만 신이 그렇게 말했다면 자신의 지혜와 관련된 소문이 거짓말이라고 단정하기 힘든 것도 사실입니다. 이와 같은 난처한 상황에서 소크라테스가 문제 해결을 위해 찾아낸 방법은 자신보다 더 현명한 사람이 이 세상에 존재하는지를 실제로 확인해보는 것이었습니다. 만약 그러한 사람을 발견해낼 수 있다면, 자신이 이 세상에서 가장 현명한 자라는 소문은 거짓에 불과함을 증명하는 것이 될 테니까요. 이러한 판단하에 그는 현인이라는 세평을 듣고 있는 한 정치가를 찾아가 직접 시험해보기로 했답니다. 그런데 그와 대화를 나누면서 소크라테스는 놀라운 사실을 발견할 수 있었어요. 그 정치가 본인과 그를 아는 많은 사람들이 그를 현명한 사람으로 생각하고 있는 것과는 달리, 사실 그는 전혀 현명하지 않음을 소크라테스는 알아차릴 수 있었지요. 정치가를 만난 이후 소크라테스는 시인, 장인 등 세상에 현명하다고 알려진 사람들을 차례차례 찾아다녔지만, 결과는 똑같았답니다. 즉 실망스럽게도 그들 역시 소문과는 달리 실제로는 현명하지 못했습니다.

이런 결과를 놓고 이제 우리는 델포이 신탁의 의미에 대해 생각해봐야 합니다. 델포이 신탁은 왜 '이 세상에 소크라테스보다 더 현명한 사람은 없다'고 말했을까요? 소크라테스가 그가 만난 사람들보다 더 현명하다고 우리가 말할 수 있는 이유는 그들은 아무것도 알지 못하면서도 많은 것을 안다고 생각했던 반면, 소크라테스는 자신이 알지 못하는 것을 안다고 생각하지는 않았기 때문입니다.

단비 델포이 신탁에 우리가 미처 생각하지 못했던 그런 심오한 의미가 담겨 있었군요. 그런데 소크라테스의 지혜가 그런 것이라면, 그것이 어떻게 사람들로 하여금 소크라테스를 비방하고 그를 미워하게 만들었나요?

임 교수 좋은 질문입니다. 그 질문에 대한 답은 어렵지 않습니다. 만약 소크라테스가 자신이 만난 정치가, 시인, 장인이 현명하지 않다는 것을 발견하고 나서 그것으로 끝났다면 그들은 소크라테스에게 특별히 나쁜 감정은 갖게 되지는 않았겠지요. 그런데 소크라테스는 그들이 현명하지 않다고 속으로만 생각한 것이 아니라 그들의 현명하지 않음을 깨우쳐주기 위해 노력했답니다. 특히 소크라테스에 대한 사람들의 적개심을 키운 것은 청년들의 행동이었어요. 그 당시 소크라테스를 따르는 부유층과 귀족 집안의 청년들이 많이 있었는데, 이들은 소크라테스가 지혜 있는 체하는 자들을 시험해보는 것을 옆에서 지켜보는 것을 즐겼어요. 그뿐만 아니라 그들은 때로는 자신들이 직접 시험해보기까지 했습니다. 청년들에게 시험받고 화가 난 사람들은 소크라테스가 이런 나쁜 짓을 저지르게 만들었다고 생각하게 되었고, 소크라테스를 청년들을 타락시키는 극악한 자로 여기게 된 것입니다. 소크라테스는 자신을 고발한 멜레토스, 아니토스, 리콘이 사실은 자신의 무지함이 드러나 자존심에 큰 상처를 입은 시인, 장인, 정치가, 웅변가들을 대신하여 자신과 싸우고 있는 것뿐이라고 생각합니다.

단비   소크라테스가 처음에 어떤 이유로 고발되었고 이에 대해 자신을 어떻게 변호하는지 이제 잘 이해할 수 있을 것 같습니다. 그럼 이제 최근의 고발자들, 즉 멜레토스 등의 고발에 대해서 이야기해 주세요.

임 교수 첫 번째 고발자들의 고발에 대해 자신을 충분히 변호했다고 생각한 소크라테스는 이제 멜레토스로 대표되는 두 번째 고발자들의 고발 내용을 다룰 것을 제안합니다. 첫 번째 고발자들의 경우 고발 내용이 '소크라테스는 지하의 일이나 천상의 일을 탐구하고 나쁜 일을 좋은 일처럼 보이게 한다'고 다소 모호하게 제시되어 있는 반면, 멜레토스의 소장에는 소크라테스의 죄가 보다 명확하게 적시되어 있는데요. 소크라테스의 죄는 크게 두 가지로 요약할 수 있습니다. "소크라테스는 청년을 타락시키고 국가가 신앙하는 신들을 믿지 않고 다른 새로운 신을 믿음으로써 죄를 범했다"는 것입니다. 소크라테스는 먼저 첫 죄목이 타당한지 따져보고, 이로부터 두 번째 죄목으로 이동합니다.

단비　소크라테스는 물론 자신이 청년들을 타락시킨다는 죄목을 인정하지 않았겠지요? 이에 대해서는 사실 첫 번째 고발자의 고발 내용을 다루면서 이미 답했다고 볼 수 있지 않을까요?

임 교수　내용상으로는 첫 번째 고발과 중복된다고 볼 수도 있지만, 이에 대한 소크라테스의 답변에서 그의 초점은 첫 번째 고발에 대한 답변과 다른 것 같습니다. 즉 앞의 답변에서는 자신이 갖고 있는 지혜 때문에 사람들의 미움을 받게 되었다는 것에 강조점을 두고 있는 반면, 이번에는 상식적으로 생각해볼 때 자신이 의도적으로 청년들을 타락시켰다는 비난이 과연 타당한지 의문을 제기합니다. 이 비난이 타당한지 따져보기 위해서 소크라테스는 좋은 이웃과 사는 것과 나쁜 이웃과 사는 것 중 어느 쪽이 더 좋은지 생각해볼 것을 요구합니다. 이 질문을 받는다면 누구든 예외 없이 전자를 택하리라고 예상할 수 있는데요. 착한 사람들은 이웃에게 착한 일을 베풀겠지만 악한 사람들은 해를 끼칠 수 있다는 것을 쉽게 알 수 있기 때문이지요. 소크라테스는 자신이 청년들을 일부러 타락시켰다는 멜레토스의 주장은 자신이 일부러 나쁜 환경을 조성하려고 시도했다는 터무니없는 주장에 불과하다고 생각합니다.

단비　멜레토스의 소장에는 두 가지 죄목 언급되어 있었는데요. 일반적 관점에서는 청년을 타락시킨다는 죄목과 다른 신을 섬긴다는 죄목은 무관해 보입니다. 소크라테스는 첫 번째 죄목에 대한 논의에서 두 번째 죄목에 대한 논의로 어떻게 이동하게 되지요?

임 교수 소크라테스는 자신이 청년들을 타락시켰다는 멜레토스의 고발이 터무니없는 것으로 드러났다고 생각하고, 이제 멜레토스가 어찌하여 자신이 청년을 타락시켰다는 말을 할 수 있는지 알고 싶어 합니다. 이 대목에서 소크라테스는 멜레토스의 소장에서 언급된 두 번째 죄목, 즉 국가가 인정하는 신들을 믿지 않고 새로운 신을 들여왔다는 부분에 주목하며, 이 종교적 가르침 때문에 멜레토스가 자신이 청년을 타락시켰다고 주장하는 것인지를 멜레토스에게 묻게 되는데요. 멜레토스가 조금의 머뭇거림도 없이 그것이 바로 자신의 생각임을 확인해주자, 이러한 주장을 전혀 납득할 수 없었던 소크라테스는 멜레토스의 고발 내용을 조금 더 명확하게 할 필요성을 느끼게 됩니다. 즉 소크라테스는 멜레토스가 소장에 나온대로 국가가 인정하는 신과 다른 신을 믿고 있다고 자신을 고발하고 있는 것인지, 아니면 자신이 무신론자라고 고발하고 있는 것인지 알고 싶어 하는데요. 이에 대해 멜레토스는 소크라테스는 철저한 무신론자라는 것이 자신의 주장임을 밝힙니다.

단비 멜레토스의 답변에는 조금 이해하기 힘든 점이 있습니다. 만약 그가 소크라테스는 무신론자임을 주장하고자 했다면, 왜 처음에는 국가의 신이 아닌 다른 신을 믿고 있다고 고발했을까요? 멜레토스가 모순된 주장을 하고 있는 것은 아닌가요?

임 교수 예, 그런 의심이 들 수 있지요. 그런데 소크라테스의 종교관을 둘러싼 이 논쟁을 제대로 평가하기 위해서 우리는 『소크라테스의 변명』에서 소크라테스라는 인물은 서로 다른 두 가지 모습으로 그려지고 있다는 사실에 주목할 필요가 있겠습니다. 한편으로 소크라테스는 자신이 갖고 있는 지식이 정말로 조금도 의심할 수 없는 확실한 지식인지를 엄격하게 따져보는 비판적인 지식인으로 그려지고 있지만, 다른 한편으로는 버트런드 러셀이 그의 『서양철학사』에서 '그리스도교의 순교자'나 '청교도'와 흡사하다고 지적한 자신의 내면에서 울리는 신정령의 목소리에 따라 행동하는 인간으로 나타나기도 합니다. 『소크라테스의 변명』에서 소크라테스는 어떤 행동을 할 때 언제나 자신을 인도한 것은 자기 안의 신의 목소리였음을 강조하고 있는데, 그가 자칭 현명하다고 자처하는 사람들을 만나서 그들의 무지를 깨우쳐주기 위해 노력한 것도 이런 내면의 목소리를 따른 행동이었습니다. 그 명령을 존중하는 것에 최상의 가치를 부여하는 그로서는 그러한 행위를 멈출 수가 없었던 것입니다.

소크라테스가 자신을 무신론자로 보는 멜레토스의 비난이 전혀 근거가 없다고 생각하는 것은 이처럼 자신의 삶에 절대적 영향을 미치고 있는 신적 존재를 믿었기 때문인데요. 이 내면의 목소리를 어떻게 해석하느냐에 따라 소크라테스의 신관이나 종교관에 대한 여러 해석이 가능할 것 같습니다. 멜레토스가 소크라테스에 대해 모순된 주장을 하고 있는 것처럼 보인다면, 소크라테스가 강조한 내면의 신의 목소리를 어떻게 해석해야 할지에 대해 정확한 입장을 정하기 어려웠기 때문이 아닐까요?

소크라테스의 두 번째 변론:
소크라테스는 왜 자신의 형량을 타협하려 하지 않았는가

단웅이 소크라테스의 1차 변론이 끝난 후 죄의 유무에 대한 판결이 이루어졌겠지요? 소크라테스는 어떤 판결을 받았나요?

임 교수 당시 재판의 규정에 따라 소크라테스의 죄를 결정하는 배심원들의 투표가 실시되었는데, 소크라테스는 30표 차이로 유죄 판결을 받았습니다. 그리고 이어서 피고에 대한 원고의 형량 제안이 있었는데, 멜레토스는 소크라테스에게 합당한 형벌로 사형을 제안합니다. 당시 아테네 재판 절차는 피고가 재판부의 형량을 들은 후 자신의 형량에 대해 변론할 기회를 부여했는데, 소크라테스의 두 번째 연설은 이에 관한 것입니다.

단웅이 유죄 판결을 받았고 거기에다 사형 구형이었으니 소크라테스가 받은 충격이 컸을 것 같은데요. 실제로 소크라테스는 어떤 반응을 보였습니까? 자신에게 내려진 유죄 판결의 부당함을 호소하였나요, 아니면 어차피 유죄 판결이 불가피하다고 생각하여 조금이라도 형량을 낮추어보려고 시도하였나요?

임 교수 우선 우리가 주목해야 할 대목은 소크라테스 자신은 이런 결과를 어느 정도 예상하고 있었다는 점입니다. 그가 재판 결과에 놀랐다면, 그것은 판결 결과 때문이 아니라 자신에게 불리한 표가 훨씬 많으리라 예상했었는데 찬반 투표수의 차이가 그리 크지 않았기 때문이었습니다.

단웅이 그렇군요. 그렇다면 소크라테스는 멜레토스의 사형 제안에 대해서는 어떻게 생각했습니까? 그것까지도 예상한 일이었을까요? 소크라테스가 그 제안을 그대로 수용했는지, 아니면 어떤 다른 형량을 제안했는지 궁금해집니다.

임 교수 소크라테스의 첫 반응은 이러했습니다. "멜레토스는 처벌로 사형을 제안합니다. 그러면, 오, 아테네인 여러분, 나는 어떤 제안을 해야 합니까?" 이런 되물음은 무엇을 뜻할까요? 여기서 소크라테스는 인과응보의 관점에서 사형이라는 형벌이 자신에게 합당한지를 묻고 있습니다. 무릇 상이란 어떤 사람의 잘한 일에 대해 주어지는 것이고, 처벌이란 그 반대의 경우에 주어지는 것이겠지요. 그렇기 때문에 소크라테스는 사형이라는 형벌이 지금까지 살아온 그의 삶에 정말 부합하는 정당한 보상인지를 묻고 있는 것입니다.

단웅이 그렇군요. 우리가 흔히 농담조로 '아무 생각 없이 살고 있다'라고 말하는 경우가 있는데, 소크라테스는 자신의 지난 삶에 대해 정확한 인식을 갖고 있었던 것 같습니다. 그는 자신의 삶을 어떻게 이해하고 있나요?

임 교수 소크라테스는 지금까지 자신이 살아온 삶을 돌아보면서 혹여 자신이 다른 사람들에게 해악을 끼친 것이 조금이라도 있었는지 생각해보게 되는데요. 만약 그런 것이 있었다면 당연히 그에 합당한 처벌을 받아야 할 것이고, 그와 반대로 타인에게 선을 끼쳤다면 그에 걸맞는 보상을 받아야 하겠지요. 소크라테스는 지금까지의 자신의 삶은 많은 사람들이 관심을 두는 부, 정치 등과는 무관한 삶이었으며, 사람들에게 개인적 이익을 고려하기에 앞서 덕과 지혜를 추구해야 함을 설득한 삶이었다고 회고합니다. 이것이 지금까지 그가 살아온 삶의 모습이라면, 그는 다른 사람들에게 결코 나쁜 일을 한 것이 없으므로 자신에게 나쁜 것이 결코 주어질 수는 없다고 소크라테스는 생각합니다. 그는 자신에게 주어지는 보상은 오히려 좋은 것이어야 한다고 생각하는데, 올림피아의 승자와 같이 국가에 공이 있는 사람들에게 통상 제공되던 프리타네이온집정관들이 집무하는 관청에서의 식사 대접이 아마도 자신에게 주어져야 할 가장 합당한 보상이 될 것이라고 생각합니다.

단웅이 자신의 삶은 다른 사람들에게 좋은 것을 베풀기 위한 삶이었으므로 사형이라는 형벌은 전혀 어울리지 않는다는 소크라테스의 주장은 상당히 설득력 있게 들립니다. 그렇기는 해도 재판에 관여하고 있는 사람들이 소크라테스가 제안한 프리타네이온에서의 식사 대접을 받아들이는 것을 기대하기는 힘들지 않을까요? 그런 제안은 원고가 제안한 형량이 사형이었다는 사실을 생각해보면 재판부에 대한 저항이나 조롱으로 들릴 수도 있을 것 같은데요. 설사 소크라테스에게는 재판부의 구형이 너무 터무니없게 여겨졌다고 하더라도, 오늘날의 재판에서도 많이 볼 수 있는 것과 같은 감형을 시도하는 것이 피고로서 훨씬 현명한 전략이 아닐까요? 또한 '제발, 목숨만은 살려주세요'라는 말이 있듯이 생명에 대한 애착이 모든 인간의 기본 심리임을 고려한다면, 사형 구형을 받은 소크라테스로서도 어떻게 해서라도 목숨만은 건지는 것이 가장 절박한 문제가 아니었을까요?

임 교수 그러한 견해에 동의합니다. 유죄 판결을 뒤집을 수 없다면 가능한 한 형량을 낮추려고 노력하는 것이 물론 가장 현명한 전략일 수 있겠지요. 그런데 원고 멜레토스의 구형을 듣고 피고로서 제안할 형량을 고민하면서 소크라테스가 가장 중요하게 여긴 것은, 이미 앞에서도 얘기했듯이 자신은 나쁜 일을 한 것이 전혀 없으므로 어떤 처벌도 합당하지 않다는 것입니다. 이런 전제 하에 그는 생각해 볼 수 있는 대표적인 처벌의 각각에 대해서 그것이 자신에게 좋은 것인지 나쁜 것인지를 하나하나 따져보았답니다. 먼저 멜레토스가 구형한 사형에 대해 생각해본다면, 어떤 중한 죄를 범한 사람이 재판을 받게 될 때 거의 누구나 사형만은 면하기를 바랄 것이라 어렵지 않게 짐작할 수 있지요. 이런 예상은 사람들은 대부분 죽음을 최악의 것으로 간주하기 때문에 가능합니다. 하지만 소크라테스는 사실 죽음이 선인지 악인지는 확실하지 않다고 생각했기에 사형을 면하는 것을 가장 중요한 일로 생각하지는 않았습니다.

소크라테스는 이어서 다른 예상할 수 있는 처벌들에 대하여 그것들이 선인지 악인지를 하나하나 따져보는데요. 첫째로, 재판부가 자신에게 징역형을 제안한다면, 이것은 감옥에 갇혀서 여러 관리의 감시를 받으며 그들의 노예로 사는 것을 뜻할 테니 이 처벌은 악일 수밖에 없다고 생각합니다. 둘째로, 벌금형이 자신에게 내려진다면, 자신은 가진 돈이 없으므로 벌금을 내는 대신 감옥에 갈 수밖에 없을 것이라고 말합니다. 셋째로, 재판부는 소크라테스에게 추방, 즉 아테네를 떠나 다른 도시로 이주하여 사는 것을 명할 수도 있습니다. 이것이 합리적 처벌로 보일 수도 있겠지만, 소크라테스는 새로 이주한 곳에서도 청년들이 그의 이야기를 듣기 위해 모여들 것이고, 그리하여 그들의 아버지나 친구들이 분노하여 소크라테스를 다시 쫓아낼 것이라고 예상합니다. 젊지 않은 나이에 여기저기를 떠도는 삶이 악이 될 수밖에 없음은 명약관화합니다.

단웅이 제 생각에는 거주지를 옮겨 조용히 살아가는 것이 가장 좋은 타협책이 아닐까 생각되는데요. 오늘날에도 어떤 사회적 물의를 일으킨 사람들은 해외로 나간다든지 그런 경우가 많지 않습니까?

임 교수 소크라테스가 다른 곳으로 이주하여 침묵을 지킨다면 누구도 간섭하지 않을 것이라고 말할 수 있을 겁니다. 하지만 이런 제안은 소크라테스가 지금까지 살아온 삶을 전혀 이해하지 못한 제안에 불과합니다. 덕과 그 밖의 일들에 대해 다른 사람들과 대화를 나누면서 나 자신과 다른 사람의 삶을 살펴보는 것을 최대의 선으로 간주하는 소크라테스와 같은 사람에게는 애초에 침묵을 지키는 삶이란 가능하지 않기 때문입니다. 소크라테스에 따르면, "성찰하지 않는 삶은 살 가치가 없습니다."

여기서 잠깐 미국의 저명한 정치철학자 로버트 노직Robert Nozick 이 쓴 『무엇이 가치 있는 삶인가』: 소크라테스의 마지막 질문』*The Examined Life*이라는 제목의 철학적 에세이를 소개하고 싶은데요. 노직은 그 옛날 아테네 철학자 소크라테스가 사형선고를 받고 나서 자신의 진심을 담아 했던 말을 되새기며 그저 하루하루 바쁘게만 살아가고 있는 현대인들에게 '성찰하는 삶'의 중요성을 일깨워주고자 합니다. '성찰되지 않는 삶은 살 가치가 없다'는 소크라테스의 주장은 조금 가혹하게 들릴 수 있지만, 그는 최소한 '성찰되지 않는 삶은 충분하지 않다'고 생각합니다. 노직에 따르면, 깊이 있는 사고와 성찰이 오늘을 사는 우리에게 필요한 이유는 성찰은 다른 사람의 삶이 아닌 나 자신의 삶을 살 수 있게 하는 힘을 갖고 있기 때문입니다.

단웅이 재판부가 소크라테스에게 내리리라 예상해 볼 수 있는 이런 형벌들을 소크라테스가 모두 탐탁하지 않게 여긴다면, 어떤 형벌이 남아 있을까요?

임 교수 소크라테스는 자신의 삶에 비춰 보았을 때 어떤 처벌도 자신에게 어울리지 않지만, 그나마 큰 해가 되지 않는 형벌은 지불 가능한 한도 내에서의 벌금이 아닐까 하는 결론에 도달합니다. 문제는 현재 그는 한 푼의 돈도 갖고 있지 않다는 것인데, 소크라테스는 은화 1무나 정도의 돈이라면 지불할 수 있을 것이라 생각하고 이를 자신의 형벌로 제안합니다. 그런데 소크라테스의 재판을 지켜보던 그의 친구 플라톤, 크리톤 등은 이 액수가 너무 적다고 생각했나 봅니다. 소크라테스는 이들의 권고를 받아들여 30무나의 벌금형을 최종 제안하게 됩니다.

소크라테스의 세 번째 변론:
소크라테스의 최후 진술은 무엇이었는가

단비 처음에는 사형을 피하려고 전혀 노력하지 않는 소크라테스의 태도가 이해하기 힘들었는데, 그의 변론을 듣고 나니 그의 가치관에서는 그런 태도도 가능하겠다는 생각이 듭니다. 친구들의 보증을 통해 사형의 대체형으로 약간의 벌금을 제안한 것도 현실적인 제안이라고 여겨집니다. 소크라테스의 변론 후에 최후 판결이 있었겠지요. 어떤 판결이 내려졌을지 궁금합니다.

임 교수 소크라테스의 2차 연설이 끝난 후 최종 형량을 결정하는 2차 투표가 실시되었는데요. 그가 제시한 형벌은 받아들여지지 않았고, 소크라테스는 결국 사형선고를 받게 됩니다. 이 선고는 유죄 여부를 다투는 첫 판결보다 훨씬 큰 표 차이로 결정이 났는데, 아마도 조금도 주눅들지 않고 확신에 찬 목소리로 자신을 변호하는 소크라테스의 태도가 그에게 유리하게 작용한 것이 아니라 오히려 재판관들의 반감을 불러일으킨 것으로 보입니다. 사형이 확정된 후 소크라테스는 이제 재판 결과에 대해 자신의 입장을 밝히는 최후 연설을 하게 됩니다.

단비 사형 선고 후 소크라테스는 어떤 모습을 보였습니까? 예를 들면, 그는 사형 선고에 너무 놀라 울거나 소리를 지르거나, 또는 죽음에 대한 공포나 두려움을 나타내지는 않았나요? 판결 결과에 대한 강한 불만이나 분노를 표출하는 것도 예상해볼 수 있는데요.

임 교수 사형선고 후의 소크라테스의 반응은 의외로 차분했습니다. 판결 후에 소크라테스는 자신에게 유죄를 판결한 사람들과 무죄를 판결한 사람들을 각각 대상으로 하는 두 가지 연설을 하는데, 전자는 자신의 재판이 결국 사형선고로 끝나버리고 만 것에 대한 소크라테

The Death of Socrates (1787)　　　　Jacques Louis David(French, 1748 – 1825)

출처: iStock

스 자신의 원인 분석입니다. 소크라테스의 2차 변론 후에 내려진 최종 판결을 놓고 우리가 생각해볼 필요가 있는 것은 소크라테스가 재판관들과 방청객을 상대로 열심히 자신이 죄가 없음을 변호했음에도 불구하고 왜 끝내 판결을 뒤집을 수 없었는가 하는 점입니다.

단비　현대의 재판에서도 재판에 이기기 위해서는 변호사 등 재판에 관여하는 사람들의 변론 능력이 매우 중요하겠지요. 소크라테스가 사형 판결을 뒤집을 수 없었던 주된 원인도 그의 변론 능력이 부족했기 때문이 아닐까요?

임 교수　그런 의심이 충분히 들 수 있겠지요. 그런데 소크라테스는 자신에게 사형선고를 내린 사람들을 향해 재판이 이렇게 끝나고 만 것은 결코 자신의 말이 모자랐기 때문이 아니라고 말합니다. 여기서 '말의 부족'이란 재판을 승리로 이끌기 위해 재판관 또는 청중을 설득할 수 있는 능력의 부족을 뜻합니다. 소크라테스는 자신에게 이런 능력이 없어서 재판에 진 것이 아니라 그가 사람들이 듣기 원하는 대로 말하지 않고 자신의 소신대로 말했기 때문에 유죄 판결을 받게 되었다고 주장합니다.

단비　재판의 패인에 대한 소크라테스의 이런 분석을 들으면서 한 가지 궁금증이 생깁니다. 자신이 하고 싶은 말을 솔직하게 표현하여 죽음을 자초하기보다 일단 상대방의 기분을 거슬리지 않고 무죄를 선고받거나 최소한 사형만은 면하는 것이 더 낫지 않았을까요? 당시 그리스 재판에서는 재판에 회부된 사람에게 형을 감해주거나 특별사면을 베푸는 사례가 많았다고 들었습니다. 만약 소크라테스가 30무나의 벌금이 아니라 재판부가 수긍할 만한 조금 더 현실적인 형량을 제시했었더라면 사형을 면할 가능성이 높았을 것 같은데요. 소크라테스가 사형을 면하려는 노력을 전혀 하지 않았다는 점이 특이합니다. 사형이라는 최종 판결을 들으면서 소크라테스 자신도 뒤늦게 후회하지 않았을까요?

임 교수　전혀 그렇지 않았습니다. 오히려 소크라테스는 이렇게 말합니다. "여러분의 방식에 따라 말함으로써 생명을 보존하는 것보다는 오히려 나의 방식대로 말하고 죽는 것이 훨씬 훌륭하다고 생각합니다." 소크라테스가 자신의 변론 방식을 후회하지 않았던 이유는 죽음을 피하는 것, 즉 살아남는 것에 최상의 가치를 부여하지 않았기 때문입니다. 그렇다면 그에게 최상의 가치는 무엇이었을까요? 소크라테스에게 살아남는 것보다 더 중요한 가치는 의롭게 사는 것이었습니다. 소크라테스는 '죽음을 피하는 것'과 '불의를 피하는 것'을 비교하면서 '부정은 죽음보다도 빨리 달린다'는 말로써 우리가 세상을 살아가면서 불의의 유혹을 물리치는 것은 죽음을 피해가는 것보다도 힘든 일임을 강조합니다. 예를 들어, 전쟁터에서 위험에 처한 병사는 무기를 버리고 적군에게 항복함으로써 목숨을 보전할 수는 있겠지만 이로써 의를 버렸다고 말할 수 있겠지요.

단비　　그렇군요. 사형선고 후 소크라테스는 자신에게 유죄를 판결한 사람들에게뿐만 아니라 무죄를 판결한 사람들에게도 연설을 했다고 하셨는데요. 후자를 위해서 그가 준비한 연설의 내용은 무엇입니까?

임 교수　소크라테스는 관리들에 의해 죽음의 장소로 끌려가기 전에 자신에게 일어난 일의 의미를 무죄를 선고한 사람들과 함께 나누기를 원했습니다. 어떤 사람이 무죄를 확신하고 있었는데 정반대의 판결을 받았다면, 그 판결에 실망과 분노를 느끼게 되리라는 걸 쉽게 짐작할 수 있겠지요? 더군다나 그것이 사형 판결이라면 당사자가 느낄 좌절감은 이루 말로 표현하기 힘들 겁니다. 그런데 소크라테스는 놀랍게도 자신에게 일어난 일이 결코 나쁜 일이 아닐 것이라고 담담하게 말합니다.

단비　　죽음이 나쁜 것이 아니라는 생각은 오늘날 일반인들의 죽음관과는 많이 다른 듯한데요. 그렇다면 어떻게 그런 주장이 가능할까요?

임 교수 앞에서 소크라테스가 사형 대신 제안한 형벌들을 하나씩 살펴볼 때 그는 죽음을 악으로 단정 짓지는 않았다는 것을 언급했었지요. 『소크라테스의 변명』이라는 책의 제일 마지막 부분에는 '죽음 후의 삶' 또는 '영혼 불멸'에 대한 훨씬 자세한 논의가 나옵니다. 소크라테스에 따르면, 사람들이 자신에게 나쁜 일이 일어났다고 생각하는 것은 죽음은 당연히 악이라고 생각하기 때문인데요. 이제 소크라테스는 죽음에 대한 이런 이해가 잘못된 것임을 보여주려고 합니다. 소크라테스는 죽음을 악이 아니라 오히려 선으로 보는 것이 가능하다고 생각하는데, 그 이유는 우리가 죽음에 대해 예상해볼 수 있는 두 가지 가능성 중 어느 것도 나쁜 것이라고 보기 힘들기 때문입니다. 그렇다면 죽음 후의 상태에 대해서 우리는 무엇을 상상해볼 수 있을까요?

소크라테스에 따르면, 첫째로 우리는 죽음을 감각을 전혀 갖지 못한 상태일 것이라고 예상해 볼 수 있습니다. 그렇다면, 이런 상태는 좋은 것일까요, 아니면 나쁜 것일까요? 이 질문이 어렵게 느껴진다면, 꿈조차 전혀 꾸지 않는 숙면의 밤을 떠올려보면 됩니다. 우리는 누구나 잡다한 꿈으로 시달렸던 밤의 고통, 그리고 이와 정반대의 정신 상태, 즉 세상의 모든 시름을 다 잊어버리고 누가 업어가도 모를 정도로 깊게 잠자고 일어난 아침의 상쾌한 느낌을 잘 알고 있지요. 소크라테스도 이 숙면의 밤은 인간이 한평생 누릴 수 있는 다른 그 어떤 즐거움보다 큰 것이라고 생각합니다. 만약 죽음이 이런 것이라면 인간에게 죽음은 상실이 아니라 그 어떤 것보다도 큰 소득일 것입니다. 죽음이 어떤 것인지 설명하는 두 번째 관점은 죽음을 완전한 사멸로 이해하는 것이 아니라 현재 우리가 살고 있는 이 세계와는 다른 어떤 곳으로의 여행, 즉 영혼의 이동으로 이해하는 것입니다. 소크라테스는 죽음이 완전한 사멸이 아니라 이런 것이라고 하더라도, 우리 인간에게 이보다 더 좋은 것은 없을 것이라고 생각합니다. 왜냐하면 거기에서 우리는 자신이 좋아하는 사람들을 다시 만나 대화하는 즐거움을 누릴 수 있을 것이고, 진리 탐구를 계속할 수 있으며, 거기다가 그곳에서 영원히 살 수 있기 때문입니다.

단비 소크라테스의 설명을 듣고 보니 죽음이라는 것이 그렇게 나쁜 것으로만 들리지는 않는군요.

임 교수 죽음에 대한 막연한 두려움이 있는 사람에게 죽음 후의 상태에 대한 소크라테스(또는 플라톤)의 설명이 어느 정도 위안을 줄 수 있지 않을까 생각합니다. 그런데 우리가 『소크라테스의 변명』을 읽으면서 생각해보아야 할 중요한 질문은 소크라테스가 자신의 삶, 특히 그의 재판에 임하는 자세를 통해 그 시대 사람들과 후세 사람들에게 전하고자 했던 메시지는 무엇이었을까 하는 것입니다. 사실 소크라테스가 중요하게 여긴 것은 상상의 나래를 펴서 죽음 후의 상태에 대해 가능한 한 가장 정확하게 예측해보는 일이 아니라, 인생을 올바르게 살아가는 일이었습니다. 이 책을 마무리하면서 저자인 플라톤은 스승 소크라테스는 착한 삶을 산 사람에게는 결코 나쁜 일이 발생할 수 없음을 확신했다는 사실을 거듭 강조합니다. "착한 사람에게는 생전에도 사후에도 나쁜 일은 생길 수 없다는 것을 확신하십시오. 착한 사람과 그가 한 일은 신도 소홀히 여기지 않습니다." 소크라테스의 고발자들은 소크라테스에게 해를 끼치기 위해 그를 재판에 회부하고 결국 사형선고까지 받게 했습니다. 하지만 소크라테스는 죽음과 함께 고통으로부터 해방되는 기회를 얻은 것이기 때문에 소크라테스에게 해를 끼치려는 그들의 시도는 성공하지 못했습니다.

참고 문헌

1. 저서

로버트 노직, 김한영 옮김, 『무엇이 가치 있는 삶인가: 소크라테스의 마지막 질문』, 김영사, 2014.

리하르트 다비트 프레히트, 박종대 옮김, 『철학하는 철학사 1. 세상을 알라』, 열린책들, 2018.

버트런드 러셀, 서상복 옮김, 『서양철학사』, 을유문화사, 2009.

윌 듀란트, 황문수 옮김, 『철학이야기』, 문예출판사, 1984.

윌 듀란트, 김운한·권영교 옮김, 『문명이야기: 그리스문명 2-2』, 민음사, 2011.

크세노폰, 천병희 옮김, 『소크라테스 회상록』, 도서출판 숲, 2018.

프레데릭 르누아르, 장석훈 옮김, 『소크라테스, 예수, 붓다』, 판미동, 2014.

플라톤, 박문재 옮김, 『소크라테스의 변명』, 현대지성, 2019.

플라톤, 황문수 옮김, 『소크라테스의 변명』, 문예출판사, 2007.

Copleston, Frederick S.J. *A History of Philosophy*. Vol. I: Greece and Rome. Doubleday, 1993.

Plato, *Five Dialogues*. Trans. by G. M. A. Crube, Hackett Publishing Company, Inc., 2002.

2. 사진 자료

alamy(www.alamy.com)

진짜 자기로 사는 방법

―에리히 프롬, 『자유로부터의 도피』

오민석

> "'사상을 표현할 권리는 우리가 자신의 사상을 가질 수 있을 경우에만 의미가 있다.' 외적 권위로부터 부여받은 자유는 우리의 내적 심리가 자신의 개성을 확립할 수 있는 상태인 경우에만 지속적인 성과가 된다. 우리는 그 목적을 달성했는가? 아니면 적어도 그 목적에 가까이 다가서고 있는가?"

에리히 프롬Erich Fromm, 1900~1980이라는 사람

단웅이 에리히 프롬은 어떤 사람인가요?

오 교수 에리히 프롬은 1900년 독일의 프랑크푸르트에서 태어난 사회심리학자이자 사상가입니다. 그는 1930년에 그 유명한 '프랑크푸르트학파'Frankfurt School의 멤버가 되지요. 프랑크푸르트학파는 호르크하이머M. Horkheimer, 아도르노T. Adorno, 마르쿠제H. Marcuse, 하버마스J. Habermas 등이 주축이 되어 파시즘과 자본주의를 비판적으로 분석한 학파로 유명합니다. 히틀러의 등장으로 독일에서 프랑크푸르트학파가 더 이상 활동할 수 없게 되자 1933년에 에리히 프롬은 미국으로 망명을 갑니다.

에리히 프롬(1974)   출처: Alamy

단웅이 프랑크푸르트학파는 주로 어떤 사상에 토대하여 파시즘과 자본주의를 비판했나요?

오 교수 이들은 주로 프로이트주의, 마르크스주의, 헤겔의 철학 등을 활용하여 파시즘과 자본주의를 사회·경제적인 층위만이 아니라 심리적인 층위까지 매우 복합적으로 분석을 했습니다. 이들 사유의 핵심은 현실에 대한 비판적critical, 부정적negative 인식이었습니다. 그들이 말하는 '부정'negation, 혹은 '부정적'이라는 용어는 모두 '비판'critique, '비판적'이라는 단어와 같은 뜻으로 사용됩니다. 이들이 가장 비판했던 것은 획일화된 사회와 모든 것을 상품화하는 자본주의 시스템이었습니다. 그들의 이론은 이런 시스템에 대한 부정적, 비판적 분석이라고 생각하면 됩니다. 그래서 프랑크푸르트학파의 이론을 다른 말로 "비판 이론"Critical Theory이라 부르기도 합니다.

단웅이 에리히 프롬이 그런 학파의 멤버였다면, 그에게도 그런 '비판

정신' 혹은 비판적 사유의 경향이 있었겠네요?

오 교수 당연하지요. 에리히 프롬 역시 심리학에 많은 관심이 있었습니다. 미국에 망명하기 훨씬 이전인 20대 때부터 그는 정신분석 연구에 종사했고, 프로이트에게서 본격적으로 시작된 정신분석학을 마르크스주의적인 사회 이론과 접합시키려고 노력했지요. 그가 볼 때 프로이트의 한계는 인간의 심리를 생물학적 개체의 차원에 가두어놓고 사회적 관계 속에서 이해하지 못했다는 것입니다. 또한 그가 볼 때, 마르크스주의 한계는 사회 연구에 치중하다 보니 인간의 내면세계, 즉 사회적 관계 안에서 인간의 심리가 작동되는 방식을 설명할 수 없었다는 것입니다. 그는 프로이트에게 부족한 것을 마르크스에게서 끌어왔고, 마르크스에게 부족한 것을 프로이트에게서 끌어와 보충했습니다. 그리하여 프로이트의 심리학을 '개체 심리학'이라고 한다면, 에리히 프롬의 심리학은 '사회 심리학'으로 부를 수 있습니다.

단웅이 마르크스의 사상도 청년 마르크스young Marx와 『자본론』*Das Kapital Kritik der politischen Ökonomie* 이후의 성년 마르크스의 사상이 좀 다르다고 들었는데요, 에리히 프롬이 영향을 받은 부분은 주로 어느 쪽인가요?

오 교수 좋은 질문입니다. 에리히 프롬은 『자본론』이후의 과학적 마르크스주의보다는 청년 마르크스의 인간중심주의humanism적 마르크스주의에 훨씬 더 경도되어 있습니다. 프랑크푸르트학파의 다른 멤버들처럼 에리히 프롬 역시 혁명과 계급 투쟁을 떠올리게 하는 급진적 마르크스주의가 아니라, 인간을 인간답지 못하게 만드는 시스템에 대한 분석 도구로서 마르크스주의를 활용했으며, 그를 통하여 인간을 비인간화, 상품화, 혹은 자동 인형화하는 현실을 비판하는 일에 주력했습니다. 그에게 중요한 것은 어떻게 하면 모든 인간이 인간답게 살까 하는 것이었으니까요.

단웅이 에리히 프롬은 『자유로부터의 도피』1941 외에도 『사랑의 기술』1956, 『소유자 존재냐』1976 등의 책을 출판했고, 많은 저서가 세계적인 베스트셀러가 되었습니다. 에리히 프롬은 독일인인데 어떻게 미국에서 이런 출판 활동을 할 수 있었을까요?

오 교수 방금 말씀하신 책들은 세계적인 베스트셀러일 뿐만 아니라, 한국에서도 베스트셀러였지요. 이 책이 번역되어 나올 무렵 한국의 청년들치고 이 저서들의 제목이라도 모르는 사람이 거의 없었을 지경이었지요. 프롬은 미국 망명 이후 『자유로부터의 도피』를 내면서 처음으로 (독일어가 아니라) 영어로 책을 출판했고, 그 이후 중후기 대부분의 주요 저서들을 영어로 썼습니다. 망명 이후 1974년에 스위스로 이주하기 전까지, 근 30여 년을 미국에서 활동해야 했으므로 이는 어쩌면 불가피한 선택이었는지도 모릅니다.

단웅이 좋은 책이 항상 베스트셀러가 되는 것도 아니고, 거꾸로 베스트셀러라고 해서 모두 좋은 책이란 법도 없다고 봅니다. 그렇다면 에리히 프롬의 책들이 대중들에게 매력을 끈 이유는 무엇이었을까요?

오 교수 맞습니다. 저도 여러 책을 출판했습니다만, 베스트셀러란 매우 복잡하고도 다양한 요소와 환경이 잘 맞아떨어져야 하는 것이라서 예측하기도 상당히 힘들지요. 세계적인 베스트셀러인 파울로 코엘료의 『연금술사』1988도 여러 출판사에서 거절당했고, 심지어 첫 출판 이후 일 년이 지나자 절판을 선언하고 코엘료에게 판권을 넘겨버린 출판사도 있으니까요. 그럼에도 불구하고 에리히 프롬의 책들이 선방할 수 있었던 이유를 설명하라면, 다음과 같이 몇 가지 이유를 말씀드릴 수 있을 것 같습니다. 일단 프롬의 베스트셀러들은 본격적인 학술 서적이라기보다는 '지적인 대중 서적'입니다. 웬만한 문해력을 가진 독자라면 누구든지 읽고 이해할 수가 있지요. 그는 어려운 사상도 쉽게 풀어서 설명할 능력이 있었으며, 그의 책들은 일반적인 학술 서적들과 달리 일반 독자들의 일상생활과 밀접한 연관을 가진 주제들을 다루고 있습니다. 그는 무슨 엄청난 사회 변혁을 주창한 것도 아니고(그랬다면 독자들에게 거부감을 주었겠지요), 일상생활에서 인간들이 인간답게 살아가는 것이 무엇이며, 그것을 가로막는 사회의 문제가 어떤 것이고, 그런 시스템에 말려들 수밖에 없는 대중의 심리를 쉽고도 정확하게 설명하고 있습니다. 말하자면, 그의 저서들은 구체적인 현실, 그것도 일상생활과 확실한 '접점'이 있는 주제들을, 큰 무리 없이 이해할 수 있는 지적인 도구들을 끌어와 잘 건드리고 있습니다. 제가 말은 이렇게 쉽게 하지만, 실제로 이런 작업은 의제에 대한 진정성 있는 접근, 성실한 관심, 그리고 독서 대중에 대한 깊은 애정이 없이는 불가능한 글쓰기이죠. 그리고 이렇게 좋은 글이 많은 사람에게 읽혀서 선한 영향력을 행사한다는 것은 일종의 축복입니다.

'자유'를 해석하는 에리히 프롬의 패러다임

단비 제목에서도 드러나지만, 이 책의 주제는 어쨌든 '자유'인 것 같아요. 에리히 프롬이 말하는 자유란 어떤 것인가요?

오 교수 우리는 자유를 다양한 방식으로 정의할 수 있을 것입니다. 정 치적 자유, 사상의 자유 등을 이야기할 수도 있을 것이고, 구속이나 복종의 반대말로 이해할 수도 있겠지요. 다양한 형태의 자유에 관하 여 수많은 사람이 이야기를 해왔지요. 그러나 에리히 프롬이 말하는 자유의 특징은 그것이 심리적인 것이면서 동시에 사회적인 것이라는 사실이지요.

단비 심리학적인 의미의 자유가 왜 중요한 것이지요?

오 교수 좋은 질문입니다. 간단히 답하면, 실제로 느끼지 못하는 자유 라면 진짜 자유가 아니니까요. 에리히 프롬이 볼 때, 심리학적인 문 제로서의 자유야말로 사실상 모든 개인이 '실제로' 느끼고 경험하고 누리는 자유이지요. 아무리 훌륭한 정치 혹은 사회 시스템이 자유를 보장한다고 해도, 정작 그 안에 있는 개인들이 그 자유를 구체적인 감각으로 혹은 정념으로 느끼고 만족할 수 없다면 자유란 오직 제도 로만 존재하는 것이 될 테니까요. 자유를 어떤 법적이고 공적인 체제 로만 이야기한다면, 고대 노예제와 중세 봉건제를 거쳐 근대 사회가 이룩한 민주주의나 개인주의만으로도 우리는 인류가 그토록 원했던 자유를 어지간히 성취했다고 말할 수 있을 것이고, 경우에 따라서는 자유라는 개념이 더 이상 어젠다^{agenda}가 될 필요가 없겠지요. 에리히 프롬이 볼 때, 근대적인 법이나 제도는 자유를 위한 기본적인 인프라이고, 중요한 것은 그 안에서 개인들이 실제로, 즉 심리적으로 자유로운가 그렇지 않은가입니다. 프롬이 볼 때, 인간의 심리는 매우 복잡한 것이어서, 인간의 내면에 있는 의식/무의식 사이의 복잡한 길항拮抗을 배제하고, 인간 심리의 '실제적인' 상태를 논할 수는 없습니다. 에리히 프롬이 일차적으로 프로이트의 정신분석학을 활용하는 것도 프로이트가 인간의 욕망/억압, 무의식/의식의 복잡한 방정식을 해명하는데 큰 도움이 되기 때문입니다.

단비   아, 네. 알겠습니다. 자유란 구체적으로 느껴져야 하고 충족되어야 한다는 점에서 심리적이고 구체적이며 실제적인 것이군요.

오교수   그렇습니다. 이 지점에서 왜 에리히 프롬의 글이 대중들에게 깊은 호소력을 갖는지 아시겠어요?

단비   네, 에리히 프롬은 이론을 끌어들이면서도 이론 자체에 몰두하지 않고 그 이론을 가지고 매우 현실적이고 실제적인, 많은 사람이 일상생활 속에서 공감할만한 문제들을 깊이 건드리고 있군요.

오교수   그렇지요. 사실 에리히 프롬의 다수의 저서가 건드리는 의제들은 대부분의 사람들이 일상성 속에서 직접 경험하고 고민하는 문제들입니다. 프롬은 바로 그런 문제들을 끄집어내어 진정한 삶의 모습이 어떤 것인지를 독자들에게 분명히 제시하니까 재미도 있고 감동도 있는 것이지요.

단비 그렇다면 프롬이 말하는 자유는 개인적인 차원의 것인가요, 아니면 사회적인 차원의 것인가요?

오 교수 여기에서 마르크스주의 사상의 영향이 드러나는 것이지요. 일단 질문에 답을 하자면, 프롬은 개인적인 자유와 사회적인 자유를 따로 떼어놓고 말하지 않습니다. 모든 개인은 개인이면서 동시에 사회적 개인이기 때문이지요. 마르크스주의 안에도 다양한 입장들이 존재합니다. 말하자면, 마르크스주의는 단수가 아니라 복수입니다. 그런데도 우리가 사상의 어떤 공분모를 묶어서 마르크스주의라는 우산 아래 놓는 것은 다양한 마르크스주의들이 공유하고 있는 입장이 있기 때문입니다. 마르크스주의 사상의 양보할 수 없는 특징 중의 하나는, 그것이 이른바 '총체성'totality을 중시한다는 것입니다. 총체성의 개념에 의하면 모든 부분은 전체와의 관계 속에서 존재합니다. 순전히 부분적이고 개체적인 것이란 존재하지 않습니다. 가령 마르크스주의자들은 한 사회의 교육 문제를 이야기할 때도 그것을 따로 떼어놓고 말하지 않습니다. 왜냐하면 교육 문제는 진공상태에서 분리된 채 존재하는 것이 아니라, 그 사회의 사회, 경제, 정치, 이데올로기 등과 떼려야 뗄 수 없는 복잡한 관계망 속에서 존재하니까요. 에리히 프롬은 프랑크푸르트학파의 다른 이론가들과 마찬가지로 이런 점에서 마르크스주의적 입장을 견지하고 있습니다. 다시 원점으로 돌아와 말하자면, 프롬은 심리적인 문제를 개인적이면서 동시에 사회적인 것으로 간주합니다. 따라서 이와 같은 관계를 배제한 심리학적 접근법들은 모두 에리히 프롬에게는 문제가 되지요. 심리의 개인적인 층위와 사회적인 층위는 서로 맞물려있고 영향을 주고받으므로, 우리는 개인/사회의 양자택일이 아니라 이것들 사이의 상호관계에 주목해야 하고, 이 책은 널리 이런 구도로 자유의 문제에 접근하고 있습니다.

단비 그렇다면 이런 각도에서 에리히 프롬에게 프로이트의 정신분석학의 '쓸모'는 무엇인가요?

오 교수 앞에서도 얼핏 말했지만, 프로이트는 '생물학적 개체'로서의 인간의 심리를 탁월하게 설명했습니다. 분석의 결과로서 우리가 일차적으로 만나는 것은 사회나 집단이 아니라 일단은 개인입니다. 에리히 프롬이 프로이트를 활용하는 것은 개체 단위에서 작동되는 내밀한 심리 현상을 설명하기 위해서이지요. 그래서 이 책을 꼼꼼히 읽지 않으면 마치 에리히 프롬이 프로이트의 정신분석학을 무비판적으로 활용하고 있다고 비판할 수도 있습니다. 가령 현대인의 자유를 분석할 때에도 프롬은 '자유 연상'이라는 프로이트의 꿈의 해석 기제를 열심히 가져다 쓰지요. 그러나 프롬이 볼 때 인간의 심리는 개인적이면서 동시에 사회적인 것이기 때문에, 이 책의 1장에서부터 프롬은 자신의 심리학적 견해가 프로이트와는 아주 대조적인 것이라고 다음과 같이 분명하게 입장을 밝히고 있습니다. "식욕·갈증·성욕처럼 모든 인간에게 공통된 욕구는 존재하지만, 사랑과 미움, 권력욕과 복종심, 관능적 쾌락에 대한 욕망 또는 두려움처럼 사람들의 성격에 차이를 가져오는 충동들은 모두 사회 과정의 산물이다. 인간의 가장 추악한 성향만이 아니라 가장 훌륭한 성향도 생물학적으로 주어진 고정된 인간 본성이 아니라 인간을 만들어내는 사회 과정의 결과다."(강조는 오 교수의 것)

단비　말하자면 프롬은 프로이트
　　가 성욕이나 식욕 같은 "인간에게
　　공통된 욕구" 그리고 "생물학적으
　　로 주어진 고정된 인간 본성"에 대
　　해 주로 말하지만, 그것을 만들어내
　　는 "사회 과정의 산물"로서의 심리
　　를 읽지 못한다는 것이네요.

오 교수　정확합니다. 그래서 프롬은
　　프로이트의 업적을 충분히 인정하
　　고 적재적소에서 활용하지만, 그것

프로이트　　　　　　　　　　출처: Alamy

에다 사회적 담론을 덧붙이려는 것입니다. 그래서 앞에서 말한바 "사
회 심리학"이 프로이트와 다른 에리히 프롬의 심리학의 특징이 되는
것이지요. 그러나 명심해야 할 것은, 프롬이 어떤 상태의 '사회성'을
강조한다고 해서 '개인성'을 배제하는 것은 절대 아니라는 것입니다.
만일 그런다면 그것은 마르크스주의 공용의 '총체성'의 법칙을 위반
하는 것이니까요. 개인성은 사회성과의 관련 속에서만, 역으로 사회
성은 개인성과의 관련 속에서만 총체적으로 이해 가능하다는 것이
에리히 프롬의 입장입니다. 그러므로 그의 프로이트 비판은 프로이
트 이론의 전부를 몽땅 거부하는 것이 전혀 아닙니다. 프로이트가 설
명한 인간의 생물학적 본성에 대한 이해를 그대로 가져가되 그것이
결여하고 있는 이론적 결함을 '사회성'의 범주를 추가함으로써 해결
하려고 한 것이지요.

단비　　아, 이제 이해가 갑니다. 그러니까 프로이트에게 부족한 '사회학적 상상력'을 에리히 프롬은 마르크스주의에서 빌려오는 것인가요?

오 교수　　그렇습니다. 어찌 보면 프로이트와 마르크스주의를 결합하여 총체적으로 인간의 심리를 읽어내는 것이야말로 에리히 프롬의 힘이지요. 독자들이 이 책을 통해 얻을 지혜도 바로 이런 종류의 겹-사유 double thinking입니다. 실제로 인간 존재 자체가 개인/사회의 분리 불가능한 '겹-주체'double being로 이루어져 있으니까요. 많은 사람이 종이의 양면처럼 떼려야 뗄 수 없는 이 관계성 중 어느 한쪽을 손쉽게 지워버리지요. 그런 식의 모든 사유는 사실상 '반쪽의 사유'이고, 명백히 존재하는 한쪽을 배제하고 말하므로, 나머지 반쪽에 대해서도 왜곡된 설명에 빠지기 쉽습니다.

근대적 '개인'이 잃은 것과 얻은 것

단웅이　　에리히 프롬은 '자유'의 문제 중에서도 유독 근대 혹은 현대적 개인의 자유에 집중하고 있는 것 같은데요, 그 이유가 무엇일까요.

오 교수　　'자유'의 개념 자체가 근대/현대의 산물이니까요. 먼 고대로부터 인류는 자유를 꿈꾸어왔지요. 그러나 고대와 중세는 개인의 자유를 중시하지 않던 시대였습니다. 그 시대에는 개인보다 집단이 항상 우선이었지요. 시대마다 서로 다른 지배적인 담론, 지식, 무의식의 구조가 있지요. 미셸 푸코M. Faucault는 이것을 '에피스테메'episteme라고 말했는데요. 고대, 중세의 에피스테메는 집단적이고, 중앙집중적이며, 일방통행적이었습니다. 공동체의 구성원들은 하나로 통합된 가치들에 복종해야 했고, 그 가치를 체계화하고 사회적 통념으로 만든 것은 지배계급이었지요. 고대, 중세인들은 이와 같은 통념을 유구한 '진리'로 받아들일 수밖에 없었고, 그런 통념에 따라 살았습니다.

단웅이 그렇다면 그들은 자유 없는 삶을 어떻게 견뎌 나갔을까요?

오 교수 그런 관점이야말로 근대의 관점이지요. 프롬을 인용해 말하자면, 근대 이전의 "인간은 아직 자신을 개인으로 생각지 않았고, 자신의 사회적인(당시에는 또한 자연적인) 역할을 통해서만 자신을 인식"했습니다. "인간은 민족·국민·단체·가족·조합의 구성원으로만, 즉 어떤 일반적인 범주를 통해서만 자신을 의식"했습니다. 그러나 근대적 개인이 출현하기 이전의 인간의 이런 상태를 부정적으로만 볼 수는 없습니다. 그들은 특정한 집단에 소속되고 자신들에게 사회가 부여한 가치관대로 살면 되었으므로, 근대적 개인들이 겪는 실존적 불안, 고독 같은 것을 상대적으로 느끼지 못했지요. 쉽게 말해, 그들은 통념이나 공동의 이데올로기 안에서 정서적 안정성을 가지고 있었다고 보아도 좋습니다. 그들에게 중요한 것은 '자유'라는 이름의 일탈이 아니라, 공동체와 공동체를 지배하는 가치관에 순종하는 것이었으니까요. 가령 봉건시대에 우리나라에는 마을에서 공동체의 규범을 위반하는 젊은이들을 명석으로 둘둘 말아 매질을 해서 혼내주는 제도가 있었습니다. 지금 같으면 집단 폭력의 혐의로 큰 문제가 될 일이지요. 그러나 그 당시에는 개인의 권리보다 공동체의 가치가 훨씬 더 중요했으므로, 공동체의 합의에 따라 얼마든지 그런 일이 가능했습니다. 그러니까 멀리 법의 심판까지 가지 않더라도 공동체의 질서를 훼손하는 개인적인 일탈에 대해 얼마든지 그런 제재를 가할 수 있었던 것이지요.

단웅이 아, 네. 그러니까 근대 이전의 인간들은 근대적 개인이 가졌던 자유는 없었지만 그 대신 공동체적 안전감과 소속감이 있었다는 말이지요.

오 교수 그렇습니다. 에리히 프롬도 지적했습니다만, 근대 이전의 개인들은 대부분 출생과 동시에 특정한 사회적 지위를 부여받았고, 그 지위에 따라 사회적으로 부여된 의무와 권리를 행사했지요. 그 바깥으로 나갈 일도 없었고, 또 다른 개인들과의 경쟁도 근대 이후처럼 심하지 않았지요. 그들은 자신들의 사회적 지위를 '운명'으로 받아들였고, 그 안에서만 마음껏 자유로웠습니다. 이런 상황을 프롬은 "근대적 의미의 개인주의는 존재하지 않았지만, '실생활'에서는 '구체적인 개인주의'가 널리 존재했다."고 말하지요. 그러나 이 '구체적인 개인주의'는 시스템이 부여한 사회적 위계에 순종할 때 허락되는 것이었지요. 이런 점에서 그들은 사회적 안전과 속박을 동시에 부여받은 존재들이었다고 말할 수 있겠지요. 그리고 이들이 겪은 속박은 근대 이후의 파시즘이나 권위주의가 시민들에게 가했던 억압과는 다른 것이었지요. 이들은 아직 '근대적 개인'이 아니었고, 근대적 개인들처럼 침탈당할 자유조차도 가지고 있지 않았으니까요.

단웅이   그렇다면 근대 이전의 이와 같은 공동체 혹은 사회적 위계 중심의 시스템이 무너지기 시작한 것은 언제부터인가요?

오 교수   당연히 중세 말 종교개혁과 르네상스를 거치면서 우리가 앞으로 말한 '근대적' 변화가 시작되지요.

단웅이   르네상스는 일종의 예술 운동 아닌가요?

오 교수   물론 르네상스는 일종의 시대정신이자 그것의 표현인 예술, 문화운동으로 이해해도 되지요. 그러나 문화적 지형이 이렇게 변하기 이전에 인프라 즉 정치·경제적인 변화가 선행되면서 그에 상응하는 시대정신이 새로이 형성되는 과정을 지켜보는 것도 중요합니다. 르네상스를 경제·정치구조의 변화를 배제하고 새로운 사상의 출현만을 앞세워 이해하게 되면 매우 공허해집니다. 한 사회의 물질적 기반과 사상 혹은 시대정신은 항상 맞물려있으니까요. 에리히 프롬이 지적한대로 중세 말기가 되면 "자본이나 개인의 경제적 자주성이나 경쟁"이 점점 더 중요해졌고, "새로운 유산계급"이 생겨나기 시작합니다. 하부구조의 이런 변화들이 근대적 개인을 추동하는 새로운 시대정신과 맞물리기 시작한 것이지요. 가령 중유럽이나 서유럽보다 이탈리아에서 가장 먼저 중세 사회가 무너진 것도 이런 맥락에서 이해할 수 있었습니다. 프롬은 부르크하르트의 말을 빌려 르네상스 시대의 이탈리아인을 "근대 유럽의 아들들 가운데 맏아들"인 "최초의 개인"이라고 말하는데요, 이탈리아에서 "처음으로 개인이 봉건 사회에서 출현하여, 그에게 안전을 제공하는 동시에 그를 속박하던 끈을 잘라버렸"습니다. 이런 변화가 이탈리아에서 가장 먼저 벌어졌던 이유를 프롬은 다음과 같이 설명합니다. "지중해가 유럽의 중요한 교역로였던 시대에 이탈리아의 지리적 위치와 거기에서 비롯된 상업적 이익, 교황과 황제가 싸우는 바람에 독자적인 정치 단체가 많이 생긴 일, 동양과 가까웠기 때문에 견직물 같은 산업이 발달하는 데 중요한 기술이 유럽의 다른 지역보다 먼저 이탈리아에 전해진 일 등이 그 원인이었다. 이를 비롯한 여러 조건 때문에 이탈리아에서는 진취적인 정신과 힘과 야심을 가득 한 강력한 유산계급이 등장했다."

단웅이 예술이나 철학의 발전이 한 사회의 정치, 경제적 조건과도 밀접한 관계가 있는 것이군요.

오 교수 그렇습니다. 그래서 사실상 순전한 의미의 문학사, 예술사, 그리고 사상사란 존재하지 않습니다. 문학, 예술, 사상은 한 사회의 정치, 경제적 맥락과 무관하게 그것만의 진공상태에서 존재하고 변화하고 생성되는 것이 아니니까요. 이런 점에서 모든 예술과 사상의 역사는 그 자체 "사회사"이고 사회사의 일부인 것이지요.

단웅이 에리히 프롬은 근대 개인주의가 르네상스와 더불어 시작되었다는 점을 지적하고 있고, 르네상스에 일어났던 여러 가지 사회적 변화들에 대해 언급하고 있습니다. 그렇다면 신흥 자본가나 귀족들을 중심으로 일어났던 이런 변화를 통하여 르네상스인들은 무엇을 얻었고 무엇을 잃었나요?

오 교수 이들이 얻은 것은 말 그대로 근대적 의미의 자유였지요. 더딘 속도이긴 했지만, 르네상스인들은 이제 서서히 집단성에서 벗어날 수 있었고, 개체의 운명의 주인이 되기 시작했습니다. 그리고 개체들 사이의 경쟁도 점점 더 치열해지기 시작했지요. 이런 과정들을 통해서 이들이 잃은 것은 프롬의 말대로 "중세의 사회 구조가 제공했던 안전감과 소속감"이었습니다. "그들은 이제 더 자유로웠지만, 더 외롭기도 했다."는 것이 프롬의 지적이지요. 그리고 르네상스까지만 하더라도 다수의 개인이 이런 변화를 체험했던 것은 아니었습니다. 르네상스의 주역은 평민들이 아니라 부유하고 힘이 있는 상류 귀족들이었으니까요. 일반 대중은 권력의 새로운 분배과정에서 소외당했고, 과거의 사회적 지위에서 누렸던 "안전 보장을 잃고, 때로는 아첨을 받고 때로는 위협을 받기도 하지만 항상 권력자에게 조종당하고 착취당하는 형편 없는 대중이 되어버렸다."는 것이 프롬의 분석입니다. 이런 점에서 르네상스 시대에 근대적 자유와 개인주의를 경험한 세력은 새로운 권력의 주인이 되기 시작했던 자본가와 귀족이었습니다. 일반 대중은 사회 구조의 이러한 변화와 더불어 신분적, 종교적 안전성과 구심성을 잃고 길 없는 길을 가기 시작했던 것이지요.

단웅이 교수님 설명을 듣다 보니, '자유'와 '소속감안전감'은 매우 변증법적인 '밀당밀고 당기기' 관계에 있는 것 같습니다. ㅎㅎㅎ.

오 교수 그렇지요, ㅎㅎ. 원론적으로 인간은 누구나 자유롭기를 원한다고 이야기할 수 있겠지만, 자유에는 항상 대가가 따르지요. 자유를 쟁취하기까지 수많은 헌신과 희생이 불가피하고, 자유를 얻은 후에는 자기 힘으로 설 수 있는 능력과 용기가 필요하지요. 르네상스 이전의 중세인들은 이런 '위태로운' 자유 대신에 태어나기도 전에 이미 결정되어 있던 시스템에 안주함으로써 소속감과 안전감을 가지고 살았던 것이고요. 르네상스 이후의 근대적 개인은 자유를 얻은 대신에, 다시 말해 속박에서 벗어난 대신에, 소속감과 안정감의 상실, 고립, 고독이라는 새로운 정념 때문에 고통스러워하기 시작했지요. 비유를 들자면, 아이가 부모라는 시스템에서 분리되어 성인이 되는 과정에도 이와 유사한 감성의 변화들이 일어나지요. 부모 품에 있을 때는 안정감은 있지만, 자유가 없고, 부모 품을 벗어날 때부터 자유를 마음껏 누릴 수 있지만 (모든 것을 자기 힘으로 해결해야 하므로) 안전감을 잃고 분리와 고립감이 몰려오는 것과 유사한 현상이지요. 이런 점에서 보면, 근대적 개인의 출현은 인류 역사상 다수의 인간이 유아에서 어른이 되어가는 과정으로 보아도 좋을 것 같습니다. 그러나 누구에게도 마찬가지이지만 진정한 의미의 어른이 되는 일은 그리 간단하거나 쉬운 일이 아니지요. 이런 상황은 근대 이후 현대까지도 계속 이어지는 '사회 심리학'적인 문제입니다. 에리히 프롬은 이런 과정을 집요하게 추적하며 독자들에게 진정한 자유의 길을 보여줍니다.

근대인이 만난 자유의 두 얼굴

단비　종교개혁과 르네상스를 거치면서 더욱 뚜렷하게 근대의 얼굴이 드러나기 시작했을 텐데요. 근대인들이 가졌던 포부와 희망은 무엇이었을까요?

오 교수　르네상스가 끝나고 18세기로 이동하면서 자연과학이 급속도로 발전하고 자본이 점점 대규모로 축적되기 시작하지요. 르네상스를 추동했던 진보적 귀족들도 신흥 자본가들에게 밀리기 시작합니다. 종교기독교는 더 이상 사회 전체를 통합하는 기능을 하지 못하게 되지요. 이런 상황에서 계몽주의, 합리주의라 불리는 새로운 시대정신이 구축되게 됩니다. 계몽주의와 합리주의는 한편으로는 맹목적 '믿음'을 미망으로 간주하고 다른 한편으로는 이성理性을 인간이 가질 수 있는 최고의 덕목으로 여기게 됩니다. 인간은 이성으로 자신과 세계를 설명할 수 있을 뿐만 아니라, 현실을 더 나은 현실로 바꿀 수 있다는 자신감으로 충만하게 되지요.

단비　그러면 중세의 자본과 근대의 자본도 성격이 많이 달라졌겠네요.

오 교수　그렇습니다. 프롬도 지적을 하지만 중세 체제에서는 자본이 인간의 하인이었지만, 근대 체제에서는 자본이 인간의 주인이 됩니다. 중세 사회에서 인간의 경제 활동은 삶의 목적을 이루기 위한 수단에 불과했고, 중세인들에게 있어서 삶의 목적이란 인간의 영적 구원이었지요. 그러므로 중세인들의 경제 활동은 그 자체 목적이 아니므로 늘 종교적 윤리 안에 갇혀 있었습니다. 그러나 근대에 오면서 경제 활동은 그 자체 인간 삶의 목적으로 바뀌게 됩니다. 그러므로 종교나 윤리는 자본 축적이라는 더 큰 목적의 배후로 밀려나게 되었지요. 이것은 사실 엄청난 대격변이었고 가치관의 대혼란이었습니다.

단비　공동체의 윤리보다 시장에서의 승리가 더 큰 삶의 목표가 되어가는 과정이네요.

오 교수 그렇습니다. 이제 집단이나 공동체의 윤리보다는 시장에서 '성공한 개체'가 더 중요한 가치로 대두되기 시작한 것이지요. 이 대목에서 에리히 프롬은 다음과 같이 마키야벨리의 말을 인용합니다. "마키야벨리의 말을 빌리자면, 이기주의야말로 인간의 행동을 유발하는 가장 강력한 원동력이고, 개인적 이익을 얻고자 하는 욕망은 어떤 도덕적 고려보다 강력하며, 인간은 아버지의 죽음을 보는 것보다 재산을 잃는 것을 더 견디지 못한다고 주장한다." 그러므로 "이웃을 사랑하라"는 이타주의가 들어설 자리는 점점 사라지고, 경쟁에서의 승리가 가장 가치 있는 일이 되는 것이지요.

단비 그렇다면 근대 초기의 인간들은 이런 변화의 문제점을 심각하게 받아들이지 않았을까요?

오 교수 개인 단위에서의 반성적 성찰이야 어느 시대에나 있었지요. 그러나 근대에 대한 반성이 하나의 대세로 본격적으로 일어난 것은 1960년대 후반 이후 소위 '탈근대'postmodern 철학이 대두하면서부터입니다. 근대 초기에 인간들은 수천 년의 어두운 속박과 족쇄에서 벗어나게됨 자유를 만끽하며 이성으로 무장한 채 자연과 세계의 주인이 되었다는 자신감에 들떠 있었습니다. 그들은 과학기술을 동원해 자연을 마음껏 개발하고 산업을 일으키며 자유로운 개인이 되어갔습니다. 그러면서 19세기 중반에 이르기까지 한편으로는 산업혁명을 통한 경제적 근대화를, 다른 한편으로는 프랑스 대혁명으로 상징되는 정치적 근대화의 작업을 진행한 것이지요.

단비 중세에서 근대로 넘어가는 이런 엄청난 변화가 물론 하루아침에 일어난 일은 아니겠지요?

오 교수 당연하지요. 천여 년간 지속되어온 중세의 시스템이 어떻게 하루아침에 무너지겠어요. 르네상스를 거쳐 근대로 넘어가는 데에만 최소 100년 이상의 세월이 걸렸지요. 중세의 관성이 거의 사라지기까지 이런 시간이 걸렸다는 이야기입니다.

단비 그렇다면 이 과정을 인류가 신에게서 점점 멀어지는 과정으로 이해할 수도 있겠네요?

오 교수 그렇지요. 먼 원시시대부터 인류는 소위 '신-의식'God-consciousness 이라는 것을 가지고 있었지요. 무변광대한 자연 앞에 인간은 너무나 약하고 무력한 존재였으므로 먼 고대로부터 인간은 항상 신의 존재를 의식하고 살았습니다. 원시 혹은 고대 사회를 신-의식을 배제하고 설명할 수 없는 이유가 바로 이것이지요. 서구의 중세는 기독교의 교리에 대한 철저한 순종과 믿음으로 지탱되었습니다. 그러나 근대에 이르면서 인류는 가장 본격적으로 바로 이런 '신-의식'에서도 해방되기 시작한 것이지요. 이제 자연은 공포나 경외의 대상이 아니라 개발의 대상으로 바뀌었고, 신의 자리는 인간 이성의 자리로 본격적으로 대체되기 시작했습니다. 18세기 계몽주의나 합리주의는 사실상 인류가 가진 이런 자신감의 표현이었습니다.

단비 이런 자신감과 해방감이 근대인이 만난 자유의 첫 번째 얼굴이 겠네요. 그렇다면 근대인이 만난 자유의 다른 얼굴은 어떤 것인가요?

오 교수 이성의 힘으로 근대인은 많은 것을 성취했습니다. 수천 년 동안 지속되어온 신분적, 종교적 억압해서 해방되었으니까요. 그러나 이런 현상을 뒤집어서 들여다보면, 근대인은 얻은 것만큼 또 많은 것을 잃었다는 것을 알 수 있습니다. 무엇보다 그들은 그들에게 소속감을 주었던 안정된 공동체를 상실했습니다. 근대인들은 이제 "모든 사람이 잘 정돈되고 투명한 사회체제에서 저마다 정해진 자리를 갖고 있던 중세의 봉건 체제"에서 벗어났지만, 근대의 개인주의는 "개인 간의 모든 유대를 끊어버렸고, 그럼으로써 개인을 동료로부터 고립시키고 분리"에리히 프롬시켰습니다. 이제 인간들은 뿔뿔이 흩어진 채 모두 무한 경쟁 속에서 각자도생해야 하는 시장으로 내쫓긴 거지요. 이런 상황이 근대인들의 새로운 정동情動, affect인 고립감, 불안감, 초조함, 두려움을 불러왔다는 것은 불을 보듯 뻔한 일이지요.

단비 그렇다면 종교적 측면에서는 달라진 점이 없나요?

오 교수 당연히 있지요. 중세 가톨릭교회에서 교회는 신과 인간을 매개하는 고리였습니다. 그러나 종교개혁 이후 새로운 주류가 된 프로테스탄티즘은 "개인이 혼자서 신과 대면하게"에리히 프롬 해주었습니다. '만인 제사장론'으로 대표되는 프로테스탄티즘의 새로운 교리는 신앙을 가진 사람이라면 누구나 교회나 성직자를 통하지 않고 아무 곳에서나 신과 직접 대면할 수 있도록 해주었으니까요. 에리히 프롬은 이런 종교적 현상을 "정신적 개인주의"라고 부르며 다음과 같이 말합니다. "루터가 말하는 의미에서의 신앙은 완전히 주관적인 경험이었고, 칼뱅의 경우에는 구원의 확신도 이와 똑같은 주관적 성질을 갖고 있었다. 혼자서 신의 힘과 맞서는 개인은 압도당하는 기분을 느끼지 않을 수 없었고, 완전한 복종 속에서 구원을 찾을 수밖에 없었다." 중요한 것은, 이런 "정신적 개인주의"가 "경제적 개인주의와 유사하다는 프롬의 다음과 같은 지적입니다. "심리학적으로 보면, 이 정신적 개인주의는 경제적 개인주의와 별로 다르지 않다. 어느 경우에나 개인은 완전히 혼자이고, 고립된 상태에서 신이든 경쟁자든 또는 인간 외적인 경제력이든 자기보다 우세한 힘과 맞서는 것이다. '신에 대한 개인주의적 관계는 인간의 세속 활동이 지닌 개인주의적 성격에 대한 심리적인 준비였다.'"

단비 그렇다면 근대의 개인주의라는 것은 세속적인 층위와 종교적인 층위의 양쪽에서 서로 매우 비슷한 성격으로 이루어진 것이네요.

오 교수 정확히 보셨습니다. 근대적 개인은 이제 세속적으로나 종교적으로나 좋게 말하면 시스템에서 해방된 자유로운 개체였지만, 다른 면에서 보면 공동체적 관계로부터 단절된 고립무원의 개체로서 자력갱생을 해야 하는 위태로운 처지에 서게 된 것이지요. 근대인은 법적 자유를 얻은 대신에 이렇게 고독감, 무력감, 절망감이라는, 감당하기 어려운 선물을 받게 된 것입니다. 이제 근대인을 받쳐주는 가치들은 환대, 헌신, 사랑이 아니라, 재산, 명성, 권력이 되어버렸고, 그것을 확보하지 못하면 끝장이라는 무력감과 두려움이 이들을 사로잡기 시작한 것이지요. 이렇게 보면 근대인이 쟁취한 자유는 엄청난 성취이면서 이들을 새로운 절망으로 몰고 간 판도라 상자이기도 합니다.

자유로부터의 도피

단웅이 이제 현대로 넘어오면서 인류가 그렇게 염원하던 자유가 왜 '도피'의 대상이 되었는지 이야기할 차례가 된 것 같습니다. 현대인은 왜 인류가 애써 성취한 자유를 회피할까요?

오 교수 한국의 김수영 시인은 자유에서는 피의 냄새가 난다고 하였습니다. 시인의 말대로 인류가 자유를 성취하기까지 그야말로 엄청난 헌신과 희생이 있었지요. 자유는 거저 주어진 것이 아니라, 인류가 그것을 억압하는 시스템과의 처절한 싸움을 통해 얻어낸 것이지요. 근현대에 걸쳐 전세계에서 자유를 향한 수많은 '고독한 혁명'^{김수영}들이 일어났습니다. 그러나 인류는 이 자유를 온전히 누리지 못했습니다. 프롬은 현대인이 자유를 대할 수 있는 두 가지 길을 말합니다. 첫 번째는 "적극적인 자유"로 나가는 길입니다. 이 길에서는 "사랑과 일 속에서 자신의 감정적·감각적·지적 능력을 진정으로 표현하면서 바깥 세계와 자연스럽게 관계를 맺을 수 있으며, 그리하여 자신의 개체적 자아의 독립성과 본래의 모습을 포기하지 않고도 인간과 자연 및 그 자신과 다시 일체가 될 수 있"습니다. 두 번째 길은 "뒤로 물러나 자유를 포기하고, 그의 개체적 자아와 세계 사이에 생겨난 간격을 제거함으로써 자신의 외로움을 극복하려고 애쓰는 것"입니다. "이 두 번째 길은 그가 '개인'으로 결합 되기 이전과 같은 방식으로 세계과 그를 다시 통합시키지는 못"합니다. 에리히 프롬은 이 두 번째의 길을 "강박적"이며 "신경증적"인 것으로 간주합니다. 말하자면 감당할 수 없는 공포를 강박적으로 회피함으로써 참을 수 없는 불안에서 벗어나려고 하는 것이지요.

단웅이   현대인에게 자유는 왜 공포의 대상일까요?

오 교수   그 공포는 (속된 말로 하면) 일종의 '왕따' 상태에 대한 두려움이
지요. 진정한 자유를 누리려면 자아를 버리지 말고 진정한 자아의 뜻
대로 살아가야 하는데, 그것이 쉬운 일은 아니거든요. 진정한 자아로
산다는 것은 종종 사회적 통념이나 공리와의 충돌을 감당하며 사는
것을 의미하기도 합니다. 통념, 상식, 공리란 한 사회의 지배적 가치
체계이고 지배계급이 헤게모니를 장악하는 매개물이기도 합니다. 고
대, 중세, 근대, 현대, 어느 시대에도 항상 그 사회를 지배하는 통념이
있게 마련이었지요. 그런데 그것이 개인의 자유와 충돌할 때, 개인이
진정한 자아의 목소리를 내며 적극적인 자유를 구가하기란 쉬운 일
이 아닙니다. 일반적으로 사람들은 자신들이 별난 인간으로 취급당
하는 것을 두려워하며 진정한 자아를 버리고 다수가 가는 길을 따라
가지요.

단웅이   저희 청년 학생들의 일상을 들여다보아도 정말 그런 경향이
심한 것 같습니다. 가령 희망하는 취업의 경향을 보더라도 대부분 대
기업, 공기업, 금융기관, 교사 임용고시, 공무원 임용고시 등으로 쏠
려 있거든요. 업무의 성격과 무관하게 고임금과 안정된 노후를 보장
하는 직장이 최고라는 사회적 통념을 대부분 따라가는 것이지요.

오 교수   그렇습니다. 사실 직업 선택에 있어서 무엇보다도 그것이 자
신의 능력과 적성에 맞아야 하고, 자신이 진정으로 좋아하는 일이어

야 하며, 그 일 자체에서 행복을 느껴야 하는 것이 우선으로 고려되어야 할 것입니다. 사회적 통념이 선호하는 직업을 미리 정해놓고 자신을 거기에 억지로 꿰맞추는 것은 진정한 자아의 목소리를 억압하고 무시하는 행위이지요. 더욱 안타까운 것은 이렇게 대부분의 대학 졸업생들이 통념상 선호하는 직업에 몰려드니까 실제로 그곳에서의 성공확률도 현저히 떨어진다는 사실이지요. 최근 통계청에서 발표한 자료에 의하면 7, 9급 공무원 응시자들의 합격률은 2%가 채 되지 않습니다. 말하자면 안정된 직장과 노후를 위하여 적성을 무시하고 공무원 임용고시에 달려든 사람들의 98%가 실패한다는 이야기입니다. 이런 현상은 공무원만이 아니라 대기업, 공기업 등 압도적 다수의 청년들이 선호하는 직장 대부분에 적용됩니다. 마치 불에 뛰어드는 나방처럼 실패가 뻔히 예정된 자리에 자신이 가장 어울리는 것처럼 달려드는 것이지요. 그런 직업 자체가 자신의 진정한 자아를 실현하기에 가장 좋은 자리라면 문제가 되지 않지만, 그런 곳에 몰리는 '모든' 청년의 적성이 그런 곳들에 맞을 리가 만무하지요.

단웅이 당연한 것으로 생각해왔는데 그렇게 보니 정말 이상한 현상이긴 하군요.

오 교수 현대인들이 사회적 통념이나 상식에 순응하는 첫 번째 이유는 그런 범주에 자신을 집어넣어야 자신이 안전하다고 생각하기 때문이지요. 현대인들은 겉으로는 매우 자유로워 보이지만 그로 인한 고립을 두려워합니다. 프롬의 비유대로 마치 주위 환경과 유사한 색깔을 가짐으로써 눈에 띄지 않으려는 보호색의 심리가 작동하는 것이지요. 그래서 고립된 개체를 자초하기보다는 사회의 지배적인 가치관에 편승해서 안전한 집단 속에 들어가려고 합니다.

단웅이 그런 자아를 진정한 자아라고 부르기는 힘들 것 같습니다.

오 교수 프롬은 자아를 "진정한 자아"genuine self와 "가짜 자아"pseudo-self로 구분합니다. 그에 따르면 현대인은 느낌feeling, 생각thinking, 의지willing의 차원에서 진정한 자아를 버리고 가짜 자아를 따르는 경향이 있습니다. 여기에서 가짜 자아가 가지고 있는 느낌, 생각, 의지는 진짜 자기 것이 아니라, 주변 사람이나 제도 혹은 통념에 의해 외부에서 들어온 것을 의미합니다. 자신의 느낌이나 생각, 의지를 지키려고 할 때 분리, 단절, 고립되는 것이 두려워, 자신도 모르게 가짜 자아의 느낌, 생각, 의지를 따라가며 진정한 자아를 버리는 기제를 에리히 프롬은 "도피의 메커니즘"mechanism of escape이라고 부릅니다. 현대인은 인류가 어렵게 성취한 자유를 적극적으로 누리지 않고 그것으로부터 도피하려 합니다. 자유롭게 사는 것보다, 안전하고 외롭지 않게 사는 것이 훨씬 중요하다고 생각하기 때문이지요. 문제는 많은 현대인이 자신의 가짜 자아를 진짜 자아로 착각하고 있다는 것입니다. 가짜 자아의 느낌과 생각, 의지가 진정한 자아의 것이라고 찰떡같이 믿는 거지요.

단웅이 실제로 많은 현대인이 그렇게 살고 있지만, 사실 그 정도라면 그것은 일종의 정신 병리학적 현상이 아닌가요?

오 교수 정확히 보셨습니다. 에리히 프롬은 이런 현상을 "피학적 충동"이라고 다음과 같이 설명합니다. "개인의 자아를 제거하여 참을 수 없는 허무감을 극복하려는 시도는 피학적 충동의 일면일 뿐이다. 또 다른 일면은 자기 밖에 있는 더 크고 강력한 전체의 일부가 되어 그 속에 빠져들고 거기에 참여하려는 시도다. …… 그러기 위해 자신의 자아를 포기하고, 자아와 결부된 힘과 자존심을 모두 버리고, 개인으로서의 본래 모습을 잃고, 자유를 포기한다. 하지만 그 대신 강한 힘 속에 빠져들고 참여함으로써 새로운 안전과 새로운 자부심을 얻고, 또한 회의의 고통에서도 안전할 수 있다." 즉 현대인은 지배적 가치체계라는 "강한 힘"에 끼어듦으로써 자신의 안전을 확보하려 한다는 이야기인데, 이것이야말로 가짜 유대이고, "피학적 유대"프롬이며, 도피이지요. 그래서 자유로부터 도피한 개체들은 그 강한 힘 속에서도 늘 공허하고, 불안합니다. 다른 사람과 세계와의 관계도 사실상 가짜이기 때문에 거기에서 진정한 만족이나 행복을 느낄 수가 없고요. 많은 사람이 이것을 "공생"이라고 착각하는데, 프롬은 이와 같은 공생을, 가학증과 피학증의 근저에 놓여 있는 것이며, "한 개인의 자아가 다른 자아(도는 자신의 자아 밖에 있는 다른 힘)와 결합하여 각자자기 자아의 본래 모습을 잃어버리고 서로에게 완전히 의존하는 것"이라고 정의합니다.

단웅이 개체가 이렇게 큰 힘 속으로 도피하는 것은 자유뿐만 아니라 평등의 원칙에도 위배 되는 것 같습니다.

오 교수 제대로 보셨습니다. 프롬은 피학증과 사랑은 서로 반대말이라면서, 사랑이야말로 자유와 평등에 바탕을 두어야 하고, "한쪽이 자신의 본래 모습을 잃고 다른 쪽에 종속된다면, 그 관계는 어떻게 합리화되든 상관없이 피학적 의존"이라고 지적하지요. 가학증이든 피학증이든, 그것은 일종의 심리적 왜곡이므로 그런 것에 토대한 사회적 연대는 진실한 관계가 아니지요. 그래서 많은 현대인이 고립을 피하여 군중 혹은 통념, 즉 지배적 가치체계로 도피하지만, 그 안에서 만족이 아니라 오히려 더 큰 고독을 느끼는 것도 이런 이유 때문입니다.

단뭉이　프롬은 "자동 인형"이라는 용어를 사용하던데요.

오 교수　자기를 버리고 외부에서 기대하거나 요구하는 대로 따라 하는 현대인을 지칭하는 용어이지요. 프롬이 속해 있던 '프랑크푸르트 학파'의 또 다른 멤버였던 헤르베르트 마르쿠제도 이와 유사하게 "일차원적 인간"one-dimensional man이라는 용어를 사용하기도 합니다. 지배와 종속을 지향하는 부정적 힘 혹은 현실에 대하여 아무런 비판적 사유를 하지 못하고 순응하는 인간을 지칭하는 용어입니다. 프롬의 "자동 인형" 역시 사회적 통념이 지시하는 대로 기계처럼 순응하는 현대인을 지칭하는 용어입니다.

나치즘은 어떻게 가능했나

단비　이제 이 책의 후반부에 나오는 나치즘의 발생과 발전에 관련된 심리가 이해되기 시작합니다.

오 교수　에리히 프롬은 나치즘에 대해서도 가학증과 피학증이라는 심리학적 개념을 빌어서 설명을 합니다. 말하자면 히틀러 쪽에서는 약한 자에 대한 폭력적 지배라는 가학증이, 히틀러를 옹호했던 대중 쪽에서는 자신을 버리고 강한 힘에 의존하려는 피학증이 발현된 것이고, 이 가학과 피학의 환상적인 화학반응이 나치즘을 낳았다는 것입니다. 프롬은 대중의 피학증을 다음과 같이 설명합니다. "대중은 되풀이해서 듣는다. 개인은 무의미하고 무가치한 존재라고. 따라서 개인은 자신의 무의미함을 인정하고 더 높은 힘에 자신을 용해시켜야 한다고. 그런 다음 이 높은 힘의 기운과 영광에 참여하는 것에 자부심을 느껴야 한다고." 그러므로 다수 대중의 자유로부터의 피학증적인 도피가 파시즘의 잠재력을 최상의 상태로 끌어올린 것이지요. 수천 년 동안 집단성 속에 파묻혀 제 목소리를 내지 못하던 개인이 근대 이후 목숨을 걸고 자유를 쟁취한 이후에도, 인류는 자신이 일궈낸 자유를 두려워했습니다. 그리하여 그것으로부터 계속 도피했지요. 그리하여 자신을 자동 인형으로 만든 무수한 개인들이 나치즘이라는 최악의 기계를 만들어낸 것입니다.

단비   인류의 긴 역사를 돌이켜보면 정말 역설이 아닐 수 없네요.

오교수   그래서 우리에게는 지속적이고도 통렬한 인문학적 성찰이 필요한 것이지요. 근대 초기만 하더라도 근대적 개인주의야말로 인류의 행복을 보장하는 최고의 메커니즘이라는 확신이 지배적이었지요. 그만큼 엄청난 희생을 통하여 인류가 쟁취한 성과였으니까요. 그러나 지금 인류는 새로운 위기에 직면해 있습니다. 진정성이 사라진 수많은 자동 인형들의 연대가 무의미할 뿐만 아니라 돌이킬 수 없는 폭력을 생산할 수 있다는 역사적 사건들이 일어났으니까요. 이런 과정을 통하여 우리는 고립된 개체들의 무한한 생성이 해결책이 아니라는 것을 깨달았습니다. "인간은 사회적 동물"이라는 아리스토텔레스의 전언이 여전히 진리인 시대를 우리는 살고 있습니다. 이제 근/현대의 개인주의가 아니라 새로운 개인주의, 새로운 공동체의 건설을 상상할 때입니다. 새로운 공동체란 개인을 지워 버린 봉건시대의 공동체와는 다른 것이어야 하겠지요. 개인의 독립성과 자율성을 최대한 인정하되, '공통적인 것'the common에 대해서는 탄력적 연대가 가능한 사회의 건설을 말씀드리는 것입니다. 최근의 코로나 팬데믹 사태는 개체의 무한한 발전, 그리고 개체들 사이의 무한 경쟁이 안전한 지구를 절대 보장해주지 않는다는 사실을 뼈아프게 보여주고 있습니다. 개체들 사이의 자유롭고도 평등한 관계를 유지하면서도 공통의 과제를 중심으로 훌륭한 연대를 하려면, 개인들이 가짜 자아를 버리고 진정한 자아로 돌아가야 합니다. 프롬은 이 책의 후반부에서 "'사상을 표현할 권리는 우리가 자신의 사상을 가질 수 있을 경우에만 의미가 있다.' 외적 권위로부터 부여받은 자유는 우리의 내적 심리가 자신의 개성을 확립할 수 있는 상태인 경우에만 지속적인 성과가 된다."고 하였습니다. 그 어떤 경우에도, '진정한 자아'를 포기하는 한, 아무것도 이룰 수가 없습니다. 인류는 어렵게 성취한 자유를 개인과 공동체의 진정한 행복을 위해 잘 지키고 활용해야 할 단계에 와 있습니다.

단비, 단웅이　긴 시간 질문에 답해 주셔서 고맙습니다.

오 교수　저에게도 유익한 시간이었습니다. 고맙습니다.

참고 문헌

1. 저서

에리히 프롬, 김석희 옮김, 『자유로부터의 도피』, 휴머니스트, 2020.

_____, 황문수 옮김, 『사랑의 기술』, 문예출판사, 2019.

_____, 차경아 옮김, 『소유냐 존재냐』, 까치, 2020.

2. 사진 자료

flickr(www.flickr.com)

quotepark(quotepark.com)

ahopsi(ahopsi.com)

비극의 끝에서 정치를 꿈꾸기

―한나 아렌트, 『전체주의의 기원』

김민수

> "이해는 오히려 우리의 세기가 우리 어깨에 지운 짐을 검토하고 의식적으로 떠맡는다는 것을 의미하지 짐의 존재를 부인하거나 그 무게에 패기 없이 굴복한다는 것을 의미하지 않는다. 간단히 말해 이해란 현실에 주의 깊게 맞서는 것이며 현실을 견뎌내는 것이다. 이런 의미에서 유대인 문제와 반유대주의와 같은 (세계 정치에서 별로 중요치 않은) 사소한 현상이 처음에는 나치 운동의, 그다음에는 세계대전의 촉매제가 되었다가 결국 죽음의 공장을 건설하는 데 촉매제가 될 수 있었다는 가공할 사실을 제대로 직시하고 이해하는 것이 가능해야만 한다."

한나 아렌트Hannah Arendt, 1906~1975와 20세기 초의 세계

단비   알쓸신잡이라는 TV 프로그램에서 『예루살렘의 아이히만』 *Eichmann in Jerusalem*이라는 책과 한나 아렌트에 대해 들어본 적이 있습니

192
/
193

다. 한나 아렌트에 대해 자세히는 모
르는데, 한나 아렌트에 대한 소개를
해주세요.

김 교수 한나 아렌트는 1906년 독일의
린덴지금의 하노버의 세속적 유대인 집
안에서 태어났습니다. 벌써 115년이
나 되었네요. 아렌트의 어린 시절과
성장 배경을 이야기할 때 세속적 유
대인이라는 것을 빼놓지 않고 이야

한나 아렌트   출처: Alamy

기하는데, 그 이유는 뒤에 가서 좀 더 자세히 이야기하도록 하겠습니
다. 세속적 유대인이라는 것은 유대인임을 드러내는 종교적 활동이
나 의식을 포기했다는 것을 의미합니다. 그 당시 독일을 비롯한 유럽
에서는 유대인들이 기독교로 개종하지 않고 유대교를 믿는다는 이유
로 오랫동안 정치적·사회적 차별이 이루어져 왔습니다. 그래서 유
대인들 중에는 이러한 차별로부터 벗어나기 위해 개종을 하거나 유
대인으로서의 정체성을 상당 부분 포기하는 이들이 있었습니다. 이
들을 가리켜 세속적 유대인이라고 부릅니다. 아렌트가 이런 가정에
서 태어났다는 것은 유대인으로서의 정체성을 확고하게 지니지 않았
다는 것을 의미합니다.

단비 마치 무슬림 가정에서 태어났는데 이슬람교를 믿지 않는 것과
비슷한 것 같은데, 그런 것인가요?

김 교수 어떤 면에서는 비슷하다고 할 수 있겠습니다. 생물학적으로는

어떤 집단의 일원일 수 있지만, 그 집단이 요구하는 행동이나 정체성을 지니지 않는다는 것을 의미한다면 말입니다.

단비   아까 세속적 유대인이라는 것이 중요하다고 하셨는데, 그 이유가 궁금합니다.

김 교수 나중에 이야기하려고 했는데, 궁금하다니 지금 이야기해보도록 하지요. 아렌트는 세속적 유대인 가정에서 태어난 여성입니다. 어린 시절부터 지적 호기심이 강했고, 공부도 잘했지요. 그런데 주변에서는 이런 아렌트를 놀리거나 따돌리는 일들이 자주 있었다고 합니다. 그 이유는 유대인이기 때문이었습니다. 유럽에서는 꽤 오랫동안 유대인에 대한 차별이 이루어졌다고 했는데, 그 여파가 20세기 초중반까지 계속 이어지고 있었던 것이지요. 그런데 어린 아렌트에게는 이러한 차별의 시선이나 따돌림이 이해가 가지 않았습니다. 단지 부모님이 유대인이라는 이유로 자신도 유대인이 되고, 그 이유로 차별을 경험한다는 것이 납득되지 않았던 것입니다.

단비   어떤 혈통을 지녔다는 이유로 차별을 당하는 것은 인종차별 아닌가요? 인종차별은 주로 흑인이나 아시아인들에게 가해지는 줄 알았는데, 유대인들에게도 그런 일이 있었던건가요?

김 교수 맞습니다. 사실 유럽에서 유대인들이 경험했던 차별은 인종차별과 다를 바가 없었습니다. 어떤 민족의 일원이라는 이유로 동등한 인간으로 대접받지 못했으니까요. 그런데 아렌트를 혼란스럽게 만들었던 어린 시절의 경험에서 아렌트의 어머니가 훌륭한 조언자의 역할을 합니다. 그리고 어머니의 조언은 훗날 아렌트의 삶과 정치사상에 커다란 영향을 미치게 되지요.

단비　어머니가 훌륭한 분이셨나봐요. 어떤 말씀을 해주셨는데요?

김 교수　아렌트의 어머니는 아렌트에게 이렇게 말합니다. "유대인이라고 공격받으면, 유대인이라는 사실로 자신을 방어해야 한단다."

단비　알 것도 같고, 모를 것도 같은 말이에요. 이 말에 숨은 의미가 있는 건가요?

김 교수　우리가 누군가로부터 부당한 인신공격을 당하는 경우를 생각해봅시다. 그런 경우 우리는 자기도 모르게 그런 인신공격으로부터 벗어나기 위해 자신이 가진 신체적·정신적 특징을 부인할 수 있습니다. 키가 작다는 놀림과 조롱을 당할 경우 자신의 키가 실제로는 작지 않다고 항변하게 되는 경우처럼 말이지요. 그런데 아렌트의 어머니가 해준 조언은 키가 작다는 사실을 자랑스럽게 이야기하고 물러서지 않아야 한다는 의미입니다. 즉, 유대인이라고 차별받고 공격받는다고 해서 자신이 세속화된 유대인이라는 것을 입증하려고 하는 대신 유대인이라는 사실이 차별과 공격의 이유가 되어서는 안된다고 당당하게 이야기하면서 맞서야 한다는 것이지요.

단비　우와, 멋진 말이네요. 그런데 그게 그렇게 쉬운 일은 아닐 것 같아요.

김 교수　맞습니다. 절대 쉬운 행동은 아니지요. 그런데 아렌트는 어머니의 조언을 깊이 새겨 들었나봅니다. 학교에서 선생님이 유대인에 대해 차별적 발언을 하는 경우에 물러서지 않고 선생님에게 문제를 제기하다가 퇴학을 당하는 일도 있었으니까요.

단비   음, 범상치 않은 학생이었군요. 그럼 아렌트는 스스로 유대인 임을 자랑스러워했겠네요. 그러니까 그렇게 당당하게 맞설 수 있었 겠지요?

김 교수   아주 좋은 질문을 해주었습니다. 이 부분이 바로 아렌트의 정 치사상을 이해하는 데에도 중요한 부분입니다. 예상과는 달리 아렌 트는 평생 자신이 유대인이라는 것을 자랑스러워하거나 자신을 규정 하는 정체성으로 생각하지 않았습니다. 그러나 자신이 유대인이라는 생물학적 정체성을 가지고 있다는 이유만으로 차별과 공격을 받는 것에는 분노하고, 또 물러서지 않았습니다.

단비   아, 알 것 같아요. 그러니까 자신이 타고난 생물학적 정체성은 자신이 선택한 것이 아니니까 그걸 이유로 차별받아서는 안 된다는 거죠? 그 생물학적 정체성을 스스로가 좋아하는지, 싫어하는지는 중 요한 문제가 아니군요.

김교수   맞습니다. 아렌트가 정치철학자로서 자신만의 정치사상을 형 성해갈 때에도 방금 말한 그 문제가 중요한 역할을 하게 됩니다. 이 런 관점은 오늘날 우리에게도 여러 가지 생각을 하게 만들지요.

단비   그 당차고 도전적인 학생은 어떻게 정치철학을 연구하는 학자가 되었나요?

김 교수 어릴 때부터 남다른 지적 호기심과 재능을 보여준 아렌트는 17살이라는 어린 나이에 독일의 마르부르크Marburg 대학에 입학합니다. 그리고 거기서 20세기 초 독일 사회를 주름잡았던 실존주의 철학자 마르틴 하이데거Martin Heidegger의 지도로 철학 공부를 시작합니다. 쟁쟁한 선생과 학생들 속에서도 두각을 드러냈던 아렌트는 이어서 역시 실존주의를 대표하는 인물인 카를 야스퍼스1883~1969의 지도로 박사학위를 취득합니다.

『전체주의의 기원』The Origins of Totalitarianism의 저술 배경

단뭉이 그럼 아렌트는 독일에서 학문연구 활동을 했겠네요? 『전체주의의 기원』도 독일어로 쓰여진 책인가요?

김 교수 그렇지 않습니다. 아렌트가 박사학위를 받고 학자로서 활동을 하기 시작할 무렵 독일은 우리가 흔히 나치라고 부르는 국가사회주의당이 집권하게 됩니다. 이들은 나치에 협력하지 않는 지식인, 공산주의자들을 정치적으로 탄압하고, 생활공간lebensraum을 확보한다는 명분으로 독일 민족 이외의 민족들을 몰아내면서 그중에서도 오랜 기간 유럽에서 정치적·사회적 차별을 받아왔던 유대인들을 가장 가혹하게 탄압하게 됩니다. 지식인이자 유대인이었던 아렌트는 더이상 독일에서 활동할 수 없다는 판단을 하고 1933년에 프랑스로 탈출을 하게 되지요. 그리고 프랑스에서 8년간 망명 생활을 하다가 프랑스마저 나치의 지배하에 들어가게 되면서 다시 미국으로 망명을 하게 됩니다. 이때가 1941년이었습니다. 이후 아렌트는 독일계 유대인으로서 미국에서 활동했던 많은 지식인들 중 대표적인 인물이 됩니다.

히틀러 　　　　　　　　出처: Alamy

단웅이 그럼 『전체주의의 기원』은 영어로 집필된 책이겠군요. 아렌트가 『전체주의의 기원』을 집필하게 된 배경이 궁금합니다.

김 교수 독일어를 쓰는 사람이 미국에 정착해서 적응하는 것이 쉬운 일은 아니었겠지요. 난민이자 망명자로서 미국 사회에 적응하기 위해 영어를 배워야 했고, 또 일자리도 구해야 했습니다. 순탄치 않았던 적응 과정에서도 아렌트는 여러 편의 에세이를 쓰면서 학문 활동을 멈추지 않았고, 1951년에 드디어 『전체주의의 기원』을 출간합니다. 이 책을 집필하고 완성하는 데에는 무려 4년의 시간이 걸립니다. 이 책을 저술하게 된 직접적인 계기는 2차 대전 중 나치의 유대인 대량학살이었습니다. 우리가 오늘날 홀로코스트라는 이름으로 부르고 있는 이 사건은 600만 명 이상의 유대인을 집단 학살했다는 사실만으로도 전 세계에 커다란 충격을 안겨 주었지만, 지식인들에게는 인류의 역사가 진보하고 있다는 사실을 근본적으로 의심하게 만들었던 계기가 됩니다. 아렌트 역시 이 사건을 인류 역사상 "전례없는" 사건이라고 규정하면서, 이 사건이 어떻게 일어날 수 있었는지를 탐구하려고 했습니다. 그 탐구의 결과물이 『전체주의의 기원』입니다.

『전체주의의 기원』 속으로

단비   그럼 이 책은 홀로코스트가 발생하게 된 이유를 설명해주고 있는 책이라고 할 수 있겠네요. 아렌트는 그 이유를 무엇이라고 보았나요?

김 교수   이 책은 크게 3부분으로 구성되어 있습니다. 1부는 반유대주의, 2부는 제국주의, 3부는 전체주의입니다. 이 목차만 보면, 홀로코스트의 원인이 반유대주의, 제국주의, 전체주의에 있다는 것으로 이해되기 쉽지요.

단비   그럼 이 세 가지가 홀로코스트의 원인이 아니라는 말씀인가요?

김 교수   아렌트는 서문에서 이런 이야기를 합니다. "전례없는 사건이 발생하게 된 이유는 어느 한 가지에 있지 않고, 반유대주의나 제국주의, 전체주의가 필연적으로 인류의 비극을 초래한 것이 아니다." 즉, 이 세 가지 현상은 각각 다른 기원을 가지고 다른 방향에서 시작되었고, 그 세 가지가 어떤 관련성을 지니지도 않습니다. 또한 이 세 가지가 합쳐진 결과가 홀로코스트가 되는 것도 아닙니다.

단비 그럼 이 세 가지는 홀로코스트와 관련이 없다는 말씀인가요? 그렇다면 전체주의의 '기원'은 어디에 있다는 거죠?

김 교수 그것은 이 책을 읽어보면서 스스로 찾아봐야겠지요. 이 세 가지가 유대인 홀로코스트에 중요한 영향을 미치긴 했습니다, 그러나 중요한 점은 아렌트가 이 책을 통해 홀로코스트가 '이것' 때문에 발생했다고 이야기하고자 하는 것이 아니라는 점입니다. 아렌트는 홀로코스트라는 '전례없는' 사건이 단순히 반유대주의나 제국주의, 그리고 전체주의 때문에 벌어진 것이 아니라는 점을 강조합니다. 대신 근대 사회를 형성한 복잡한 역사적 요인과 정치적 행위자들의 의지가 우연히 결합되어 홀로코스트가 발생했다는 점을 보여주는데, 이는 이 책을 처음 읽을 때 참고해두어야 하는 부분입니다. 역사를 필연적 결과가 아니라 우연의 산물이라고 이해하는 방식은 아렌트의 정치사상을 이해하는 데에도 중요하기 때문입니다. 아렌트는 인간을 다른 존재들과 구별해주는 고유성이 공적 영역에 참여하고, 시민으로서 목소리를 내는 정치적 행위action능력에 있다고 생각했습니다. 그리고 정치적 행위능력은 종종 이전에는 없던 새로운 것을 만들어내기도 하고, 이 과정에서 예상치 못한 결과를 만들어내기도 합니다. 그렇기에 인간의 역사는 결정론의 영역이 아니라 가능성의 영역이 되는 것입니다. 이런 관점에서 본다면 홀로코스트 역시 필연적으로 일어날 수밖에 없었던 사건이 아닙니다. 나치의 전체주의와 홀로코스트가 발생하기까지 이를 피할 수 있는 많은 가능성이 존재했고, 정치적 행위능력을 지닌 인간의 적극적인 개입은 다른 결과를 만들어낼 수도 있었습니다. 참, 아까 아렌트가 쓴 『예루살렘의 아이히만』이라는 책을 알고 있다고 했죠? 그 책을 읽어본 적이 있나요?

단비 아니요, TV에서 본 것이 전부에요. 유대인 대량학살에 관여했던 인물이 악마적인 사람이거나 광인이 아니라 평범한 인물이었다는 점에서 '악의 평범성'이라는 말이 기억에 남습니다.

김 교수 그랬군요. 맞습니다. 아렌트는 홀로코스트에 관여했던 인물인 아돌프 아이히만의 재판을 통해 거대한 범죄가 명령에 복종하고 순응하는 이들에 의해 행해질 수 있다는 것을 보여주고자 했습니다. 그런데 이 책은 사실 '악의 평범성'이라는 말로 인해 유대인 사회에서 금서禁書 취급을 받은 적이 있습니다. 그 사실을 알고 있었나요?

단비 아니요. 유명한 책인 줄만 알았지, 논란이 있었던 책이었는지는 몰랐습니다. 왜 금서가 되었나요?

김 교수 『예루살렘의 아이히만』은 아이히만이 악마같은 범죄자가 아니라 평범한 사람이라는 것, 그리고 명령에 복종한 사람이었다는 것을 보여줌으로써 마치 아이히만에게는 죄가 없다는 인상을 주었고, 이는 유대인들이 대량학살을 당했던 원인이 어디에 있었는지 이해하지 못하게 만들었다는 평가를 받았습니다. 우리는 종종 심각한 사회적 문제가 발생했을 때 그 문제의 책임을 어떤 사람에게 묻는 것에 익숙하지요. 전후 유대인 사회도 마찬가지였습니다. 유대인 사회는 홀로코스트의 책임을 히틀러나 전쟁범죄에 가담한 인물들, 소위 말해서 전범들에게 물어야 한다고 생각했고, 이를 통해 유대인들이 이들 전범들에 의해 희생된 '무고한 희생양'이었다는 것을 강조하고자

재판을 받고 있는 아돌프 아이히만

출처: Alamy

했습니다. 그런데 아렌트가 묘사했던 아이히만의 모습은 대량학살을 실행한 악마적인 본성을 지닌 범죄자와 거리가 있었기 때문에 마치 아이히만에게 직접적인 책임을 물을 수 없다는 주장처럼 들렸던 것이지요. 그리고 더 나아가서 아렌트는 홀로코스트가 진행되는 과정에서 유대 종교 지도자를 비롯하여 유대인 사회 일부가 나치에 협력했다는 점을 지적하는데 이는 마치 홀로코스트의 책임이 유대인들에게도 있다는 주장으로 받아들여지게 됩니다. 따라서 유대인 사회는 『예루살렘의 아이히만』에 대해 격렬한 비난을 가하게 되고, 아렌트가 폭력의 희생자들에게도 책임이 있다는 주장을 했다는 소문이 확산되면서 아렌트는 유대인 사회에서 파문되기에 이릅니다.

단비　　폭력의 희생자들에게도 책임이 있다는 주장에는 저도 동의할 수 없습니다. 폭력을 행한 사람이 잘못한 것이지, 폭력을 당하는 사람이 무슨 책임이 있나요. 아렌트가 그런 주장을 했다면 문제가 심각하다고 생각합니다.

김 교수 맞습니다. 그런 주장에 동의할 사람은 없을 것입니다. 그런데 아렌트의 주장은 사실 그런 것이 아니었습니다. 아렌트는 아이히만에게 죄가 없다고 이야기한 적이 없었거든요. 그리고 나치 전범들에게 어떤 책임도 물을 수 없다는 주장을 한 적은 더욱이나 없지요. 아렌트가 유대인들에게 홀로코스트의 책임이 있다고 이야기했다면 그것은 도덕적 책임이 전혀 아니었습니다. 즉, 아렌트는 유대인들에게 어떤 잘못이 있었기 때문에 극단적인 폭력이 발생할 수밖에 없었다는 식의 주장을 한 적이 없었습니다. 다만, 아렌트가 이야기하고자 했던 것은 유대인들이 오랜 기간 유럽에서 차별과 박해를 당해오면서 스스로의 권리와 존엄성을 지키기 위한 정치적 노력을 기울이지 않았다는 것이었습니다. 이런 주장을 좀 더 분명하게 확인할 수 있는 것은 『예루살렘의 아이히만』보다 『전체주의의 기원』입니다. 『전체주의의 기원』의 제1부 "반유대주의"에서 아렌트는 유럽에서 차별과 박해를 당해왔던 유대인들이 자신들의 비극을 벗어나기 위한 '개인적' 차원의 노력을 기울였을 뿐 유대인들이 함께 인류의 동등한 구성원으로 인정받기 위한 노력을 기울인 적은 거의 없었다고 지적합니다. 곤경에 처한 사람들이 연대하여 함께 곤경을 이겨나가기보다 '개인적' 구원에만 몰두하는 것은 결국 차별과 억압에 대한 궁극적인 해결책이 될 수 없습니다. 아렌트는 유대인들이 오랫동안 이런 공동의 노력을 기울이지 않았다는 점을 지적하고 싶었던 것입니다. 이를 희생자들의 책임이라고 이야기한다면 그것은 도덕적 책임과 구별되는 정치적 책임이라고 할 수 있겠습니다. 그리고 정치적 책임은 희생자들을 비난하는 데 목적이 있는 것이 아니라 다시 비극이 반복되지 않기 위해 무엇을 해야 하는지 대안을 제안하는 것에 목적이 있다고 볼 수 있겠습니다. 그리고 아렌트는 그 대안을 바로 가장 인간다운 활동인 정치적 행위에서 발견하고자 했습니다. 나치의 대량학살과 같은 극단적인 폭력은 종종 법과 제도를 넘어서서 행해지기 때문에 이러한 폭력이 재발하지 않도록 하기 위해서는 단순히 법과 제도가 우리의 권리를 보호해주기를 기다리는 것이 아니라, 정치적 행위를 통해 함께 연대함으로써 스스로의 권리를 보호할 수 있는 법과 제도를 만들어가는 집단적 노력이 필요하다는 것이 아렌트의 생각이었습니다.

단비　어렵지만, 무슨 말씀인지 알 것 같습니다. 폭력의 희생자들에게 잘못이 있다는 것이 아니라 다시 폭력이 발생하지 않도록 하기 위한 약자들의 정치적 노력이 중요하다는 말씀이시지요? 앞서서 아렌트의 어머니가 해주었다는 말씀의 의미가 좀 더 분명히 이해되는 것 같습니다.

김 교수　제가 한 말을 잘 기억하고 있네요. 맞습니다. 아렌트의 어머니가 말씀해주셨던 "유대인이라는 사실로 방어한다"는 말에는 정확히 유대인들의 집단적인 정치적 노력의 중요성이 담겨 있습니다.

단비　『전체주의의 기원』을 읽으면서 홀로코스트가 왜 발생하게 되었는지, 홀로코스트가 발생하지 않을 수 있었던 가능성은 없었는지에 대한 답을 한 번 찾아보겠습니다. 그런데 『전체주의의 기원』이라는 책 제목을 보면서 전체주의라는 단어의 의미가 궁금했습니다. 전체주의는 나쁜 이미지를 가지는 것 같은데, 구체적으로 전체주의가 무엇인가요.

김 교수 많은 학생들이 이 책이 아니더라도 전체주의라는 말을 한 번쯤은 들어봤을 겁니다. 그리고 아마도 전체주의를 좋은 이미지로 이해하고 있는 학생들은 없을 것입니다. 우리 사회에서 전체주의는 주로 개인의 자유를 박탈하고 획일적인 행동을 강요하는 나쁜 사회를 의미하는 단어로 사용하기도 하지요. 사실 전체주의라는 단어를 거의 처음으로 유행시킨 인물이 아렌트였습니다. 그런데 미국과 소련 양 진영에 의해 냉전이 한창 진행되는 동안 전체주의는 사회주의 진영의 비민주성을 지칭하는 단어로 사용되기도 했고, 그래서 반공주의 이데올로기와 결합되어 사용되기도 했습니다. 한국에서도 '전체주의' 하면 떠오르는 국가는 아마도 나치 독일과 함께 북한을 비롯한 사회주의 국가일 것입니다. 이는 '전체주의'가 반공주의 이데올로기와 결합되어 있다는 것을 잘 보여주는 사례일 것입니다. 아렌트가 『전체주의의 기원』에서 제시한 대표적인 전체주의의 사례가 나치 독일과 더불어 스탈린주의 시대의 소비에트연방이었다는 것을 보면 이런 이해 방식이 완전히 잘못된 것은 아닙니다. 그런데 『전체주의의 기원』에서 아렌트는 전체주의라는 단어를 굉장히 제한적으로 사용하고 있습니다. 전체주의는 비밀경찰과 테러, 전체주의 이데올로기에 의해 유지되며 그 결과로 특정한 종족 혹은 민족 집단을 제거하겠다는 결정도 마다하지 않는 매우 이례적인 정치체제입니다. 그리고 아렌트는 이러한 정치체제가 나치 독일과 스탈린주의 시기의 소비에

트연방을 제외하고는 거의 존재한 적이 없었다고 이야기합니다. 아렌트는 이런 전체주의 국가를 제외한 나머지 국가들에서 비민주적이고, 폭력적이며, 불평등하고, 자유가 제한되기도 하는 모습들이 나타나지만 그것이 전체주의는 아니라고 말합니다. 물론 이러한 정치체제들이 문제가 없다는 것은 아니지요. 아렌트는 사실 『전체주의의 기원』에서 억압과 차별, 폭력이 일상화됨으로써 인간다움을 상실하게 되는 것이 근대 국민국가와 자본주의 전반의 문제라고 주장합니다. 이 국가들이 전체주의 체제는 아니지만 인간의 고유한 정치적 행위 능력이 제한되거나 박탈되는 것은 마찬가지입니다. 따라서 이 국가들에서도 사회적 약자와 소수자들이 언제든지 폭력의 대상이 될 수 있습니다. 즉, 전체주의만이 위험한 것이 아니라 근대 국민국가와 자본주의가 항상 사회적 약자에 대한 억압과 차별, 배제와 폭력의 위험을 내포하고 있다는 것입니다.

『전체주의의 기원』의 현재성

단웅이　전체주의는 이례적이고 특수한 현상이지만, 그렇다고 전체주의 체제가 아닌 정치체제들에 문제가 없는 것이 아니라는 말씀이네요. 그럼 우리가 살아가고 있는 오늘날에도 우리는 비슷한 문제들을 안고 있다고 할 수 있을까요? 『전체주의의 기원』에서 아렌트가 주장하고 있는 근대 국민국가와 자본주의의 문제가 오늘날에도 적용될 수 있을지 궁금합니다.

김 교수 아렌트가 『전체주의의 기원』에서 분석하고 있는 19세기 말, 20세기 초의 유럽이 오늘날의 세계, 그리고 우리 사회와 공유하는 유사성은 많지 않습니다. 오늘날 세계에 반유대주의가 만연하지도 않을뿐더러 세계대전을 야기했던 제국주의경쟁의 시대는 이미 지나갔으며, 전체주의의 핵심인 전체주의의 전위조직과 테러가 횡행하고 있지도 않습니다. 그러나 우리는 차별과 억압, 배제와 폭력이 일상화되는 근대 국민국가와 자본주의로부터 얼마나 멀어져 있을까요? 그리고 우리는 모두가 같이 경험하는 사회의 구조적 문제들을 공동의 노력으로 함께 해결하기보다 개인적 노력을 통해 벗어나고자 하지는 않나요? 반유대주의도, 제국주의도, 전체주의 체제도 존재하지 않는 오늘날 과거의 유대인들이 경험했던 것과 유사한 극단적 폭력에 시달리는 많은 난민들은 왜 발생하는 것일까요? 그리고 우리는 '예전'과 다르게 이들 난민들의 인간 존엄성과 권리의 보장 요구에 대해 공감하고 지지할 준비가 되어 있나요? 이 질문들에 자신있게 답할 수 있는 사람은 아마 많지 않을 것입니다. 물론 『전체주의의 기원』이 이러한 질문에 대한 직접적인 답을 주는 것은 아닙니다. 그러나 아렌트가 『전체주의의 기원』에서 제기하고 있는 문제의식을 따라가다 보면 방금 제가 한 질문들에 대한 해답의 단초들을 발견할 수 있을 것입니다.

단웅이 말씀을 듣고 보니 『전체주의의 기원』이 좀 더 궁금해졌습니다. 이 책을 어떻게 읽는 것이 좋을까요?

김 교수 책에 대한 흥미가 생겼다니 다행입니다. 이 책은 두 권의 번역본으로 출간되었다가 최근에는 합본으로도 출간이 되었습니다. 전체적인 구성은 3부로 되어 있습니다. 1부는 반유대주의, 2부는 제국주의, 3부는 전체주의를 주제로 다루고 있습니다. 꽤나 많은 사람들이 3부의 전체주의를 궁금해한 나머지 앞부분을 건너뛰는 경우가 있는데 순서대로 1부부터 읽기를 권합니다. 그리고 번역본이 다소 이해가 가지 않는 경우에는 영어가 그렇게 어렵지는 않으니 원문을 찾아서 읽어보는 것도 좋은 방법입니다.

단웅이 『전체주의의 기원』을 이해하는 데 도움이 될만한 책들이 있을까요? 혹은 『전체주의의 기원』을 읽고 나서 보면 좋을 책이 있으면 소개해주세요.

김 교수 가볍게 읽을 수 있는 한나 아렌트 소개 서적으로 『한나 아렌트, 세 번의 탈출』이라는 책을 추천합니다. 그래픽 노블 형식이라 더 접근성이 좋은 편입니다. 그리고 『전체주의의 기원』을 읽고 나서 『예루살렘의 아이히만』을 읽어보면 두 책에 대한 이해도가 모두 높아질 것입니다. 아렌트의 정치사상을 조금 더 알고 싶다면 『인간의 조건』과 『혁명론』이라는 두 권의 책을 읽어볼 것을 추천합니다. 『전체주의의 기원』을 통해서 우리 사회에 대한 고민을 해보는 것도 좋지만, 독서와 사색이 주는 즐거움도 만끽했으면 좋겠습니다. 감사합니다.

참고 문헌

1. 저서

리처드 J. 번스타인, 김선욱 옮김, 『한나 아렌트와 유대인 문제』, 아모르문디, 2009.

엘리자베스 영-브루엘, 홍원표 옮김, 『한나 아렌트 전기: 세계사랑을 위하여』, 인간 사랑, 2007.

켄 크림슈타인, 최지원 옮김, 『한나 아렌트, 세 번의 탈출』, 더숲, 2019.

한나 아렌트, 이진우·박미애 옮김, 『전체주의의 기원 I · II 』, 한길사, 2006.

_____, 이진우·태정호 옮김, 『인간의 조건』, 한길사, 1996.

_____, 홍원표 옮김, 『혁명론』, 한길사, 2005.

_____, 김선욱 옮김, 『예루살렘의 아이히만』, 한길사, 2006.

2. 사진 자료

flickr(www.flickr.com)

유리한 자에게 불리하게,
불리한 자에게 유리하게

—존 롤즈, 『정의론』

이동희

"사상체계의 제1 덕목을 진리라고 한다면, 정의는 사회제도의 제1 덕목이다. 이론이 아무리 정치하고 간명하다 할지라도 그것이 진리가 아니라면 배척되거나 수정되어야 하듯이, 법이나 제도가 아무리 효율적이고 정연하다 할지라도 그것이 정당하지 못하면 개혁되거나 폐기되어야 한다. 인간 생활의 제1 덕목으로서 진리와 정의는 지극히 준엄한 것이다.

……

모든 사람의 기본적 자유가 보장된 조건 하에, 직책과 지위는 공정한 기회의 평등을 보장하는 조건에 의해 모두에게 열려 있어야 하며, 직책과 지위에 결부된 불평등은 그와 결부된 수입과 부의 분배에서 가장 혜택을 못 받은 계층에게 가장 큰 이익이 돌아가도록 될 때만 허용되어야 한다."

정의란 무엇인가?

단비   교수님, 안녕하세요? 요즘 우리나라에서 정의에 대한 논의가
활발한데요. 몇 년 되긴 했지만 마이클 샌델Michael Sandel, 1953~ 교수의 저
서인 『정의란 무엇인가』*JUSTICE: What's the right thing to do?*의 열풍, (금수저,
은수저, 흙수저와 같은) 수저 계급, 갑질갑의 횡포 등의 표현들이 나오는 것
은 우리 사회가 정의로운가, 기회가 공정하게 보장되고 있는가, 사회
적 약자를 배려하고 있는가에 대한 의문이 제기되고 있기 때문이 아
닐까요? 그러니까 우리나라에서 정의에 대한 논의가 활발한 것은 그
만큼 정의롭지 않다는 반증이라고 생각해도 될까요?

이 교수   반갑습니다. 물론 정의에 대한 열풍 현상을 정의가 부족한 우
리나라의 실상을 반영하는 것이라고 보는 사람들도 있습니다. 하지
만 한편으로는 근본적인 도덕적 논쟁과 토론이 이뤄지지 않았던 것
에 대한 갈증을 반영하는 게 아닐까 생각합니다. 정의로운 사회, 공
정한 사회에 대한 갈증과 갈망은 우리나라뿐만 아니라 동·서양을 막
론하고 예전부터 꾸준히 있었습니다. 그리고 '정의란 무엇인가'에 대
한 논의도 꾸준히 이루어져 왔다고 말할 수 있습니다. 다만, 정의에
는 다양한 영역이 있고, 그 다양한 영역에서의 정의의 기준이 무엇인
가에 대해서는 의견 대립이 있었습니다.

단비   정의에 대한 갈망이 우리나라만의 특유한 상황은 아니라는 말
씀이지요?

이 교수   그렇지요. 그래서 켈젠H. Kelsen, 1881~1973은 『정의란 무엇인가』

*What is Justice?*라는 저서에서 "어떤 다른 질문도 이처럼 열정적으로 논의되지 않았고, 어떤 다른 질문을 위해서도 그렇게 많은 귀중한 피와 통렬한 눈물을 흘리지 않았으며, 어떤 다른 질문에 대해서도 가장 위대한 사상가들이 - 플라톤에서 칸트까지 - 그처럼 아주 골똘히 생각하지 않았다."고 말했을 정도니까요.

단비   그런데 정의의 다양한 영역이라든가, 정의의 기준이 무엇인가라는 말이 잘 이해가 가지 않습니다. 정의에는 여러 영역이 있는 것인가요? 정의의 기준은 하나가 아닌가요?

이 교수   우리는 정의라고 하면 '각자에게 그의 것을'이라는 분배적 정의의 기준을 생각하지만, 정작 정의를 둘러싸고 벌어지는 논의를 보면 여러 영역에서 다양한 정의의 기준이 제시되었던 것을 알 수 있습니다. 예를 들면, 분배적 정의와 평균적 정의, 형식적 정의와 실질적 정의, 절차적 정의와 실체적 정의, 그 외에도 형사적 정의, 세대간 정의와 같은 것들이 있죠. 물론 이 중에서 가장 많은 논의가 이루어진 것이 '어떻게 나눌 것인가'라는 분배적 정의였기 때문에 정의라고 하면 분배적 정의를 먼저 떠올리게 되는 것입니다. 분배적 정의에 대해서도 성과, 기여, 계급, 자격, 공리, 평등, 필요와 같은 다양한 기준이 제시되어왔죠. 파스칼B. Pascal, 1623~1662이 "피레네 산맥 이쪽에서의 참정의은 저쪽에선 거짓불의이다."라고 했고, 켈젠은 "인간은 정의가 무엇인지 결코 확실하게 대답할 수 없으며, 나는 상대적 정의로 만족해야만 하고, 내게 있어 정의가 무엇인지만을 말할 수 있다."라고 했듯이요.

파스칼(B. Pascal)
출처: istockphoto

켈젠(H. Kelsen)
출처: Alamy

단비　정의의 기준이 이렇게 다양하고 상대적이라면, 우리는 무엇을 정의라고 해야 하나요? 그리고 정의인가 아닌가를 둘러싸고 사람들 사이에 다툼이 일어날 것 같은데요.

이 교수　그렇습니다. 정의의 기준을 둘러싸고 많은 논의와 다툼이 있었죠. 사람들은 각자 자신의 지위나 계층에 이익이 되는 정의의 기준을 제시하고 이를 정당화하려는 시도를 했다고 말할 수 있습니다. 이와 같이 정의를 정의定義하는 것이, 즉 정의의 기준을 제시하는 것이 쉽지 않기 때문에 부정의가 정의의 모습을 하고 판을 치게 되기도 하는 것이죠.

단비　그러면 그동안 논의된 정의의 기준으로는 어떤 것들이 있나요?

이 교수　고대에는 디케Dike라는 신의 이름을 빌어 정의를 상징적으로 나타내기도 했고, 일부 소피스트는 힘이 곧 정의라고 하면서 정의란 강자의 이익에 불과하다고 하기도 했죠. 근대에 들어서는 자유주의자들은 모든 사람이 평등하다는 전제 아래 성과에 따른 분배를 주장하기도 했습니다. 또한 마르크스K. Marx는 필요에 따른 분배를, 공리주의자인 벤담J. Benetham은 최대다수의 최대행복을 정의의 기준으로 제시하기도 했죠.

그러다가 20세기에 들어와서 실증주의적·비판주의적 정신이 사상계를 석권하게 되었고, 정의의 실천적 성격 때문에 정의 기준을 논의할 수 있는가에 의문을 제기하게 됩니다. 그 결과 정의에 대한 이데올로기 분석·언어 분석이 우위에 서고, 정의가 무엇인가에 대한 규범적 논의는 사라지게 됩니다.

이러한 사상 동향에 대해 하나의 전환을 가져온 것이 1971년에 발표된 롤즈John Rawls, 1921~2002의 『정의론』A Theory of Justice, 正義論입니다. 이 저서는 정의의 기준을 제시하여 규범적 정의론에 대한 관심을 다시 불러 일으켰습니다. 이후 현재에 이르기까지 많은 학자들에 의해 정의의 기준에 대한 논의가 활발하게 전개되는 중요한 계기가 되었습니다.

단비 디케는 그리스 신화에 나오는 정의의 여신이죠? 우리나라 대법원에도 정의의 여신상이 있다고 하던데요.

이 교수 예, 우리나라 대법원에도 정의의 여신상이 있습니다. 한 손에는 천칭을 들고 다른 손에는 헌법을 들고 앉아있는 모습입니다. 정의의 여신은 한 손에 저울을 들고, 다른 한 손에는 칼을 쥐고 있으며, 대체로 두 눈을 가리고 있는 모습으로 나타납니다. 저울은 '각자에게 그의 것을' 주는 정의로서의 형평을 의미하고, 칼은 사회질서를 지키지 않는 자에게 제재를 가하는 것을 의미합니다. 두 눈을 가리는 것은 정의를 실현하기 위해 어느 쪽에도 기울지 않는 공평함을 의미합니다.

원래 그리스 신화에서의 정의의 여신은 눈을 가리지 않고 칼만 쥐고 있었다고 합니다. 지혜로운 눈을 가진 여신이었던 것이죠. 그러다가 중세부터 저울이 나타났고, 두 눈을 가린 모습은 15세기 말 세바스타인 브란트Sebastian Brant의 『바보들의 배』에 실린 알브레히트 뒤러Albrecht Durer의 목판화 〈광대가 눈을 가린 정의의 여신〉이 처음이라고 합니다.

정의의 여신은 왜 눈을 가리게 되었을까요? 이에 대해서는 여러 가지 해석이 있습니다. 하나는 공정함의 상징으로 보는 것입니다. 재판을 공정하게 하려면 공정한 재판에 방해되는 것을 보지 않아야 하기 때문입니다. 이는 공정성을 기하기 위해 블라인드 면접을 하는 것과 마찬가지인 셈이죠. 다른 하나는 정의의 여신의 눈을 광대가 가리는 행위에서 풍자된 것처럼 정의의 여신이 눈을 가리고 올바른 것을 보지 못한 채 오히려 잘못된 판결을 내리는 현실을 비판한 것이라는 해석입니다.

어느 쪽의 해석이 옳은가, 또는 눈을 가려야 하는가 가리지 않아야 하는가는 중요하지 않습니다. 왜냐하면 이러한 상징물은 서로 다른 시대와 사회의 모습을 반영하는 것으로, 그 시대와 사회에서 일반적으로 생각되는 정의 관념이 반영된 것에 불과하기 때문입니다. 법에 대한 불신이 팽배한 사회에서는 눈을 가린 정의의 여신을 부정적인 의미로 받아들일 것이고, 공정한 법에 대한 신뢰가 있는 사회에서는 긍정적인 의미로 받아들일 테니까요. 따라서 우리는 정의의 여신

정의의 여신 디케Dike. 로마신화에
서는 유스티티아Justitia로 불린다.

출처: Alamy

알브레히트 뒤러Albrecht Durer
〈광대가 눈을 가린 정의의 여신〉

출처: Alamy

의 모습을 통해 정의 관념이 어떻게 변화해왔는가를 추측할 수도 있
습니다. 우리가 바라보는 정의의 여신의 모습은 어떤가요? 또 우리
미래 세대는 정의의 여신의 모습을 어떻게 받아들일까요?

롤즈와 정의론 - 단일 주제의 철학자one theme philosopher

단웅이 눈을 가린 디케, 블라인드 면접. 말만 들어도 롤즈가 떠오르는
데요. 롤즈는 어떤 사람이었나요? 롤즈의 삶에 대해서 간단히 소개를
해주세요.

이 교수 존 롤즈는 분석철학이 지배하던 시기에 평생을 정의 연구에
바친, 한 우물만을 팠던 정치철학자였습니다. 그래서 '단일 주제의

철학자'one theme philosopher라는 별명이 붙을 정도였죠. 그러면서도 당대에 영미는 물론 유럽에서 철학계뿐만 아니라 인문사회과학계 전반에 큰 획을 그은 철학계의 거목으로서, 로크J. Locke, 홉스T. Hobbes에 버금가는 입지를 확보한 학자라는 평가를 받았습니다.

롤즈는 1921년 미국 메릴랜드주 볼티모어에서 태어났습니다. 1939년 프린스턴 대학교 철학과에 입학하여 1943년에 졸업하고, 제2차 세계대전에 참전합니다. 이 때 인간의 악행을 목격하였지만, 그 개선 가능성을 믿고 스스로 현실적 이상주의라는 입장을 평생 견지한 낙관주의자였습니다.

제2차 세계대전이 끝나고 프린스턴 대학에서 도덕철학을 연구하여 1950년에 철학박사 학위를 받았고, 1952년부터 약 2년간 영국 옥스퍼드 대학에서 하트H. L. A. Hart, 벌린I. Berlin, 헤어R. M. Hare와 같은 철학자들과 교류하면서 자신의 견해를 발전시키는데 많은 영향을 받았다고 합니다. 이후 1953년부터 코넬 대학과 메사추세츠 공대MIT에서 교수로 재직하였고, 1962년부터 2002년 81세로 세상을 떠날 때까지 약 40여 년을 하버드 대학 철학과에서 종신직 교수로 철학을 연구하고 학생들을 가르쳤습니다.

롤즈는 1958년 「공정으로서의 정의」Justice as Fairness라는 논문을 발표하고, 사회정의에 대한 현대적 해석의 문제를 집중적으로 연구하여 「분배적 정의」, 「시민불복종」, 「정의감」 등의 논문을 발표하였습니다. 그러한 탐구의 결실로 세상에 모습을 드러낸 것이 1971년에 출간한 『정의론』입니다. 이 책은 출간과 함께 20세기를 대표하는 고전의 하나로 주목받았습니다. 그의 영향을 받은 학자는 수없이 많지만, 특히 누스바움M. C. Nussbaum, 네이겔T. Nagel 등 뛰어난 학자들을 배출했으며, 20세기 철학사에서 롤스주의Rawlsianism라는 철학적 지향을 이룩하였습니다.

롤즈는 학문적으로 큰 성공을 거둔 학자이지만, 많은 저서를 남기지는 않았습니다. 그의 저서로는 『정의론』 외에 『정치적 자유주의』*Political Liberalism, 1993*, 『만민법』*The Law of Peoples, 1999*, 『도덕철학사 강의』*Lectures on the History of Moral Philosophy, 2000* 등이 있습니다. 롤즈는 1997년 뇌졸중으로 쓰러진 뒤에도 몸이 조금만 회복되면 연구와 저술 활동을 멈추지 않았을 정도로 연구에 진지하였고 매우 성실했다고 합니다.

또한 롤즈는 유머 감각이 뛰어나고 겸손한 사람이었다고 합니다. 포기T. Pogge 예일대 철학과 교수는 롤즈가 다른 사람들을 배려했던 모습을 다음과 같이 회상합니다. "하버드 대학 철학과에서 조교수 후보자들을 인터뷰하던 날이었습니다. 한쪽에 후보자들이 있었고 반대편에는 교수진이 앉아있었습니다. 해가 지고 있어서 후보자들이 햇빛을 마주하게 되자, 롤즈가 일어나 창문을 등지고 섰습니다. 자기 그림자로 햇빛을 막아주기 위해서였습니다. 그의 겸손함과 다른 사람들을 생각하는 마음을 보여주는 일화입니다. 특히 자기보다 서열이 낮거나 약한 이들을 생각했죠. 롤즈는 굉장히 따뜻한 사람이었습니다." 이렇듯이 롤즈는 어떻게 선을 행할 것인가를 고민하는 데 그친 것이 아니라 자신의 삶을 통해 직접 실천한 사람이라고 말할 수 있습니다.

단웅이 롤즈가 정의만을 탐구하고 정의론을 쓰게 된 이유가 있을까요? 그리고 롤즈가 『정의론』을 썼던 당시의 시대 상황도 궁금합니다.

이 교수 롤즈가 정의론을 구상하던 1960년대는 미국에서 본격적인 민권운동이 시작된 시기였습니다. 미국은 인종 차별로 인한 갈등이 심각한 사회문제가 되고 있었습니다. 흑인은 노예해방 이후에도 온갖 차별을 받으며 살고 있었기 때문입니다.

1954년 공립학교에서의 인종 분리 교육이 위헌이라는 결정이 내려집니다, 하지만, 1957년에 알칸소주 리틀락Little Rock에서 흑인의 백인 고등학교 입학을 둘러싸고 연방정부와 주정부가 충돌하는 사건이 벌어집니다. 주지사가 주방위군을 동원하여 흑인 학생들의 등교를 저지하자 아이젠하워 대통령은 연방군을 파견하는 등 강력하게 대응한 것이죠. 이렇게 전개되던 인종 차별 극복을 위한 민권운동이 1962년 미시시피에서 다시 충돌을 일으키게 됩니다. 미시시피 대학이 2차대전 참전용사인 제임스 메레디스라는 흑인의 입학을 거부하자, 연방법원이 메레디스의 입학을 허가해야 한다는 판결을 내렸습니다. 미시시피 주지사가 거부권을 행사하였고, 법무장관인 로버트 케네디가 연방군을 동원하는 등 강력하게 대응하였습니다. 이는 격렬한 폭동으로 이어졌고, 많은 사상자가 발생했습니다. 결국 연방군이 폭동을 진압하였으며, 메레디스는 대학에 등록할 수 있었습니다. 마틴 루터 킹Martin Luther King 목사가 앨라배마주 버밍햄에서 흑백차별 철폐 운동을 시작한 것도 이때의 일입니다. 이러한 배경 속에서 시작된 킹 목사의 비폭력 민권운동은 미국에 커다란 변화를 불러일으켰습니다.

이러한 시대적 상황은 인종 차별과 같은 사회적 문제에 대해 많은 관심을 가지고 있었던 롤즈에게 불평등, 나아가 사회정의의 실현에 대해 깊이 탐구하는 계기가 되었습니다.

단웅이 1971년 롤즈의 『정의론』이 출간된 이후 정의에 대한 논의가 활발해졌다고 하셨는데, 그 이유가 무엇인가요?

이 교수 두 가지 이유를 들 수 있습니다. 하나는 공리주의 정의론의 극복이고, 다른 하나는 가치 상대주의와 냉전 이데올로기의 극복입니다.

공리주의는 사회 구성원 한 사람, 한 사람의 선호를 공평하게 고려하고, 그것을 집적하여 '최대 다수의 최대 행복'the principle of greatest happiness의 실현을 도모하는 것에 의해 사회적 복리의 증진을 지향하는 입장입니다. 공리주의는 효용이라는 단일의 원리를 판단규준으로 하면서도 사회 복리의 내용에 관해서는 당해 사회의 구성원이 실제로 가지는 선호에 열려 있습니다. 그러므로 공리주의에서는 사회에 속한 모든 개인의 행복의 총화 혹은 평균치가 행동의 정당한 유일한 기준이 됩니다. 이 때문에 공리주의는 자주 정의 이념 자체에 대립하는 것으로 간주되었으나, 보편주의적 요청을 정의 이념의 핵심으로 본다면 공리주의도 하나의 정의 기준을 보여주는 것이라고 말하지 않을 수 없습니다. 왜냐하면, 공리주의는 사회 전체의 행복을 산정함에 있어서 '어떤 사람도 한 사람으로서 산입되지 않으면 안되며, 어떤 사람도 한 사람 이상으로 산입되어서도 안된다.'는 유명한 격언이 보여주는 공준平等算入公準에 의거하고 있기 때문입니다. 또한, 이 공준 아래에서는 다른 모든 개인의 행복도 그 정도에 있어서 같다면, 사회 전체의 행복에 똑같은 기여를 하는 것으로 인정되고, 개인의 행복의 존중에 있어서 개체성의 차이에 의한 차별이 금지되기 때문입니다.

이와 같이 공리주의는 공적인 이익을 확보하는 데 있어서 입법 이외에도 각종의 실천영역에서 중요한 근거로 되어 왔습니다.

공리주의는 가치상대주의적인 측면도 가지고 있을 뿐만 아니라, 개개인이 자유롭게 이용할 수 있는 선호를 공평하게 고려한다는 점에서 민주제에 적합하고, 사회적 효용을 산정할 때 과학적이고 객관적인 방법을 이용한다는 점에서 과학적 합리주의의 경향에도 상응합니다. 그렇기 때문에 공리주의는 단순함과 통일성, 경험주의적 색채 때문에 과학적 합리주의나 가치 상대주의의 추세 속에서도 오랫동안 정의의 판단기준으로서 지지를 받아왔습니다.

하지만, 아무리 이해의 조정이 중요하고 사회 전체의 복리 향상이 바람직한 사회적 목적이라고 해도, 공리주의는 개인의 존중과 소수자의 이익에 대한 배려에 충분하지 못하다는 문제가 있습니다. 또한 가치상대주의의 입장에 머무르는 한, 자유주의적인 법제도에 구체화되어 있는 자유와 평등이라는 기본 가치를 적극적으로 기초 지울 수 없다는 비판이 있습니다. 특히 공리주의에 따르는 경우 개인의 다양성이나 독자성에 대한 진지한 배려를 할 수 없다는 점과 사회 전체나 다수자의 이익을 위해서는 개인이나 소수자의 이익이 희생되어도 정당화될 수 있다는 점에서 비판을 받습니다. 또한 사회의 이익을 비교형량할 때, 어떠한 기준으로 개인의 선호를 비교하고 측정하며, 그 행위가 초래하는 귀결을 어떻게 예측하는가에 대한 의문도 제기되어 왔습니다.

또한, 미국에서는 제2차 세계대전 이후 오랫동안 가치상대주의 사조와 냉전기의 이데올로기 대립 때문에 정의에 관하여 정면에서 논

공리주의자 벤담J. Bentham, 1748~1832의 오토 아이콘

자신의 몸을 해부용으로 기증한다는 벤담의 유언에 따라 시신은 해부학 실험에 사용되었고, 실습 후 골격을 미라로 제작하여 영국 유니버시티 칼리지 런던UCL에 오토 아이콘으로 전시하고 있습니다.
영생의 축복에 대한 믿음으로 해부가 금기시 되던 당시, 의학의 발전을 위해 자신의 몸을 기증한 벤담의 행동은 '최대 다수의 최대 행복'을 주장한 자신의 이론을 실천한 것이라고 볼 수 있습니다.

하는 것을 꺼리는 지적 분위기가 있었습니다. 그러나 1960년대의 흑인해방운동이나 베트남전쟁 등을 통해 드러난 자유·평등·정의라는 건국이념의 형해화와 자유주의의 파탄은 누구의 눈에도 분명한 것이었습니다. 아울러 세계화의 확산과 자본주의의 심화로 경제적·정치적·사회적 불평등이 심화되었음에도 그러한 불평등에 무감각한 모습을 보이기도 합니다. 이에 불평등을 해소하고자 하는 사람은 사회문제의 해결을 위해 불평등에 무감각한 사람들에게 불평등은 해소되어야 하는 것이고, 그것을 위해 노력해야 한다고 설득하게 됩니다.

이러한 위기적 상황 속에서 롤즈의 『정의론』이 탄생한 것이죠. 롤즈는 인권론의 입장에서 공리주의를 대신할 실질적인 정의 원리를 체계적으로 구성하려고 시도한 것입니다. 롤즈는 "진리가 사고체계에 있어서 제1 덕목인 것처럼, 정의는 사회제도의 제1의 덕목이다. …… 사회 전체의 복지조차도 무시할 수 없는 정의에 기초 지워진 불가침인 것을 각인은 가지고 있다,"고 주장하며, 로크J. Locke, 루소J. J. Rousseau, 칸트I. Kant의 사회계약설에서 보였던 자연상태·사회계약·자연권 등의 이론 요소를 현대적으로 재구성하여 독창적인 수법으로 새로운 규범적 정의론을 수립하고, 자유주의적인 질서의 옹호와 그 철학적 기초를 시도하였던 것입니다. 그의 정의론은 정의의 이념을 근본적으로 따져 물어 효용 대 권리라는 논쟁의 새로운 체계를 제공하였으며, 또한 사회적 정의의 관념을 중심으로 하는 실질적 정의론을 광범위한 정치적·사회적 관심에 의해 지지되는 하나의 학문으로서 복권시킨 선구였다고 말할 수 있습니다.

단웅이 롤즈의 『정의론』의 전체적인 특징과 내용에 대해서 소개를 해 주세요.

이 교수 『정의론』은 정의의 정의定義에 대한 학문적 탐구 과정입니다. 또한 '무엇을 정의롭다고 하는가'에 대한 논리적 정당성을 추구하는 사고 과정이기도 합니다. 『정의론』에서 롤즈의 연구는 '자유'와 '평등'이라는 인류의 오랜 과제를 어떻게 동시에 풀어내느냐는 데 초점이 맞춰져 있습니다. 롤즈는 이 이율배반적인 주제를 하나로 통합하기 위해 자유주의의 틀 속에 사회주의적 요구를 끌어안는 방식을 취합니다. 요컨대, 자유주의적 사회주의 또는 자유주의적 평등주의라고 불리는 방식입니다.

　　이 책은 1부 원리론, 2부 제도론, 3부 목적론으로 구성되어 있습니다. 1부에서는 우리가 정의를 탐구함에 있어 어떤 논리적 전제가 필요한지를 논하며, 공정으로서의 정의, 정의의 원리, 원초상태 등을 다루고 있습니다. 2부는 정의의 원리를 현실 세계에 적용할 때 어떤 기준들이 필요한가를 다양한 측면에서 논하고 있으며, 법과 자유, 분배의 몫, 시민 불복종 등 우리가 정치 생활 속에서 부딪힐 수 있는 현실적 주제들을 다루고 있습니다. 3부에서는 정의의 정당화에 대해 논하면서, 합리성으로서의 선, 정의감, 정의는 선인가라는 문제를 다루고 있습니다.

『정의론』의 핵심 이론들은 대부분 1950년대에 구상되었고, 1960년대에 연구 작업을 거쳐 1971년에 출판되었습니다. 이 시기는 공리주의가 도덕철학과 정치철학의 담론을 지배하고 있었습니다. 롤즈는, 『정의론』 서문에서 밝히고 있는 것처럼, '공정으로서의 정의'라는 이론을 통해 공리주의를 극복하는 대안적인 이론체계를 모색하려고 했습니다. 롤즈의 평생 관심사는 합리적인 사고를 하는 모든 사람들이 공정한 입장에서 수락할 수 있는 정의의 원리를 수립하는 것이었습니다. 『정의론』은 오랜 탐구 끝에 그의 관심사가 결실을 맺은 대표작이자 20세기 최고의 정치철학서라고 말할 수 있습니다.

정의의 두 원리

단비　그러면 롤즈는 정의를 무엇이라고 했나요? 롤즈의 정의의 기준은 무엇입니까?

이 교수　롤즈는 정의의 원리로서 두 가지를 제시합니다.

제1 원리는, 모든 사람은 다른 사람들의 유사한 자유와 양립할 수 있는 가장 광범위한 기본적 자유에 대하여 동등한 권리를 가져야 한다는 '평등한 자유의 원리'입니다. 이는 정치적 자유_{투표의 자유와 공직에} _{취임할 자유}, 언론과 결사의 자유, 양심의 자유와 사상의 자유, 신체의 자유, 사유재산권 등 자유주의가 강조하는 기본적인 자유를 평등하게 보장할 것을 요구하는 것입니다.

제2 원리는, 사회적, 경제적 불평등은 다음과 같은 두 조건을 만족시키도록 조정되어야 하며, 첫째, 그 불평등이 모든 사람들에게 합당하게 기대되고, 둘째, 그 불평등이 모든 사람들에게 개방된 지위와 직책에 결부되어야 한다는 '차등의 원리'입니다. 이는 모든 사람들에게 공정한 기회를 보장하고_{공정한 기회균등 원리}, 나아가 사회적·경제적으로 혜택을 적게 받는 사람들에게 많은 혜택이 돌아갈 수 있도록 불평등한 분배를 정당화하는 것입니다_{격차 원리}.

단비 그렇군요. 제1 원리는 자유주의로 제2 원리는 사회주의로 이해하면 되는 건가요?

이 교수 맞습니다. 제1 원리는 평등한 시민의 기본적 자유가 희생되어서는 안 된다는 자유주의의 이상을, 제2 원리는 사회경제적 불평등을 해결하기 위해 불리한 위치에 있는 사람들의 이익을 위한 불평등한 분배를 정당화하는 사회주의의 이상을 보여준다고 말할 수 있습니다. 이 때문에 롤즈는 자유주의 이념과 사회주의 이념을 체계적으로 잘 통합했다는 평가를 받습니다.

다만, 롤즈는 기본적 자유에서 자본주의적 시장의 자유라고 할 수 있는 생산 수단의 소유, 사유재산의 상속·증여의 자유를 제외합니다.

그러한 자유는 경험적으로 결정해야 할 정치적·사회적 문제로 보는 것이죠. 여기에 롤즈의 자유주의의 특징이 있습니다. 또한, 모든 사회적 가치자유, 기회, 소득, 재산 및 자존감의 기반는 모든 사람에게 이익이 되지 않는다면 평등하게 분배되어야 한다고 봅니다. 그래서 모든 사람에게 이익을 주지 않는 단순한 불평등을 부정의가 된다고 봅니다.

『정의론』을 번역한 황경식 교수는 "롤즈가 로크보다 더 평등주의적이고, 마르크스보다 더 자유주의적인, 그야말로 자유주의적 평등주의의 이념을 옹호하고 있다."고 평가합니다. 그러나 롤즈의 정의론은 자유주의자들에게서는 자신의 생산물을 점유할 자유를 제외했다는 비판을, 사회주의자들에게서는 생산 수단의 소유 문제를 원리가 아니라 경험의 영역에 넘겨주었다는 비판을 받기도 합니다.

단비 롤즈의 제1 원리인 평등한 자유의 원리나 제2 원리 중에서 공정한 기회 균등 원리는 정의 원리로서 이해가 되는데, 격차의 원리는 잘 이해되지 않습니다. 그것은 사람들을 불평등하게 취급하는 것이 정의라는 말인데, 정의는 평등이 아닌가요? 불평등한 취급이 정의가 될 수 있는 것인가요?

이 교수 그렇습니다. 정의의 이념은 평등이지요. 하지만 근대 자유주의에서의 평등이 인간의 이성을 기초로 한 형식적 평등이 되면서 분배의 문제에서 오히려 실질적으로 불평등이 심화되었습니다. 이러한 부의 불평등은 사회의 통합을 해치게 되고, 나아가 사회의 안정도 장담할 수 없게 되었지요. 그래서 자유주의 정의론을 비판하고 수정하는 마르크스주의처럼 필요에 따른 분배를 주장하는 이론도 나왔던 것이지요. 하지만, 자유주의에는 불평등의 문제가, 사회주의에는 효율성의 문제가 있습니다. 만약 모든 사람이 자신의 삶에 만족하고 불만이 없는 사회가 되면 이러한 문제들은 쉽게 해결되겠지요.

　롤즈는, 사회가 상호 간의 이익을 위한 협동체이지만, 그것은 이해관계의 일치뿐만 아니라 상충이라는 특성도 동시에 갖는다고 봅니다. 또한 현실 사회에서는 모든 사람들의 요구를 만족시켜줄 재화가 부족합니다. 이러한 현실에서 최대한 많은 사람이 만족할 가장 좋은 분배의 방법이 무엇일까요? 많은 학자들이 이 문제를 해결하기 위해 노력해왔고, 그 중에서 널리 받아들여진 이론이 공리주의입니다. 공리주의는 최대한 많은 사람을 만족시킨다는 원리에 가장 충실한 이론이기 때문입니다. 하지만 공리주의는 전체를 위해 소수의 희생을 강요하는 문제가 있습니다.

　롤즈는 자유주의, 사회주의, 공리주의의 문제점을 보완할 수 있는 새로운 원리와 방법을 제시하려고 한 것이죠. 그래서 사회계약론을 이용하여 불평등한 분배를 정당화하는 정의론을 제시하려고 했던 것입니다.

사회계약론, 원초상태, 그리고 무지의 베일

단웅이　사회계약론과 롤즈의 정의론, 언뜻 연결이 잘 안되는데요.

이 교수　그렇지요. 그렇다면 내가 질문을 하나 할게요. 정의의 기준이 있나요? 만약 정의의 기준이 있다면 우리는 어떻게 하면 될까요?

단웅이 정의의 기준이 있다면, 찾으면 되지요. 그리고 그 정의의 기준에 맞춰 살아가면 되지 않을까요?

이 교수 그렇습니다. 만약 정의의 기준이 있다면 그것을 찾고, 그 정의의 기준에 맞춰 살아가면 되겠지요. 그러면 그 정의의 기준은 어떻게 찾지요?

정직한 사람을 찾는 디오게네스Diogenes

출처: iStock

단웅이 글쎄요. 그리스의 철학자 디오게네스처럼 등불을 들고 다니면서 찾을 수 있는 것도 아니고……

이 교수 근대 합리주의자들은 이성으로 찾을 수 있다고 보았습니다. 이성이 뛰어난 자가 정의를 찾아서 "이것이 정의다."라고 알려주는 것이지요. 그런데, 그들이 찾은 정의가 정말로 정의일까요? 그걸 어떻게 증명하죠? 또, 정의가 있기는 할까요? 정의가 없다면요?

단웅이 어렵네요. 정의를 이성으로 찾았으니, 그 증명도 이성으로 하면 될 거 같습니다만. 그런데 정의가 없다면, 어떻게 해야 하죠? 만들어야 하나요?

이 교수 이성적 증명은 논리적 증명에 불과하죠. 때로는 기본적으로

안데르센 〈벌거벗은 임금님〉　　출처: Alamy

성격이 다른 기준이 같은 정의의 내용을 주장하기도 하고, 심지어는 서로 모순되는 주장이 정의의 이름으로 정당화되기도 합니다. 이것은 정의에 대한 이중의 회의를 가져옵니다. 하나는 정의의 존재에 대한 근본적인 의문이고, 또 하나는 정의의 개념이나 기준에 대한 의문입니다. 즉 정의의 개념은 그 숭고한 영향력에도 불구하고 조작의 가능성만을 가진 완전하게 내용이 없는 개념은 아닌가라는 의심이죠. 마치 안데르센H. Andersen의 동화 〈벌거벗은 임금님〉에서 사기꾼이 말하는 자격이 없고 어리석은 사람에게는 보이지 않는 특별한 옷처럼요. 이러한 문제 때문에, 정의의 이데올로기 분석과 언어 분석이 우위에 서고 정의에 관한 본격적인 규범적 논의는 오랫동안 영향을 감추게 되었습니다.

정의가 존재하지 않으면, 두 가지 방법이 있습니다. 하나는 정의의 기준 없이 사는 것이고, 하나는 정의의 기준을 만드는 것이죠. 정의의 기준이 없는 상태에서는 힘이 정의가 될 수 있다는 위험성이 있기 때문에, 이성적인 인간들은 정의의 기준을 만들어서 질서와 안정을 확보하려고 합니다. 롤즈는 정의의 기준이 존재하지 않는다는 전제하에 사회계약을 통해 구성원들이 합의로 도출한 정의의 기준을 제시하려고 했던 것입니다.

단웅이 이해가 됩니다. 그러면 롤즈는 사회계약론으로 어떻게 정의의 기준을 도출하는 것인가요?

이 교수 근대 사회계약론자들은 국가가 존재하기 전의 상태를 자연상 태로 상정하고, 자연상태에서의 인민의 계약으로 국가가 성립한다고 봅니다. 롤즈도 정의의 기준이 없는 상태를 '원초상태'original position로 보고, 원초상태에서 구성원의 계약으로 정의의 기준을 도출하는 것 이지요. 롤즈는 원초상태에서는 만장일치의 합의가 이루어진다고 봅 니다. 그리고 그 정의의 기준은 사회 구성원들이 자유롭고 평등한 상 태에서 만장일치로 도출된 것이기 때문에 정당합니다.

단웅이 원초상태, 계약 또는 합의, 정의 원리의 도출, 정당성. 순서대 로 정리하면 이렇게 되겠군요. 자세히 설명을 해주세요.

이 교수 롤즈 정의론의 이론적 골격은 다음과 같습니다. 원초상태라는 일정한 공정한 절차 조건을 갖춘 상황에서, 정의 원리의 정립을 논의 하는 구성원들은 사회적 기본선의 할당을 주제로 불확실한 상황에서 의 합리적 선택의 전략에 따라 만장일치로 사회의 기본구조를 규정 하는 정의의 두 원리를 채택하는 것입니다.

먼저 원초상태부터 얘기해볼까요? 원초상태는 공정한 절차에 따 라 합의된 정의 원리가 정당하다는 것을 제시하기 위한 전제조건입 니다. 그리고 그 조건은 자유롭고 평등한 도덕적 인격에 대한 공정성 의 확보를 목표로 구성되어 있습니다.

첫 번째 조건은 정보에 관한 상정입니다. 당사자들은 '무지의 베 일'에 의해 자기의 특수이해에 관련된 개별적 사실예를 들면, 자신의 계급·

지위나 사회적 자격, 자기의 재능·체력 등의 자연적 자산·능력, 자신의 인생 계획의 상세 등을 전혀 알지 못하고, 인간사회에 관한 일반적 사실밖에 알 수 없습니다. 사람들이 알고 있는 일반적인 사실은 사회의 재화가 모든 사람의 욕구를 충족할 수 없다는 것, 즉 재화가 적절한 부족 상태라는 것입니다. 이것은 롤즈 정의론의 객관적 여건입니다.

두 번째는 동기에 관한 상정입니다. 모든 인간은 이성적입니다. 따라서 당사자들은 다른 사람의 이익에는 서로 무관심하며, 타인을 위해 자신을 희생할 정도로 이타적이지 않습니다. 그리고 이들은 삶의 목표를 추구하기 위해 합리적인 의사 결정을 하고 효율적인 수단을 모색하며, 질투·과시·원한 등에 의해서는 행동하지 않습니다. 이것은 롤즈 정의론의 주관적 조건입니다.

세 번째는 지위에 관한 상정입니다. 당사자들은 정의 원리에 대한 합의 절차에서 완전히 평등한 권리를 가집니다. 요컨대 거부권을 가지는 것이 보장되지 않으면 안 된다는 것입니다.

이러한 조건이 충족되어 있는 경우, 절차적 정의의 정당화 작용에 의해 원초상태의 공정성이 그곳에서 합의된 정의 원리의 공정성을 보장하는 것으로 간주됩니다.

단웅이 롤즈의 정의론이라고 하면 제일 먼저 떠오르는 말이 무지의 베일인데요. 무지의 베일이 가지는 의미는 무엇인가요?

이 교수 사람들은 자신에게 유리한 원리를 정의라고 주장하고 이를 원할 것입니다. 그래서 롤즈는 원초상태라는 가설적 상황을 설정하고 '무지의 베일'veil of ignorance 속에서 정의의 원리를 선택하도록 한 것입니다. 그러면 누구도 자신의 상태를 모르므로 자신에게 유리한 원리들을 구상하지 못하게 되고, 이런 가상의 상황에서 정한 정의의 원리는 공정한 합의의 결과가 됩니다. 이런 상황에서 도덕적인 인격을 가진 합리적 존재로서의 개인에 의해 도출된 기본적 합의는 공정하다고 볼 수 있기 때문입니다.

단웅이 무지의 베일에 대해 좀 더 자세히 설명을 해주세요.

이 교수 무지의 베일은 일종의 사고실험을 위한 장치입니다. 우리가 무지의 베일 속에 있다고 가정하면, 우리는 자신이 여자인지 남자인지, 부자인지 거지인지 알 수 없게 됩니다. 심지어 인종이나 종교, 재능, 성격도 알 수 없고, 우리가 이성애자인지 동성애자인지도 모릅니다. 만약 우리가 동성애자일 수도 있다면, 동성애자에 대한 차별을 정당하다고 생각할까요? 만약 우리가 여자라면, 가난한 사람이라면, 유색인종이라면, 즉 사회적 소수자일 수 있다면, 우리는 어떠한 의사결정을 할까요?

　사람들은 (무지의 베일 속에서는) 자신이 어떤 위치에 있는지 알지 못한 채 사회의 원리를 선택하게 됩니다. 이러한 원초상태에서 사람들이 합의한 것이 바로 롤즈의 정의 원리입니다. 롤즈는 이것이 정의의 원리를 정당화하는 올바른 방법이라고 생각한 것이죠. 왜냐하면 사람들 사이의 의견충돌과 갈등을 조정하는 것이 정의의 역할이기 때문입니다.

단웅이 그렇군요. 무지의 베일에 가려있다면 사람들은 사회경제적 약자들을 배려하는 의사의 결정을 내리겠군요.

이 교수 사실 도덕적인 질문은 답하기 어렵습니다. 사람들이 편향적인 시각을 갖고 있기 때문입니다. 부자들은 세금이 너무 많다고 생각하고, 가난한 사람들은 부자의 세금이 너무 적다고 생각하죠. 그래서 롤즈는 사고실험을 통해서 상황을 고려하려 하는 것입니다. 어떤 문제에 대해 정치철학적으로 고민할 때, 즉 어떤 상황에서 어떤 합리적인 결정을 내려야 할 때, 편향되지 않은 원초상태에서 생각하는 것은 합의에 도달하기 위한 좋은 방법인 셈이죠.

단웅이 그럼 사람들은 원초상태에서 어떻게 정의 원리를 도출하는 것인가요?

이 교수 아까 말했지만, 사람들은 이기적이기 때문에 무지의 베일 속에서 의사를 결정할 때 미래에 자기가 당하게 될 위험을 가장 먼저 생각합니다. 왜냐하면 내가 잘못 선택하면 엄청난 손해를 볼 수도 있으니까요. 어떻게 선택하는 것이 합리적인 선택인가, 손해를 보지 않는 선택인가를 고민합니다. 그래서 내가 사회경제적으로 어려운 위치에 있을 때, 즉 최소 수혜자가 되었을 때 나에게 이익이 되는 선택지를 고른다는 것이지요.

　　이것은 여러 선택 가능한 방법 중에서, 발생할 최악의 결과가 다른 것보다 최선이나 차선일 수 있는 선택지를 고른다는 게임이론의 규칙minimax-rule입니다. 무지의 베일에 의해 자신의 정보를 알 수 없는 상황에서는 보수적 전략에 따라서 선택하는 것이 합리적이니까요. 따라서 당사자들은 불확실한 상황에서 롤즈가 주장하는 것과 같은 정의의 두 원리를 만장일치로 선택하게 됩니다. 왜냐하면 그 선택의 결과가 자신의 인생 계획을 수행하는 데 있어 필요불가결한 기본적 자유와 최소한의 사회적 보장의 상실이라는 위험을 피할 수 있기 때문이죠.

단웅이 정의의 기준으로서 두 원리가 제시되었는데, 이 두 원리는 똑같이 적용되는 것인가요? 아니면 더 우선적으로 적용되어야 하는 원리가 있는가요?

이 교수 기본적 자유에 대한 평등한 자유의 원리에 우선적 지위가 부여되어 있습니다. 그래서 제1 원리는 제2 원리에 우선되고, 제2 원리 중에서는 공정한 기회 균등의 원리가 격차 원리보다 우선 됩니다. 따라서 평등한 자유의 원리 - 공정한 기회 균등의 원리 - 격차 원리의 순으로 적용되는 것이죠.

롤즈는 자유는 자유를 위해서만 제약될 수 있다고 말합니다. 개인의 자유를 강조한 것이죠. 이 때문에 롤즈는 자신을 자유주의자라고 말하기도 합니다. 한편, 사회의 가장 불리한 상황에 있는 사람들의 이익을 도모하기 위해 불평등한 취급을 정당화하는 격차 원리도 넣음으로써 자유와 평등의 조화적 균형을 도모하고 있습니다.

평등의 재구성으로서 가장 주목되는 것이 격차 원리입니다. 이것은 사람들의 출신이나 재능과 같은 사회적·자연적 우연에 의해 사회 경제적 이익의 분배가 좌우되는 것은 도덕적 관점에서 자의적이라고 봅니다. 개인의 재능·능력·기능 등을 사회의 공동자산으로 간주하여 가장 불리한 상황에 있는 사람들의 이익을 위해 이용할 수 있다고 하는 생각에 기초한 것입니다. 롤즈는, 이 원리에 의하면 신분이나 사회적 환경에서 타인보다 혜택을 많이 받은 사람들과 혜택을 받지 못한 사람들과의 사이에 협동을 기대할 수 있는 공정한 기반을 가질 수 있게 된다고 보았습니다. 격차 원리를 적용한 사례로는 누진 조세제도나 교육·직업의 분야에서 차별시정을 위해 사용되고 있는 적극적 우대조치affirmative action 등이 있습니다.

단웅이 롤즈는 가장 불리한 상황에 있는 사람, 즉 최소 수혜자에게 최대 이익이 되는 경우에 불평등한 분배가 정당화될 수 있다고 하였습니다. 이는 최소 수혜자의 입장에서는 자신에게 유리한 분배가 이루어져 다른 사람들과의 격차를 줄일 수 있기에 공정한 것이라 할 수 있습니다. 하지만, 불평등을 해소하기 위해 사람들을 불평등하게 취급하는 것은 역차별의 문제로, 또 다른 최소 수혜자를 낳게 만드는 것은 아닐까요? 또, 롤즈는 공리주의를 비판하고 있는데, 격차 원리는 공리주의와 마찬가지로 다른 계층의 희생을 강요하는 것은 아닌가요?

이 교수 격차 원리에 따른 적극적 우대조치로 역차별의 문제가 제기되는 것은 맞습니다. 하지만 격차 원리의 적용으로 다른 계층의 희생을 강요하는 것은 아닙니다.

예를 들어, 2006년 미국 미시간Michigan주는 주민투표를 거쳐 공립대학의 적극적 우대조치를 금지하는 법을 만들었고, 이 법에 대해 미국 연방대법원은 합헌결정을 내렸습니다. 대학교 입학 전형에서 소수인종을 우대하는 정책을 주 정부의 재량으로 폐지할 수 있다고 판결한 것입니다. 전체 대법관 9명 중 보수성향인 대법관뿐만 아니라 진보성향의 대법관 등 6명이 찬성했습니다. 이후 7개 주가 주 헌법 개정이나 행정명령으로 적극적 우대조치를 폐지했으며, 다른 주도 뒤따를 조짐을 보였습니다.

합헌 의견을 낸 케네디 대법관은 "이번 사건은 인종 우대정책에 대한 찬반을 결정한 게 아니라 누가 그 결정을 내리느냐에 관한 판결이었다."며 "주 정부가 주민투표를 거쳐 한 결정은 인정돼야 한다."고 말했습니다. 이는 주 정부가 유권자들의 투표를 거쳐 결정한 정책에 대해선 연방정부나 대법원이 마음대로 뒤집을 수 없다는 의미라고 보아야 합니다.

그러나 프린스턴대학 입학 당시 적극적 우대조치의 혜택을 본 히스패닉계 대법관 소토마요르는 "비록 주정부의 법 개정이 민주적 절차에 따라 이뤄졌을지라도 소수 집단을 억압하기 위한 건 안 된다."고 반대했습니다. 또한 흑인 등 소수계 우대정책을 지지해온 오바마 행정부도 "대통령은 (대학 합격생) 할당제에 반대하지만 인종 등의 요소를 고려하는 건 적절하다고 본다."고 유감의 입장을 표명하였습니다. 오바마 정부는 2011년 전국의 대학에 "인종, 사회경제적 배경, 소외된 지역 등을 감안한 소수계 학생들의 대학 입학 허가를 장려해달라."고 당부한 일도 있습니다. 우리나라의 적극적 우대조치의 하나인 지역 인재 할당제에 대해서도 국가 균형 발전을 위한 제도라는 주장과 역차별이라는 주장이 팽팽하게 대립하고 있지요.

격차 원리와 이에 따른 역차별의 문제는 아직도 진행 중이라고 말할 수 있습니다. 하지만 격차 원리와 적극적 우대조치는 다른 계층의 희생을 강요하는 것이 아니라, 사회의 불평등이 심화되는 것을 막기 위해 공동체 구성원들이 자발적인 의사의 합의로 결정한 것입니다. 그리고 이를 위해 롤즈가 구상한 것이 무지의 베일입니다.

공정으로서의 정의와 절차적 정의, 그리고 반성적 평형

단비　롤즈의 정의론을 흔히 공정으로서의 정의라고 하는데요. 공정으로서의 정의란 어떤 의미인가요?

이 교수　롤즈의 정의론을 '공정으로서의 정의'justice as fairness라고 하는 것은 정의 원리의 도출이나 기초 지움에도 공정한 절차적 조건이 확보되어 있고, 실질적 정의 원리의 내용이 사회적 협동을 위한 공정한 기반이 확립되어 있기 때문입니다.

　정의 원리는 기본적으로 사회적 기본선의 할당과 관계가 있습니다. 사회적 기본선은 모든 합리적인 사람들이 구체적인 인생계획과 관계없이 원하는 권리와 자유, 기회와 권한, 수입과 부, 자존감을 요소로 합니다.

　정의의 두 원리는 사회적 기본선의 할당을 정하는 것이며, 사회의 기본구조를 규정하는 것입니다. 롤즈는 정의 원리가 보장하는 배경적 정의 체계에서 개인이 자유롭게 각자의 선을 추구할 수 있다는 것을 강조합니다. 바꾸어 말하면, 선의 다양한 추구를 가능하게 하는 공정한 체계를 부여하는 것이 정의 원리인 것이죠.

　이 점에서 롤즈의 정의론과 공리주의의 정의론의 차이가 명확하

평등과 공정   출처: iStock

게 드러납니다. 공리주의가 개인의 이익을 집적하고 그 연장선에서 사회적 선을 받아들이는 것에 반하여, 공정으로서의 정의론에서는 정의가 선보다 우선되어야 합니다. 따라서 개인이 다양한 선을 추구할 수 있도록 기본적 조건을 제공하는 것이 정의의 원리이며, 그것은 개인의 선에 미리 제약을 하는 의무론적 성격이 강합니다.

단비   롤즈는 공동체 구성원들의 의사소통과 합의라는 절차를 통해 불평등한 분배의 정당성을 획득하려고 했다고 하셨는데요. 그래서 롤즈의 정의론을 절차적 정의라고 하는 것인가요? 정의 원리를 도출하는 절차나 과정이 공정하다면 절차적 정의가 실현되었다고 할 수 있는 것인가요?

이 교수   그렇습니다. 롤즈의 공정으로서의 정의론은 순수한 절차적 정의론입니다. 정의란 철학적 진리나 종교적 신념이 아닌 사회적 합의의 대상이며, 공정한 절차에 의해 합의된 것이면 정의롭다는 것이죠.

순수한 절차적 정의가 성립하는 경우에는 올바른 결과에 대한 독립적인 기준이 없으며, 그 대신에 바르고 공정한 절차가 있어서 그 절차만 제대로 따르면 내용에 상관없이 그 결과도 바르고 공정하게 된다는 것입니다. 따라서 분배과정의 기본구조에 배경적 정의가 유지되고 있다면, 개개의 분배 결과 사이에 어느 것이 보다 정의에 적합한가는 문제가 되지 않습니다.

이것은 도박에서 볼 수 있는데요. 사람들이 공정한 내기에 가담했다면, 마지막 판이 끝난 후의 현금 분배는 내용에 상관없이 공정하거나 적어도 불공정하지는 않을 것이라는 거죠. 여기에서 가정된 공정한 내기란 이득에 대한 0의 기댓값을 가지며, 그 내기가 자발적으로 성립되고 아무도 속이지 않는 것입니다.

공리주의는 현실의 욕구나 선호의 만족을 분배의 평가 기준으로 보는 불완전한 절차적 정의론입니다. 그에 반해, 롤즈의 순수한 절차적 정의는 사람들의 욕구나 선호에 좌우되지 않고 오히려 그것의 추구에 일정한 제약을 가하여 사회경제적인 제도를 평가하는 기준을 설정하는 것입니다.

단비   그럼 절차적 정의를 실현하기 위한 조건은 무엇인가요?

이 교수   공정한 절차는 사회 구성원들이 자유롭고 평등한 상태에서 출발하여 합의에 도달해야 한다고 봅니다.

만약 사람들이 자신의 선천적 능력이나 지위 등을 알고 있다면, 선천적 능력이 뛰어난 사람들은 능력에 따른 분배를 선호할 것이고, 반면에 선천적 능력이 뛰어나지 않은 사람들은 평등적 분배원리를 선호할 것입니다. 이런 상태에서는 공정한 합의가 이루어질 수 없겠죠.

따라서 성별, 학력, 지위, 재력 등 모든 임의적인 요소가 배제 된 상태에서 가장 공정한 분배 기준이 정해질 수 있다는 것입니다. 그 공정한 합의의 전제가 되는 것이 원초상태이고, 무지의 베일입니다. 합의를 위한 최초의 출발점이 공정한 상태가 되게 하기 위한 것이죠.

단비 정의 원리를 도출하는 절차나 과정이 공정하면 정의가 실현되었다고 할 수 있는 것인가요?

이 교수 반드시 그렇지는 않습니다. 원초상태에서의 공정한 절차에 의해 사회계약으로 도출된 도덕 판단인 정의 원리는, 시행착오적인 자기반성에 의해 찾은 도덕 원리와 정합적으로 합치하는 반성적 평형상태를 이루어야 합니다.

　반성적이란, 자기의 도덕 판단이 어떤 도덕 원리에 적합하다는 것과 그 도덕 원리가 도출되는 전제를 알고 있다는 것을 의미합니다. 그리고 평형상태라는 것은, 우리가 찾은 도덕 판단이 도덕 원리와 부합한다는 것입니다. 이것이 정의 원리와 도덕 판단, 그리고 사회계약과 관련된 인간관, 사회관, 도덕관 등의 정합성을 추구하는 넓은 의미의 반성적 평형입니다.

단비 그렇다면, 찾아진 정의의 원리가 도덕 원리와 평형을 이룬다는 것이 정의의 원리와 별개로 (선험적) 도덕 원리가 있다는 의미가 아닌가요? 원초상태는 도덕적 원리가 없는 상태라고 했는데, 논리적으로 모순되는 것 같은데요.

이 교수 롤즈는 선험적 정의 원리도덕 원리가 존재하지 않는다고 봅니다.

따라서 반성적 평형은 (선험적으로) 존재하는 도덕 원리와 도출된 도덕 원리의 평형이 아니라, 사람들이 살아가면서 숙고라는 과정을 통해 얻은 도덕 원리와 합의로 도출된 도덕 원리가 평형을 이룬다는 것을 말합니다.

앞에서 얘기했지만, 사람들은 원초상태에서 불평등한 사회의 기본구조를 정확하게 판단하고, 이 판단에 부합하는 도덕 원리를 숙고하여 선택합니다. 예를 들어, 사람들은 종교적 차별이나 인종 차별같이 정의롭지 못한 문제들을 검토하여, 공정한 판단이라고 믿는 신념에 도달합니다. 이것이 어떤 정의론도 부합하리라고 예상하는 잠정적 고정점fixed points입니다. 그리고 원초상태에서 선택한 원리들이 잠정적 고정점과 부합하는지 살펴보아야 합니다. 이 과정에서 우리는 원초상태의 조건을 변경하기도 하고, 잠정적 고정점을 철회하거나 조정하기도 합니다. 결국 여러 가지 합당한 조건을 잘 반영하고 숙고된 판단과도 일치하는 상황을 찾게 됩니다. 즉, 명백한 규제 원리에 의해 현재의 도덕 판단이 변경되고, 이 새로운 판단에 적합한 새로운 규제 원리의 탐구가 시작되는 것이죠. 이렇게 반성적 평형상태는 안정된 것이 아니라 바뀔 수 있는 것입니다.

규범적 정의론의 복권과 정치철학의 르네상스

단웅이   롤즈의 정의론은 어떤 평가를 받고 있나요?

이 교수   존 롤즈의 정의론은 개인의 자유와 더불어 사회적 평등을 강조하기 때문에 '평등주의적 자유주의'egalitarian liberalism라고 불리기도 합니다. 그의 이론은, 개인의 능력이나 기여도를 중시하는 자유주의 이념과 실질적 평등을 강조하는 사회주의 이념을 가장 체계적으로 통합하였다고 평가할 수 있습니다.

제1 원리는, 인간다운 삶을 위한 사회경제적 최저생활이 보장되는 한에서라면, 개인의 기본적 자유는 사회 전체의 경제적 복지의 증진이나 다수의 자유를 위해서도 희생될 수 없다는 것입니다. 자유는 자유를 위해서만 제한될 뿐이라는 것이죠. 이것은 사회 전체의 이익을 위해 자유가 제한될 수 있다는 공리주의 정의관의 치명적 약점을 극복하기 위한 대안으로 롤즈 정의론의 핵심이라고 할 수 있습니다.

제2 원리는 사회적·자연적 우연에 의해 주어진 개인의 능력이나 재능을 사회의 공동자산으로 간주하고, 이를 최소 수혜자의 이익을 위해 이용하자는 것입니다. 이를 통해 자유지상주의의 형식적 평등 원리가 초래했던 불평등의 문제를 개선하기 위한 새로운 시각을 제시함으로써, 분배적 정의의 문제를 기회의 형식적 평등에서 실질적 평등으로 끌어올리는 전환의 기초를 제공했다고 할 수 있습니다.

단웅이 하지만, 롤즈의 정의론은 자유주의를 비롯해서 많은 학자들로부터 비판을 받은 것으로 알고 있는데요. 롤즈의 정의론에 대한 비판에 대해서도 알려주세요.

이 교수 그렇습니다. 롤즈의 정의론은 시대의 요청에 적합하고, 또 그 두드러진 철학적 독창성 때문에 높은 평가를 받았습니다. 하지만, 규범적 정의론의 도화선을 다시 일으킨 것만큼 그 방법론과 정의 원리의 내용에 대해서 다양한 비판이 가해지기도 했습니다. 자유지상주의자들로부터는 그의 자유주의관이 자신의 생산물을 점유할 자유를 제외했다는 비판을 받고 있으며, 사회주의자들로부터는 생활수단인 소유 문제를 원리가 아니라 경험의 영역에 넘겨주었다는 비판을 받고 있습니다.

자유지상주의자는 선천적 능력이나 자질을 우연적인 것으로 보아 개인의 권리로 인정하지 않는 롤즈의 주장에 반대합니다. 자유지상주의자들은 선천적 능력이나 자질을 개인의 배타적 권리로 인정합니다. 즉 타고난 육체적·정신적 능력도 그 개개인의 소유물이라는 것이죠. 또한, 제1 원리와 제2 원리, 즉 자유 우선성 원리와 차등 원리가 양립할 수 없다는 비판도 있습니다. 자유를 제한하는 조건에서 경제적 요소를 배제하는 것은 임의적이며, 평등한 자유의 가치가 없는 평등한 자유는 무의미한 추상일 뿐이기 때문입니다.

사회주의자는 롤즈의 인간관이 이데올로기적 편향성과 비역사성이라는 중요한 결함이 있다고 비판합니다. 롤즈는 인간을 자유롭고 평등한 개인으로 봄으로써 인간관의 중립성을 유지하려고 하지만, 계급사회에서 자유와 평등은 외부적으로 주입된 계급 의식에 불과한 지배 계급의 이데올로기적 편향성의 발로라고 봅니다. 또한 차등 원리를 역사적 맥락으로 적용하면 사회의 다양한 변화 가능성에 대처할 수 없는 반역사적인 형식주의의 문제가 있다고 비판합니다.

그 외에도 공동체주의자는 롤즈의 인간관이 형이상학적 무연고적 자아를 함축하며 자의적인 선택 주체로서 가지는 구성적 자아를 배제한다고 주장합니다. 특히 샌들M. J. Sandel은 구성원들이 공동체 의식으로 결합되어 공동체에 의해 자아동일성이 규정되는 진정한 공동체의 의미를 롤즈가 받아들이지 못한다고 비판합니다.

공리주의자는 원초상태의 무지의 베일이 당사자의 선호를 배제하기 때문에 자유 우선성에 대한 당사자들의 지속적인 선호 체계는 불가능하고, 따라서 당사자들의 합리적 이해관계를 고려하면 자유 우선성 원리가 성립할 수 없다고 비판합니다.

단웅이 롤즈 정의론에 대한 비판이 아주 다양하게 전개되었군요. 그러면, 롤즈 『정의론』의 가치는 무엇일까요?

이 교수 롤즈는 사회정의, 특히 분배적 정의의 문제를 집중적으로 연구해 독창적인 이론을 전개했습니다. 정의의 기준은 공정한 절차를 바탕으로 구성원들의 합의를 통해 사회계약으로 도출되어야 한다는 것이죠. 정의의 원리는 철학적 진리나 종교적 신념과 같이 이미 존재하는 것이 아니라 사회적 합의의 대상이므로, 구성원들이 공정한 절차와 합의를 거쳐 스스로 만들어야 한다는 것입니다.

이렇게 도출된 사회적 약자를 배려하는 정의 원리는 복지국가의 이론적 근거로 활용됩니다. 롤즈의 정의론은 자유와 평등의 조정, 사회경제적 약자의 복지증진 등 사회정의를 둘러싼 현대적 과제에 하나의 기준을 제시함으로써 이후 정의론의 진전에 큰 자극과 유력한 방향 설정을 제시하였습니다. 롤즈의 정의론에 위해 규범적 정의론의 복권과 규범적 정치철학의 부활이 이루어졌다는 점에서 그 가치를 찾을 수 있습니다.

단웅이 롤즈의 『정의론』이 어려워서 읽다가 포기하는 사람들이 많다고 들었습니다. 『정의론』을 어떻게 접근하는 것이 좋을까요?

이 교수 그렇지요. 『정의론』이 쉽게 읽혀지는 책은 아니지요. 녹색의 표지에 어려운 내용과 많은 분량 때문에 하버드의 학생들이 그린 몬스터green monster라고 불렀을 정도니까요.

책의 제목처럼 『정의론』은 정의의 문제, 특히 분배적 정의에 대한 연구입니다. 롤즈의 정의론을 이해하기 위해서는 정의에 대한 이해가 선행되는 것이 좋습니다. 따라서 정의에 대한 논의의 역사적 전개 과정과 그 이론에 대한 정리가 이루어진 다음에 롤즈의 정의론을 보면 좋습니다. 어떤 사상이란 것은 그 사회를 배경으로 이루어지는 것이고, 그 사상은 변화하는 사회의 요청과 함께 변화하는 것이거든요. 흔히 꼬리에 꼬리를 문다고 하지요. 사상 또한 그렇습니다.

롤즈의 정의론이 공리주의를 극복하기 위한 이론이라면 공리주의에 대한 이해가 필요하고, 공리주의가 사회주의를 극복하기 위한 이론이라면 사회주의를, 사회주의가 자유주의를 극복하기 위한 이론이라면 자유주의를 먼저 알아야 하는 것이죠. 먼저 새뮤얼 플레이쉐커Samuel Fleischacker의 『분배적 정의의 소사』*A short history of distributive justice*를 추천합니다. 분배적 정의에 관한 국가의 역할과 의무에 대한 사상의 변화를 빈민과 빈곤의 문제를 단서로 고대부터 현대까지 정리한 책입니다. 이 책에 나오는 정의의 논의와 관련된 개념이나 사상을 이해하고 롤즈의 정의론을 접하면 책 읽기가 좀 더 쉬울 겁니다. 이 책을 단서로 참고문헌에 소개된 책들도 읽어 보세요. 각 사상가들의 정의론을 정리하면 정의론에 대해 가지를 치고 뿌리를 깊게 할 수 있으니까요.

단웅이 정의에 대한 이해를 깊게 하고 정의에 대한 자신의 기준을 세우기 위해 어떻게 하는 것이 좋을까요?

이 교수 우리가 정의에 대해 고민하면서 찾아야 하는 것은 정의의 기준이 되는 원리가 무엇이고 그것을 어떻게 정당화할 것인가입니다. 이러한 원리는 반드시 하나일 필요도 없고, 특정되지 않아도 좋습니다. 복수로 존재하는 때에는 그 우선순위를 결정하는 규칙이나 그것을 대신할 어떤 조정절차가 있으면 됩니다. 물론 이러한 규칙이나 절차도 정당화를 필요로 하지요.

정의를 공부하는 것은 우리가 사는 사회와 함께 사는 사람들을 이해하기 위한 것입니다. 롤즈의 정의론이나 이를 통해 활발해진 정의에 관한 논의를 어떻게 평가하는가는 견해가 나뉩니다. 하지만, 어떠한 학문적 입장도 시도하지 않는다면 판명되지 않습니다. 오히려 그 대상 영역에 있어서 다양한 탐구와 시행착오를 거치면서 쌓아오는 과정에서 증명되는 것입니다. 그 의미에서, 정의에 대한 다양한 이론을 정리하고 그것을 비판적 시각에서 평가하는 것을 통해 우리는 자신의 정의관을 확립할 수 있을 것입니다.

정의의 과제는 공동체 구성원의 화해와 참된 평화를 도모하는 것이라고 할 수 있습니다. 그러한 정의의 과제는 추상적으로만 전개되어서는 안 되고, 무엇을 해야 하는가라는 물음에 구체적이고 주체적으로 응답해야 합니다. 이러한 의미에서 정의는 형식적인 것이 아니라 실천적일 것을 요구하는 것이며, 중립적으로 판단하는 것에 그치는 것이 아니라 주체적으로 실천할 것이 요구되는 것입니다. 따라서 우리는 사회에서 누가 약자이며, 약자이기 때문에 피해를 받고 있는 당사자가 누구인지 밝혀내고, 그들을 위하여 그들 편에 함께 서서 강자로부터의 부당한 처우에 맞서야 하는 것입니다. 그리하여 정당한 평화를 실현하는 것입니다. 이와 같이 정의의 과제는 현실의 인식과 분석에 머무는 것이 아니라 현실의 개혁이라는 실천에 있음을 깨달아야 합니다. 정의라는 이념이 없다면 사회는 현실의 안개 속에 침잠해 있을 수밖에 없고, 정의의 빛이 없다면 그 출구를 찾을 수 없을 것입니다. 우리 사회는 '힘이 정의'가 아니라 '정의가 힘'인 사회가 되어야 하지 않을까요?

참고 문헌

1. 저서

김만권,『불평등의 패러독스: 존 롤스를 통해 본 정치와 분배 정의』, 개마고원, 2004.

로널드 드워킨, 박경신 옮김,『정의론: 법과 사회정의의 토대를 찾아서』, 민음사, 2015.

마이클 노직, 백락철 옮김,『아나키, 국가, 유토피아』, 형설출판사, 1989.

마이클 왈저, 정원섭 옮김,『정의와 다원적 평등』, 철학과현실사, 1999.

박정순,『존 롤스의 정의론 전개와 변천』, 철학과현실사, 2019.

새뮤얼 플레이쉐커, 강준호 옮김,『분배적 정의의 소사』, 서광사, 2007.

이종은,『존 롤스』, 커뮤니케이션북스, 2016.

존 롤스, 장동진 옮김,『정치적 자유주의』, 동명사, 2016.

_____, 장동진·김만권·김기호 옮김,『만민법』, 이글리오, 2017.

_____, 황경식 옮김,『사회정의론』, 서광사, 2001.

_____,『정의론』, 이학사, 2003.

한스 켈젠, 김선복 옮김,『정의란 무엇인가』, 책과사람들, 2010.

홍성우,『존 롤스의『정의론』읽기』, 세창출판사, 2015.

황경식 외 12명,『롤즈의 정의론과 그 이후』, 철학과현실사, 2009.

_____,『존 롤스 정의론 - 공정한 세상을 만드는 원리』, 쌤앤파커스, 2018.

2. 사진 자료

Interaction institute for social change(interactioninstitute.org/illustrating-equality-vs-equity)
        alamy(www.alamy.com)

istockphoto(www.istockphoto.com)

flickr(www.flickr.com)

nypl(nypl.getarchive.net)

제3부

과학사로 보는 세계

생명의 기원을 다룬
다윈혁명의 시작

—찰스 다윈, 『종의 기원』

이봉우

"만일 어떤 개체들에게 유용한 변이들이 실제로 발생한다면,
그로 인해 그 개체들은 생존 투쟁에서 살아남을 좋은 기회를
가질 것이 분명하다. 또한 대물림의 강력한 원리를 통해 그것들은
유사한 특징을 가진 자손들을 생산할 것이다.
나는 이런 보존의 원리를 간략히 자연 선택이라고 불렀다."

진화학자, 찰스 다윈Charles Robert Darwin, 1809~1882

단웅이 『종의 기원』*On the Origin of Species*을 집필한 찰스 다윈에 대해서 말
씀해주세요.

이 교수 생물학에서 가장 위대한 과학자를 뽑으라고 할 때 가장 많이
언급되는 과학자인 찰스 다윈은 1809년 2월 12일에 영국에서 태어나

10파운드 지폐 속에 있는 찰스 다윈, 비글호와 함께 여러 동식물을 발견할 수 있다.

출처: istockphoto

1882년 4월 19일에 삶을 마감한 생물학자입니다. 다윈의 업적을 한 마디로 말하면 진화론의 기초를 밝힌 것으로 그의 진화에 대한 생각을 총정리한 저작이 바로 『종의 기원』입니다. 그는 22세때 케임브리지 대학의 헨슬로 교수의 추천을 통해 해군측량선 비글호에 박물학자로 승선하여 약 5년간 남아메리카와 남태평양을 탐사하여 여러 동식물과 지질 등을 조사하였습니다. 조사 결과와 오랜 시간 동안의 연구의 결과를 모아 1859년에 《종種의 기원起原 '자연 선택에 의한 종의 기원에 관하여'》*On the Origin of Species by Means of Natural Selection or the Preservation of Favoured Race in the Struggle for Life*을 발표하였고 이는 과학계는 물론 많은 분야에서 큰 영향을 미쳤습니다. 다윈의 무덤은 웨스트민스터 성당에 뉴턴의 무덤 옆에 자리 잡고 있으며, 2003년부터 2017년까지 사용된 10파운드 지폐 속에도 다윈의 초상이 장식되어 있습니다.

단웅이 다윈의 전기를 살펴보면, 다윈을 생물학자 즉, 진화학자로 말하기도 하지만, 박물학자로 설명하기도 합니다. 박물학은 무엇인가요?

이 교수 박물학은 동물·식물·광물 등 자연물의 종류·성질·분포·생태 등을 연구하는 학문으로 좁은 뜻으로는 동물학·식물학·광물학·지질학의 총칭으로 이해됩니다. 이전에는 한 명의 박물학자가 동물, 식물, 지질 등을 종합적으로 연구했지만, 오늘날에는 각 영역들이 고도로 분화 발달하여 왔기 때문에 별도로 박물학이라고 부르는 경우는 거의 없습니다. 다윈이 비글호에 탑승하게 된 것은 박물학자의 역할을 할 수 있기 때문에 가능했던 것인데, 다윈은 남아메리카와 남태평양 등을 탐사하면서 동식물은 물론 지질, 광물 등에 대한 여러 자료 수집을 하였습니다. 오늘날 자연사박물관이 Natural History Museum이라고 불리는데 여기서 Natural History가 바로 박물학의 영어 이름입니다. 어떻게 보면 박물관의 시초가 바로 자연사박물관이죠.

『종의 기원』의 탄생

단비 『종의 기원』은 방대한 양입니다. 책의 내용은 어떻게 구성되어 있나요?

이 교수 중고등학교 과학 교과서에도 나오는 다윈의 진화론이 담긴 『종의 기원』은 실로 방대한 양입니다. 최근 번역된 책을 보아도 650쪽으로 구성된 긴 내용입니다. 종의 기원은 총 14장으로 구성되어 있습니다. 그의 주장 중에 가장 중요한 것은 '3장. 생존투쟁'과 '4장. 자연 선택'에 집중되어 있습니다. 그 뒤에 나오는 내용들특히 6, 7, 8장에서는 다윈의 주장에 반하는 이의가 제기될 만한 문제에 대해 다윈이 먼저 질문하고 이에 대한 답을 준비하여 제시하는 것들을 포함하여 상세한 설명들을 덧붙이고 있습니다. 9장과 10장은 지질학적 기록과 화석 기록을 통해 자연선택이 잘 맞음을 설명하였고, 11장, 12장에서는 생물지리학적 증거를 통해 주장을 하였으며, 13장에서는 형질의 다양성, 형태학 등의 내용을 다루고 있습니다. 비글호에서 돌아온 것이 1836년이고, 『종의 기원』이 발표된 것이 1859년이니 상당히 오랜 시간동안 『종의 기원』을 집필한 셈입니다. 그 사이 많은 연구와 사색을 통해 내용을 채워나가기도 했겠지만, 자신의 주장을 뒷받침하는 여러 증거를 수집하면서 다른 사람들의 반론에 직면할 것을 예상하고 『종의 기원』을 집필한 다윈의 꼼꼼함을 엿볼 수 있습니다.

단비 『종의 기원』의 가장 핵심적인 내용은 자연선택, 자연도태라고 할 수 있을 것 같은데 이에 대해 설명해주세요.

이 교수 주어진 환경 속에서 유리한 유전인자를 가진 개체가 그렇지 않은 개체보다 살아 남아 자손을 낳을 확률이 높아진다는 진화 이론입니다. 다윈은 부모가 가지가 있는 형질이 후대로 전해져 내려올 때 '자연선택'을 통해 주위 환경에 보다 잘 적응하는 형질이 선택되어 살아남아 내려옴으로써 진화가 일어난다고 주장하였습니다. 생물 개체는 같은 종이나 다른 종의 개체와 경쟁을 해서 살아남아야 하는 생존 경쟁을 겪어야 합니다. 이때 생물 개체는 환경에 적응하여 여러 가지 변이를 겪는데, 이런 변이가 생존 경쟁에 유리한 경우에 선택이 일어나서 후대로까지 전해진다는 것입니다.

단비 『종의 기원』이 나온 시기에 진화론은 어떻게 이야기되고 있었나요?

이 교수 진화에 대한 과학적인 설명이 처음 나온 것은 19세기 초반입니다. 학창시절 과학 교과서에서 배웠던 라마르크의 용불용설이 바로 그것입니다. 1809년에 주장한 가설로 획득한 형질이 자손으로 전달되고 각각의 개체가 그들의 형질을 변화시켜 진화를 야기한다는 가설입니다. 물론 진화는 그 당시 과학계에 크게 주목받지 못했었습니다.『종의 기원』에서 다윈이 그 당시 종의 변화 가능성을 주장했던 많은 사람들을 열거하였듯이 진화론이 완전히 새로운 것은 아니었습니다. 다윈이 살던 19세기 빅토리아 시대의 영국 사회에서는 육종을 통해 새로운 비둘기나 개를 만들어 내는 것이 유행이었다고 합니다. 닥스훈트나 그레이하운드도 그 당시 만들어진 품종입니다. 진화라는 것을 들먹이지 않아도 '종'이 변할 수 있다는 것은 그 당시 사람들의 머리 속에 자연스럽게 다가가 있는 개념이었을지도 모릅니다. 다윈이『종의 기원』의 출발을 비둘기로부터 시작한 것도 그런 사회상을 반영한 것이겠죠. 다윈의 진화론이 새로운 것은 생명의 변화에 대한 주요 메커니즘으로서 자연선택을 내세워서 간결한 논리와 이를 뒷받침하는 방대한 증거로 주장을 내세웠다는 점입니다.

단비 다윈의 진화론에 가장 큰 영향을 주었던 것으로『인구론』을 이야기합니다. 인구론의 설명과 다윈의 진화론이 어떻게 연결되는지요?

이 교수 다윈이 맬서스의 『인구론』을 처음 읽었던 것은 1938년 10월 무렵이라고 합니다. 이로부터 자연선택을 떠올리게 된 것인지, 아니면 자신이 생각했던 이론을 『인구론』에 빗대어 설명한 것인지는 모르지만, 『인구론』이 그의 주장에 영향을 미친 것은 틀림없습니다. 다윈은 『종의 기원』의 머리말 중에서 '생존경쟁'에 대하여 '맬서스의 원리를 모든 동식물계에 적용한 것'이라고 쓰기도 했습니다. 맬서스는 『인구론』에서 인구는 기하급수적으로 증가하는 반면 식량은 이를 따라가지 못해 결국 사람들이 엄청난 생존경쟁에 내몰리게 되고, 이러한 극한 환경에 잘 적응한 사람들은 살아남겠지만, 취약한 사람은 도태되어 생존하지 못할 것이다고 했습니다. 여기서 생존경쟁이나 적응, 도태와 같은 개념은 다윈의 진화론과 매우 밀접하게 관련이 있습니다.

　과학적 사고 중에 귀추적 사고abductive thinking라는 것이 있습니다. 미지의 현 상황에 대해 이미 알고 있는 다른 상황과의 유사성을 이용해 가설을 형성하는 사고를 말하는데 다윈이 맬서스의 『인구론』으로부터 진화이론을 생각해 낸 것이 귀추적 사고의 대표적인 사례입니다.

『종의 기원』과 관련된 논쟁

단웅이 『종의 기원』이 출판된 직후 제법 큰 사회적 반향을 일으켰다고 하는데, 그에 대해서 설명해주세요.

이 교수 1859년 11월 24일에 『종의 기원』 초판이 출판되었는데, 이 중 서점에 배포된 1170부가 하루 만에 다 팔렸다고 합니다. 다윈이 학술 활동을 적극적으로 하지는 않았지만, 그 당시 많은 사람들과 교신을 통해 이미 유명세를 타고 있었고, 『종의 기원』이 출판되기 이전에 핵심 내용들을 담은 논문을 발표했었기 때문에 이 책의 내용을 어느 정도 사람들이 인지하고 있었기 때문입니다. 그 당시의 종교적인 믿음과 모순된다는 이유도 한몫했을 것으로 생각합니다. 『종의 기원』은 전문가를 위한 학술서가 아니라 일반인들이 읽을 수 있도록 쓰인 일반도서입니다. 따라서 전문지식이 없는 평범한 사람들도 『종의 기원』을 읽을 수 있습니다. 현대 사회에서도 『종의 기원』이 널리 읽히는 이유도 이 때문일 것입니다. 『종의 기원』은 계속 개정판을 내어 총 6판이 발행되었는데, 다윈은 매 판마다 제법 많은 수정을 했습니다. 『종의 기원』에 대해 과학계, 종교계와 심한 대립을 겪은 것은 잘 알려진 사실인데, 이 대립이 『종의 기원』을 더욱더 유명하게 만들었을 것입니다.

단뭉이 『종의 기원』이 종교계에서 주장하는 창조론을 비롯하여 그 당시 과학계와의 논쟁에 휘말렸다고 하는데 그 과정을 설명해주세요.

이 교수 『종의 기원』에 대한 과학계의 공식적인 반론은 책이 출판된 다음 해, 〈이딘버러 리뷰〉라는 잡지에 고생물학자이자 비교해부학자인 리처드 오언이 쓴 논문에서 출발합니다. 윌버포스 주교는 리처드 오언을 방패로 다윈의 진화론을 비판하기로 결심하고 1860년 6월

옥스퍼드대학 자연사박물관

옥스퍼드대학 자연사박물관
기둥에 있는 다윈의 동상

말에 옥스퍼드에서 열린 영국과학진흥협회의 연차총회에서 토론회를 개최했습니다. 옥스퍼드대학 자연사박물관에 천 명이 넘는 사람들이 모인 자리에서 반진화론의 선두주자인 옥스퍼드 교구의 주교인 사무엘 윌버포스와 다윈을 지지하는 학자 사이의 논쟁이 벌어졌습니다. 다윈은 런던 근교의 집다운하우스에 자리를 잡은 이후 공식적인 석상에 한 번도 자리하지 않았기에, 이때도 다윈의 불독이라고 불리는 토마스 헉슬리가 대신 논쟁에 참여했습니다. 윌버포스 주교는 『종의 기원』의 과학적 탐구로서의 의의는 인정하지만 자연도태설에 입각한 진화론은 과학적 증거가 없다고 비판하면서 "원숭이의 자손이라고 주장한다면 당신 할아버지와 할머니 중 어느 쪽을 말하는 건가요?"라고 비꼬듯 말했고, 헉슬리는 "나는 조상으로 원숭이를 갖는 것을 창피하게 여기진 않지만, 진실을 흐리게 하기 위해 자기의 위대한 재능과 영향력을 겸손한 탐구자의 명예를 더럽히고 조롱하는 데 사용하는 '인간'보다는 차라리 '비천한 원숭이'의 후예가 되겠습니다."

라고 답했다고 합니다. 이 논쟁을 통해서 승패가 가려지지는 않았지만, 다윈의 진화론이 많은 사람들에게 퍼져나가는 계기가 되었습니다. 여전히 많은 과학자들은 다윈의 진화론을 반대했는데, 당시 영국에서 가장 유명한 과학자인 톰슨, 패러데이, 맥스웰 등은 단호하게 진화론을 배척하였으며 영국과학자협회 소속의 과학자 617명은 반진화론선언을 만들기도 하였습니다.

단비 다윈의 진화론에 가장 큰 영향을 미친 사건은 바로 비글호 항해라고 할 수 있습니다. 비글호의 항해에 대해서 말씀해주세요.

이 교수 1820년에 건조된 범선인 비글호는 길이 30미터 정도 되는 작은 선박으로 74명이 탑승할 수 있는 그리 크지 않은 배입니다. 비글호의 항해는 1831년 12월 27일에 출항하여 약 5년간의 항해를 마치고 1836년 10월에 귀환하였습니다. 영국 해군성이 비글호의 탐사를 보낸 이유는 크게 두 가지였습니다. 하나는 지도 작성의 기준이 될 수 있도록 지구를 한 바퀴 돌면서 위도를 계측하는 것이고, 다른 하나는 남아메리카의 해안선을 측량하는 것이었습니다. 이런 목적을 생각해보면 박물학자인 다윈이 비글호에 탑승할 필요는 없었습니다. 그런데 비글호의 함장인 피츠로이는 항해 중에 동식물이나 지질 관련 자료를 연구하고자, 항해에 동행할 무보수의 박물학자를 찾았습니다. 다윈의 스승이었던 헨슬로가 이 일에 다윈을 추천했습니다. 다윈은 케임브리지 대학에서 신학 공부를 했지만 평소 박물학에 관심이 많아 지질조사 연구에 참여하는 등 기초적인 역량을 갖추고 있었습니다. 다윈은 항해 동안 여러 책을 읽어가면서 스스로 공부하고,

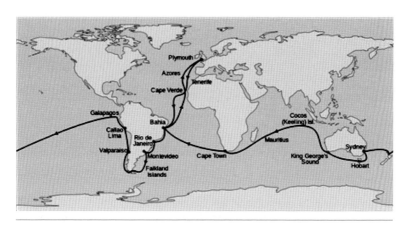

비글호 항해 경로

새로운 환경에서의 많은 관찰과 자료 수집을 통해 스스로 견문을 넓혀갈 수 있었습니다. 탐사는 해안에만 머문 것이 아니라 정박 중에는 내륙 쪽으로의 짧은 여행을 통해 생물과 지질을 관찰하면서 시간을 보냈습니다. 항해 후에 다윈은 『비글호 항해기』라는 책을 집필하여 1839년에 출판하였는데, 이를 통해 다윈의 이름은 학계는 물론 일반 대중들에게도 크게 알려졌습니다. 재미있는 사실은 어떻게 무보수로 5년간 항해를 할 수 있었을까입니다. 이에 대한 답은 간단합니다. 다윈의 할아버지와 아버지는 유명한 의사로 상당한 재력가였던 것입니다. 다윈의 외가도 상당히 유명한 가문이었기 때문에 다윈은 경제적인 어려움 없이 탐사를 떠날 수 있었습니다. 다윈이 『종의 기원』을 집필한 다운하우스는 그가 1842년에 이사간 이후에 생애가 끝날 때까지 머문 곳으로 대저택과 함께 7만 제곱미터에 달하는 정원이 있는 곳입니다. 특별한 직업이 없이도 사색과 연구, 집필 등에 시간을

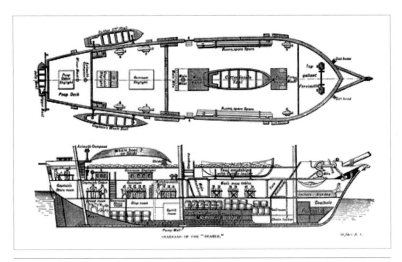

비글호의 구조(후미의 가장 위에 있는 방이 다윈의 방이다)

쏟으면서 생활할 수 있었던 것도 부유한 집안이 있었기 때문입니다.

단비 다윈의 비글호항해에서 가장 중요한 것으로 갈라파고스 제도를 손꼽습니다. 갈라파고스 제도에 대해서 설명해주세요.

이 교수 갈라파고스 제도는 남아메리카의 에콰도르에서 서쪽으로 약 960킬로미터 떨어진 적도상에 위치한 17개의 화산섬들을 말합니다. 총 면적은 제주도의 4배 이상으로 제법 큰 군도로 약 2만여 명이 거주하고 있습니다.. 근처에 섬들이 별로 없고 육지와도 상당히 멀어 독특한 생태계를 만들고 있습니다. '갈라파고스'라는 이름은 스페인어로 바다거북을 뜻합니다. 갈라파고스에는 갈라파고스 거북이라고 불리는 자이언트 거북이 있는데, 엄청나게 많은 거북으로 인해 이 이름이 붙여졌습니다. 그런데 이 거북이 남획과 생태계

다윈 핀치새의 여러 부리 모양   출처: Alamy

1. Geospiza magnirostris.   2. Geospiza fortis.

파괴로 인해 개체수가 급격히 줄어들어 멸종의 위기가 초래되었고, 현재는 개체수 증대를 위해 많은 노력을 기울이고 있다고 합니다. 갈라파고스 제도는 생태계의 보고라고 불릴 정도로 많은 동식물들이 있습니다. '진화의 섬'이라고도 불리는 갈라파고스 제도에 다윈이 도착한 것은 1835년 9월이었습니다. 다윈은 방문한 4개의 섬에서 지질을 조사하고 동식물을 관찰, 채집했는데, 이들 자료는 진화론의 중요한 증거로 작용하였습니다. 학교에서 진화론을 배울 때 다윈이 갈라파고스에서 찾은 다윈핀치라고 불리는 검은방울새를 증거로 제시하곤 합니다. 다윈은 섬에 서식하는 핀치새의 부리 모양이 조금씩 다른 점에 주목하였습니다. 다윈 핀치는 먹이 환경에 따라 부리 등의 특징이 나뉘게 되는데, 곤충을 잡아먹는 핀치새의 부리는 짧고 단단했고, 바위 속 벌레를 잡아먹는 핀치새의 부리는 길고 가늘었으며, 씨앗을

먹는 핀치새는 부리가 두꺼웠습니다. 다윈은 이 핀치새들이 모두 한 종류였는데, 먹이에 따라 부리의 모양이 변하면서 생존 경쟁에서 살아남았다는 가설을 세웠습니다. 물론 다윈이 살던 시절에는 DNA의 존재를 알 수 없었기에 이런 결과가 나오는 이유를 밝히지 못했지만, 다윈 핀치는 다윈의 이론을 잘 설명해주는 증거가 될 수 있었습니다. 2015년 국제학술지 네이처에서 스웨덴의 안데르손 교수가 핀치새의 유전자를 분석하여 여러 핀치새들이 한 조상에서 나왔으며 부리 모양을 결정짓는 특성 유전자가 있음을 밝혀 다윈의 가설을 증명했습니다.

적자생존과 인류의 기원

단웅이 중고등학교에서 다윈의 진화론을 '적자생존의 원리'로 배웠는데,『종의 기원』의 책 어느 곳에서도 적자생존이라는 말을 찾을 수 없었습니다. 그 이유는 무엇인가요?

이 교수 다윈의 진화론을 간단히 말하면, 적자생존survival of the fittest이라고 할 수 있습니다. 적자생존은 환경에 가장 잘 적응하는 생물이나 집단이 살아남는다는 의미를 가진 문구로 생존경쟁의 원리를 가장 잘 함축한 말입니다. 그런데 여러분들이 보통 읽을 수 있는『종의 기원』에서는 적자생존이라는 말을 찾을 수 없습니다. 다윈이 적자생존을『종의 기원』에 포함시킨 것은 1869년에 나온 5판에서였고, 이전까지는 주로 '자연선택'이라는 용어를 사용했습니다. 그런데 적자생존이란 말은 다윈보다 앞선 1864년에 영국의 철학자이자 경제학자인 스펜서H. Spencer가 『생물학의 원리』*Principles of Biology*라는 책에서 처음 사용한 용어입니다. 다윈도 적자생존이란 용어를 사용하면서 그 공적을 스펜서에 돌렸으며 자연선택에서 인위적인 느낌을 제거했다면서 적자생존을 그의 진화론을 가장 잘 설명하는 용어로 사용하였습니다. 또한 진화라는 용어도 『종의 기원』의 6판에서 처음 등장하게 됩니다.

단웅이 　다윈을 반대하는 사람들은 『종의 기원』을 비판하면서 '인간의 조상이 원숭이다'라는 내용을 담고 있다고 했는데, 『종의 기원』의 어느 곳에서도 인간에 대한 내용을 발견할 수는 없습니다. 이런 오해가 어떻게 생긴 것이고, 다윈은 인간과 관련된 진화를 어떻게 이야기했나요?

이 교수 　다윈이 『종의 기원』을 출판한 이후에 벌어진 영국과학진흥협회의 연차총회의 토론회에서 윌버포스 주교가 "사람이 원숭이의 자손이라면, 원숭이가 당신 할아버지인지 할머니인지?"라고 노골적으로 비판을 했다는 것은 앞에서 말했었습니다. 『종의 기원』을 비판한 사람들은 다윈과 유인원을 합성한 캐리커쳐를 이용하여 다윈을 조롱하기도 했습니다.

　　사실 『종의 기원』의 어디에도 사람의 조상이 유인원이라는 말은 나오지 않습니다. 『종의 기원』이 사람들에게 비판을 받을 수 있을 것이라는 생각에 다윈은 일부러라도 인간과 관련된 내용을 담지 않았던 것입니다. 물론 다윈은 1873년에 『인간의 유래』라는 책을 발표하면서 인간도 다른 생물과 마찬가지로 다른 종으로부터 생긴 것인지 아닌지를 고찰하는 데 있다는 목적을 이야기했습니다. 인간이 역사에 등장한 것이 그리 오래되지 않았고 인류와 유사한 화석이 많이 발견되지 않았기에 다윈의 주장은 더 심하게 비판을 받기도 했습니다.

〈The Hornet magazine〉이라는 잡지에 실린 다윈의 캐리커쳐(1871년)

다윈의 연구, 그리고 월리스

단비 다윈은 과학계에 나서지 않고 집에만 머물렀다고 하는데, 집에서 어떻게 연구를 할 수 있었는지요?

이 교수 다윈은 병으로 고통받는 생활을 하였다고 합니다. 경제적인 여유가 있었기도 했지만 그의 건강상태는 정상적인 사회생활이나 학술 활동을 이어가는데 어려움을 초래했습니다. 런던 근교에 마련된 저택다운하우스에서만 머물면서 보낸 것도 그 이유입니다. 다윈의 병이 항해 중에 걸린 샤가스 병이라는 풍토병에서 비롯된 것이라고 하는데, 정확하게는 알려지지 않고 있습니다. 그렇다면 다윈은 항해중에 얻은 자료만으로 연구를 수행하여 『종의 기원』을 집필한 것일까

한적한 시골에 위치한 다운하우스 전경

다운하우스의 정원

요? 그것만은 아닙니다. 우선 다윈이 머문 다운하우스에는 7만제곱 킬로미터에 달하는 넓은 정원이 있고, 그는 이 정원에서 연구를 수행했습니다. 정원의 텃밭에는 여러 식물을 재배했고, 온실, 비둘기장 등에서 다양한 실험을 수행했습니다. 『종의 기원』에도 비둘기가 자주 등장하는데, 다윈은 12종에 이르는 다양한 비둘기를 사육하면서 실험을 수행했습니다. 온실에서는 끈끈이주걱이나 파리지옥과 같은 식충식물 실험을 수행했습니다. 또한 겨자상추씨가 소금물에서 발아하는지에 대한 실험을 통해 종자가 바닷물을 건너 이동하는지를 알아내기도 했습니다. 다윈은 이러한 결과를 바탕으로 『종의 기원』은 물론 『인간의 유래와 성선택』, 『인간과 동물의 감정 표현』 등의 다양한 집필 활동을 할 수 있던 것입니다. 다윈은 다운하우스에 머물면서 외부와 동떨어진 생활만을 한 것은 아닙니다. 그의 생활에서 큰 비중을 차지한 것은 바로 편지쓰기였습니다. 비글호 항해를 통해 유명세를 탄 그는 2000여명과 수만 통의 편지를 주고받았습니다. 박물학자답게 그 편지들 대부분을 보관하였기에 케임브리지 대학교 도서관에서는 "다윈 서신 프로젝트(https://www.darwinproject.ac.uk/)"를 통해 현재 남아 있는 다윈의 편지 1,4500여통을 분류하여 그 결과를 공개하고 있습니다.

단비   다윈의 『종의 기원』을 이야기할 때, 항상 같이 등장하는 사람이 윌리스입니다. 연구 윤리와 관련된 책에서도 이 이야기가 나오는데 설명을 부탁합니다.

이 교수   1858년 6월 18일에 다윈은 윌리스라는 박물학자로부터 편지를 한 통 받았습니다. 그 편지 속에는 윌리스가 쓴 '변종이 원종에서 무한히 멀어져 가는 경향에 대해서'라는 제목을 붙인 논문이 들어 있었습니다. 그 논문을 본 다윈은 깜짝 놀랄 수밖에 없었습니다. 20쪽짜리 윌리스의 논문의 내용은 다윈이 20년 넘게 공들여 온 이론과 똑같은 논리를 갖고 있었기 때문입니다. 월리스는 그 논문을 지질학자의 아버지라고 불리는 라이엘에게도 보여주었으면 한다고 했습니다. 라이엘에 쓴 편지 속에서 다윈은 "이토록 절묘한 우연의 일치는 나도 처음 봅니다. 내가 1842년에 쓴 초고를 월리스가 읽었다고 해도 이토록 간결하게 요약할 수는 없었을 것입니다."라고 말했을 정도였습니다. 다윈의 측근이었던 라이엘과 식물학자 후커는 월리스의 논문만을 발표한다면 그동안 비슷한 내용을 연구해왔던 다윈에게는 불공평하다는 생각을 하여 자연도태설에 대해 다윈과 월리스 두 사람의 우선권을 동시에 인정할 수 있도록 월리스의 논문, 다윈이 1844년에 쓴 에세이, 1857년 즈음 미국의 식물학자인 그레이에게 보낸 편지 등을 모아서 〈린네학회 회보〉에 공동논문으로 발표할 수 있도록 제안했고 그렇게 실행되었습니다. 현대적인 관점에서 생각해보면 자연도태설의 주인은 월리스의 것이어야 합니다. 다만 다윈이 오랜 시간 동안 같은 연구를 수행해왔고 비슷한 결과를 제시하였다는 것이 여러 사람들과의 교신을 통해 증거로 남아 있었기에 가능한 일이었을 것입니다. 이 일은 다윈이 『종의 기원』을 서둘러 출판하도록 독려하는 계기가 되었으며, 다윈은 『종의 기원』의 서론에서 월리스와의 일을 자세하게 써 놓기도 했습니다.

21세기에서의 『종의 기원』

단웅이 『종의 기원』은 집필된 지 상당히 오래된 과학저술이라서 오늘날의 진화론과는 부합하지 않은 면이 많을 것 같습니다. 현대에 살고 있는 우리가 『종의 기원』을 읽어야 할 이유는 무엇일까요?

이 교수 다윈의 진화론이 현대적 관점에서 보았을 때 완전하지 않다는 것은 당연한 것입니다. 그 당시에는 유전학에 대한 지식이 발달하지 않았기 때문에 변이가 생기는 원인과 유전의 메커니즘을 알 수 없었기 때문입니다. 후천적으로 개발된 특성인 획득 형질이 유전된다는 라마르크의 주장을 이어받은 다윈의 이론에는 분명 잘못된 점이 많이 있습니다. 그럼에도 불구하고 다윈의 진화론의 핵심 원리인 '자연선택'은 아직까지도 많은 학자들이 인정하는 강력한 이론입니다. 쉽게 읽히는 책은 아니지만, 다윈이 자신의 주장을 펼치기 위해서 여러 증거를 제시하고 스스로 반론을 내세우고 이를 답변해가면서 멋진 논리를 펼치고 있어 그 이론의 맞고 틀림 이외에도 많은 것을 느낄 수 있습니다.

코페르니쿠스가 지동설을 주장하면서 우주의 중심에 인간이 있는 것이 아님을 밝혔습니다. 진화론이 주장되기 전에는 지구상의 모든 생명체는 신이 특별히 창조하였기 때문에 절대 변하지 않고, 그 중심에 인간이 있다고 생각했습니다. 그런데 다윈은 모든 동식물의 종은 우월하거나 열등한 종 따위는 없기 때문에 지구의 중심에 인간이 있다는 생각을 깨버릴 수 있었습니다. 이 때문에 다윈의 진화론을 다윈혁명Darwinian revolution이라고 부릅니다. 다윈의 『종의 기원』은 마르크스의 『자본론』, 프로이트의 『꿈의 해석』과 더불어 인류사에 혁명을 몰고 온 책으로 꼽히고 있습니다. 특히 진화론은 오늘날 일반론적인 문화에 널리 퍼져 영향을 끼치고 있기 때문에 생물학 분야의 '옛 이론'

이 아닌 살아 움직이는 이론으로 평가받고 있습니다. 아직도 철학, 경제학, 정치학, 사회학 등 다양한 분야에 영향을 미치고 있는 다윈 이론은 분명 큰 가치가 있으며, 이 때문에 다윈 혁명의 출발점인 『종의 기원』이 아직도 많은 사람들에게 읽히고 있습니다.

참고 문헌

1. 저서

김태일·한문정·김현진·이봉우, 『과학 선생님, 영국 가다』, 푸른숲, 2007.

존 그리빈·메리 그리빈, 권루시안 옮김, 『진화의 오리진』, 진선BOOKS, 2021.

찰스 다윈, 장대익 옮김, 『종의 기원』, 사이언스북스, 2019.

찰스 다윈, 장순근 옮김, 『찰스 다윈의 비글호 항해기』, 리잼, 2021.

핼 헬먼, 이중호 옮김, 『과학사 대논쟁 10가지』, 가람기획, 2019.

2. 사진 자료

필자 촬영본

istockphoto(www.istockphoto.com)

생명체의 진화를 둘러싼 지식과 가치의 혼동에 대한 고찰

—자크 모노, 『우연과 필연』

박웅준

"현대 사회는 과학이 가져다준 물질적 풍요의 힘을 받아들였다. 그러나 과학이 주는 가장 심오한 메시지는 받아들이지 않았으며, 실상 거의 들으려고 하지도 않았다. … 과학이 주는 모든 힘으로 무장하고 또한 그것이 주는 모든 물질적 풍요를 향유하면서도, 우리 사회는 여전히 바로 이러한 과학에 의해 이미 뿌리까지 괴멸된 가치 체계에 따라 살고 있는 것이다."

시대의 변화와 새로운 생각

단웅이 『우연과 필연』Chance and Necessity을 집필한 자크 모노는 어떤 분이셨나요?

박 교수 자크 모노Jacques Monod, 1910~1976는 프랑스의 생화학자이자 분자생물학자입니다. 1965년에 노벨 생리·의학상을 수상하셨죠. 효소의

Dr. Jacques Monod　　출처: Alamy

유전적 조절, 바이러스 합성에 관한 업적을 인정받아서 프랑스와 자콥François Jacob, 앙드레 르보프André Lwoff와 공동으로 노벨상을 받았습니다. 노벨상 수상자들은 노벨 강연을 하는데 모노의 노벨 강연 제목은 "효소적 적응으로부터 알로스테릭 전이까지"From enzymatic adaptation to allosteric transitions였습니다. 노벨상 수상 주제로부터도 알 수 있듯이 시대를 앞서 분자 수준에서 생명현상을 탐구하셨던 선구자라 할 수 있습니다.

모노는 파리에서 태어났지만, 그의 부모님들이 1차세계대전을 피하여 스위스로 이주했다가 다시 남부 프랑스의 깐느Cannes로 이주하여 살았기 때문에 모노 스스로는 프랑스 남부지방 사람이라고 생각했다고 합니다. 그리고 남부의 도시에서 교육받다가 1928년 고등교육을 받으러 다시 파리로 돌아왔지요. 모노는 소르본느 대학교에서 자연과학 공부를 시작하여 생물학, 화학, 지질학, 동물학 등을 배웠는데 당시 대학에서는 20년 정도 뒤처진 내용을 교육했다고 하네요. 그래서 모노는 학교의 교육과정보다는 선배들로부터 영향을 받아 새로운 과학에 눈뜨기 시작합니다. 후에 노벨상을 공동으로 수상하게 되는 르보프도 이 시기에 만나게 되지요. 르보프는 모노의 미생물학적 잠재력을 자극했다고 해요. 모노는 보리스 에프루시Boris Ephrussi로부터는 생리유전학적인 소양을, 루이스 라프킨Louis

Rapkine으로부터는 화학 및 분자 수준에서 생명을 기술하는 영역에 도움을 받았습니다. 자연과학자로 성공하려면 우선 좋은 동료를 만나는 것이 지름길인 것 같지요? 특히 모노는 칼텍에 머무를 수 있는 장학금을 받아 칼텍에서 공부했는데 이 시기에 노벨상 수상자인 모건Thomas Hunt Morgan 교수로부터 초파리 유전학을 배우게 됩니다. 르보프의 배려로 모노는 파스퇴르 연구소에서 연구생활을 하였으며 1941년 소르본느에서 박사학위를 취득합니다. 그는 1959년 소르본느 대학의 대사화학chemistry of metabolism 교수로 부임하였습니다. 그 후 1967년에 콜레주 드 프랑스Collège de France의 교수가 되었고 1971년에는 파스퇴르연구소의 연구소장에 임명되었습니다. 모노는 연구 생활을 하는 동안 노벨상 이외에도 일일이 열거하기 어려울 만큼 많은 상을 받았습니다. 모노는 1938년 결혼하였는데 그의 부인은 동양에 심취한 고고학자로서 모노에게 문화적인 균형감을 주었다고 합니다. 모노는 두 아들의 관심이 과학에 치우치지 않도록 노력하였으나 불행하게도(?) 두 아들은 모두 과학자가 되었답니다.

단웅이 『우연과 필연』이 집필되게 된 배경에 대해서 말씀해 주세요.

박 교수 이 책에는 비교적 긴 머리말이 붙어있는데 모노 스스로 집필의 배경을 밝히고 있어요. 1962년 모노는 캘리포니아 포모나 대학에서 강의를 했었습니다. 포모나 대학에는 해마다 저명한 과학자를 초청해서 진행하는 로빈슨 렉쳐Robbinson Lectures라는 강좌가 있는데 이 강좌의 전통은 아직도 이어지고 있습니다. 이 강좌를 통해서 모노는 기존에 생각은 하고 있었지만 실제로 강의할 수는 없었던, 기존 과학의 영역을 벗어나는 새로운 주제들을 도입합니다. 요사이 각광 받는 융합교육을 그 당시에 이미 실시한 셈이지요.

자크 모노가 강연할 무렵 로빈슨 렉쳐의 연사와 주제

연도	연사	주제
1972	Arthur Kornberg	DVA and Membrane Biochemistry
1971	George Wald	Vision
1970	Manfred Eigen	Dynamics of Biological Macromolecules
1969	Jacques Monod	Molecular Biology and the Kingdom of Ideas
1968	John Kendrew	The Structure of Proteins
1967	Marshall Nirenberg	Deciphering the Genetic Code
1966	Linus Pauling	The Structure of the Nucleus
1965	Francis Crick	The Structure of DNA
1964	David Green	Mitochondrion and Membrane Systems
1963	Peter Debye	The Nature of Molecular Forces
1962	Melvin Calvin	Photosynthesis

포모나 대학 홈페이지에서 발췌 www.pomona.edu/academics/departments/chemistry/past-robbins-lectures

모노는 이 강좌를 통해서 그의 시선을 지식과 윤리 문제를 아우르는 철학적인 문제에까지 확장하였습니다. 그리고 지구상에 출현했던 생명체의 진화가 인류의 출현을 낳고 고차원적인 정신작용까지도 가능하도록 변화시킨 진화에 대하여 고찰합니다. 물론 논의의 출발점은 절대적 공리에 기초한 과학이었으며, 그의 과학은 생명현상을 탐구할 수 있는 가장 깊숙한 수준인 분자들의 상호작용에 기초하고 있었습니다. 모노는 분자생물학에 대한 해박한 지식과 치밀한 논리로 지구상에 존재하는 생명체의 생성과 진화 과정을 설명하였는데, 그는 단지 현상과 원리를 설명하는데 그치지 않고 이를 대하는 인류의 인식도 함께 논하고 있습니다. 그 후 콜레주 드 프랑스에서도 이 주제들을 가지고 강의를 하였으며 1970년 최종적으로 그 내용들을 단행본으로 묶어 출간하였습니다.

단웅이 이 책에서는 철학에 대한 이야기가 중요하게 등장하는데요. 모노가 철학에 관심을 갖게 된 배경이 있을까요?

박 교수 우선 자크 모노의 아버지 루시앙 모노Lucien Monod는 화가였습니다. 그의 가정은 지적이고 미술과 음악적인 분위기가 충만했다고 합니다. 자크 모노의 아버지는 다윈의 저서를 읽을 만큼 진보적이었고 이는 자크 모노에게도 영향을 주었다고 전해집니다. 그리고 깐느에서 중등교육을 받는 동안 자크 모노는 안티베 박물관Antibes museum의 설립자이자 관장이었던 고고학자 도르 드 라 수셰레Dor de la Souchère 교수로부터 심대한 영향을 받았습니다. 모노는 자연스럽게 예술과 철학을 접하면서 성장하였으며 매우 자유로운 사고를 했다고 합니다. 모노의 관심사는 다방면에서 나타나 그 스스로 첼로 연주자이자 암벽 등반가이기도 하고 요트 항해를 즐겼다고 전해집니다. 소아마비의 영향으로 다리가 약해졌던 소년에게 기대하기 어려웠던, 깜짝 놀랄만한 일들이었습니다.

이렇게 자유롭고 적극적인 태도와 깊은 문화적인 소양을 지닌 모노가 성장한 후 목도한 현실은 자연과학의 가설과 이론이 논리와 근거에 의하여 기각되거나 받아들여지는 것이 아니라 사상과 이데올로기에 의하여 채택되거나 배척되는 현실이었습니다. 이러한 현실에 모노는 적극적으로 비판을 가했던 것으로 생각됩니다. 예를 들어 러시아의 농학자 리쎈코Lyssenko는 유전학을 배척했는데 그 이유가 유전학이 변증법적 유물론에 맞지 않기 때문이었습니다. 리쎈코의 영향으로 그 시대에는 공산권 국가에서 유전학을 가르치는 것이 금기였다고 하네요. 모노는 알베르 카뮈Albert Camus가 편집장을 맡았던 『콩바』Combat라는 잡지에 글을 발표했는데 그 제목은 "리쎈코의 승리는 전혀 과학적이지 못하다."The victory of Lyssenko has no scientific character.였습니다. 아주 직설적이죠? 이런 일화에서 철학에 해박한 천재 과학자의 열혈적인 면모를 엿보게 됩니다. 그리고 흥미롭게도 모노는 『우연과 필연』을 시작하면서 알베르 카뮈의 『시시포스의 신화』를 인용하고 있습니다.

단웅이 이 책은 출간되자마자 폭발적인 관심과 주목을 받았다고 하는데 그 이유는 무엇일까요?

박 교수 모노 시대에 이미 다윈의 진화론이 알려져 있었고 멘델의 유전 법칙들도 알려져 있었습니다. 이러한 과학적인 성취는 우주 변화의 경향성을 정해주는 '의지'가 따로 존재하는 것은 아니라는 것을 암시하는 것이었죠. 그리고 새로운 경향의 철학자들은 우주 변화의 방향성을 알려주는 '의지'의 존재를 증명할 수 없다는 것을 인정하는 분위기였습니다. 그렇지만 역시 대중의 마음속에는 우주의 모든 것이 점진적으로 발전하도록 하는 '의지'의 존재가 자리를 잡고 있었다고 합니다. 자크 모노는 당시의 최첨단 과학지식을 설명하며 생명체도 우연의 산물이며, 어느 순간에 발생한 우연의 산물이 진화하여 남아 있는 존재가 사람이라는 점을 대중적인 언어로 아주 냉정하게 이야기합니다.

> "인류의 출현은 또 하나의 유일무이한 사건으로서, 그 자체로 모든 인간중심주의로부터 우리를 떼어 놓는다. 생명의 출현이 그러했던 것과 마찬가지로 인류의 출현도 역시 유일무이한 것이라면, 그것은 인류가 실제로 출현하기 이전에는 인류 출현의 가능성이 거의 없었기 때문이다. 우주는 생명으로 충만해 있지도 않았고, 생명계는 인간으로 충만해 있지도 않았다."

사실 자크 모노는 우연이 실현되어 나타난 결과를 다루는 사람들의 태도를 이야기하며 지식과 가치를 혼동하는 모습에 답답함을 더 느꼈는지도 모르겠습니다. 그러나 대중들은 오히려 과학적 지식이 드러낸 인간 존재의 진실에 더 충격을 받았던 것 같습니다. 인간이 신의 의지로 선택된 고귀한 존재이며 우주가 인간을 위해 존재하는 것이 아니라 그저 있어도 없어도 그만인 존재인데 다행스럽게도 운이 좋아 남아 있다니. 이런 이야기를 모노가 철학적 담론과 첨단 과학지식을 총동원해 설명했으니 사람들에게는 충분히 자극적이었을 것입니다. 여기서 사람들은 또 한 번 지식과 가치의 혼란을 겪게 되지요. 인간은 우연히 생겨났으니 존엄한 존재가 아니란 말인가? 우연히 생겨난 다이아몬드를 사람들은 그렇게 소중하게들 여기는데 하물며 사람이 존엄하지 않을 이유가 있는지 저는 묻고 싶습니다. 우연히 생겨난 존재는 존엄하면 안 되는 이유가 있을까요?

우연의 의미

단비　'우연'이라는 이야기가 나왔는데 '우연'의 의미를 어떻게 이해하면 좋을까요?

박 교수　우선 『우연과 필연』의 제목은 모노 스스로 창작했다기보다는 데모크리토스Democritus 말을 인용한 것이라고 모노 스스로 밝히고 있습니다. "우주에 존재하는 모든 것은 우연과 필연의 열매이다."Everything existing in the Universe is the fruit of chance and of necessity.

　'우연'이라는 것은 있을 수도 있고 없을 수도 있는, 막연한 기회를 의미합니다. 이러한 기회가 있을 수 있는 정도를 수치로 표현한 것을 확률이라 부르죠. 이 확률이라는 것은 동일한 기회가 여러 번 주어질 때 해당하는 사건이 몇 번이나 이루어질 수 있는지 예측하는 기대치를 의미합니다. 그러나 이미 일어난 사건은 이러한 기대치로부터 벗어나게 됩니다. 확률이 아무리 높아도 해당 사건이 일어나지 않았으면 그 일은 그저 일어나지 않은 것이고, 확률이 아무리 낮아도 이미 발생한 일은 그냥 있었던 일이 됩니다. 확률이 1/3이라고 해서 해당 사건이 1/3만 일어나는 것은 아니죠. 일단 해당 사건이 일어나게 되면 그 결과는 필연적으로 존재하게 됩니다.

　모노는 생명의 탄생과 인류의 진화도 우연이었다고 이야기합니다. 거의 기대할 수 없는 일이었지만 일단 한 번 일어난 일이기에 생명체와 인류는 필연적으로 계속 남아 있다는 것입니다. 모노는 인류의 탄생과 진화의 방향을 일러주는 '의지'의 존재 없이도 생명체의 출현과 진화를 설명할 수 있다고 이야기합니다. 그는 이 책에서 순서는 좀 다르게 제시하기는 했지만, 생명의 출현부터 간단한 생물체의 출현, 인류의 진화와 정신작용까지 어떻게 '우연'으로 설명되는지 기술하고 있습니다. 초기지구의 환경을 흉내 낸 실험으로부터 생명체의 가장 기본이 되는 유기물질들이 자연스러운 반응에 의해 만들어질 수 있다는 사실을 이야기합니다. 이 물질들이 어떻게 세포막이란 구조 안으로 포장되었는지 모노는 혼란스러워했지만, 그는 살아있는 모든 생명체들이 단백질로 이루어진 도구를 사용한다는 놀라운 사실을 간파합니다. 그래서 모노는 어떻게 단백질이란 분자들이 우연히 만들어져 필연적으로 기능을 하는지 아주 정성껏 설명하고 있습니다.

　단백질이라는 것은 사실은 세포들이 사용하는 도구들의 이름이 아니고 도구를 만드는 재료의 이름입니다. 이해하기 쉽도록 우리 생활 주변에서 사용하는 도구들을 떠올려 봅시다. 예를 들어 '병따개'라는 말을 들으면 어떤 모습이 떠오르나요? 손잡이 끝에 고리 같은 구조가 달린 도구가 떠오르지 않나요? 그리고 병따개의 끝 '모양'은 병뚜껑에 잘 걸리도록 만들어져 있습니다. '숟가락'은 어떤가요? 역시 떠오르는 전형적인 '모양'이 있고 그 끝은 음식을 떠서 사람의 입에 넣기 좋은 '모양'을 하고 있습니다. 여기에서 '모양'을 강조하고 있는데 그 이유는 모든 도구의 기능이 '모양'에서 나오기 때문입니다. '철'이 다양한 도구의 재료로 널리 사용되는 이유는 무엇일까요? 그것은 철이 제작하고자 하는 도구의 '모양'을 잘 만들고 또 유지하기 좋은 재료이기 때문입니다. 자 이제 도구의 '모양'과 재료의 관계를 이해하셨지요?

단비 그럼 단백질이 세포가 사용하는 도구의 모양을 만들기 좋은 재료란 뜻인가요? 어떻게요?

박 교수 바로 그거예요. 좋은 질문입니다. 단백질은 재료의 이름이라고 했으니 단백질이 도구가 되려면 기능에 알맞은 '모양'을 갖추어야 합니다. 그런데 단백질의 구조를 살펴보면 20종류의 구슬로 이루어진 목걸이와 같은 존재입니다.

목걸이를 정성껏 펴면 원 모양으로 존재하지만, 대부분은 자연스럽게 접혀 있다. 그 모양은 해당 순간에 목걸이가 존재할 수 있는 가장 안정된 형태이다.

목걸이 길이는 제한이 없어서 마음대로 늘리거나 줄이면 됩니다.

그런데 너무 짧으면 목에 걸리지 않을 것이고 너무 길면 거추장스럽겠지요? 사람들은 필요에 따라 딱 적당한 길이의 목걸이를 선택할 것입니다. 목걸이를 만들 때 20종류의 구슬을 사용하는데 첫 번째 꿰는 구슬만 M이라는 구슬로 약속을 하고 나머지는 뭐 마음대로 꿰어도 된다고 합시다. 그러면 처음에만 조심하고 그 뒤에는 그냥 손에 잡히는 대로 구슬을 사용하면 됩니다. 그러면 몇 가지 종류의 목걸이를 만들 수 있을까요? 너무 막연한 질문이니 구슬을 50개만 사용한다고 가정해 보지요. 첫 번째 구슬은 M으로 약속했으니 가능성이 하나밖에 없겠네요. 두 번째 구슬은 아무거나 눈 감고 집어도 되니까 두 번째 자리에는 20가지 가능성이 있겠죠. 세 번째 자리도 20가지. 고등학교 수학 시간이 떠오르는군요. 우리 한 번 적극적으로 계산해 봅시다.

아미노산 번호	1	2	3	4	5	6	7	8	……	44	45	46	47	48	49	50		
경우의 수	1	20	20	20	20	20	20	20	……	20	20	20	20	20	20	20	=	20^{49}

경우의 수를 다 곱하면 이론적으로는 20^{49} 종류의 목걸이를 만들 수 있습니다. 이 수가 얼마나 큰 것인지는 도저히 상상도 안 되네요. 그렇지만 음악을 들으며 무심하게 작업한다고 하더라도 결국에는 한 개의 목걸이가 만들어질 것입니다. 여러 가능성 중에서 한 종류의 목걸이가 만들어질 확률은 $1/20^{49}$. 우리가 생활하면서 이런 확률로 어떤 특별한 경험을 할 것이라고 기대하기는 어렵겠죠. 그렇지만 저런 작업을 끝낸 후 손을 내려다보면 그렇게 얻기 어려운 귀한 목걸이가

하나 들려 있을 것입니다. 이게 우연이 만들어낸 필연이라는 결과입니다. 그런데 그렇게 귀한 목걸이가 별로 마음에 들지 않는다면 어떻게 할까요? 버려지거나 잊혀질 것입니다. 그 반대는? 매일 사용하거나 심지어 똑같이 만들어서 여기저기 선물하거나 판매할 수도 있겠죠? 이런 현상이 진화입니다. 자연선택에서 말하는 선택의 압력이라는 것이 무엇인지 어렴풋하게 느껴지시죠?

단비　설명은 감사하지만 단백질의 구조가 어떻게 만들어지는지 아직 말씀하지 않으셨어요.

박 교수　맞아요. 이제부터 본격적으로 아미노산이라는 구슬이 한 줄로 연결된 단백질이라는 분자가 어떻게 일하기 좋은 '모양', 즉 '구조'를 형성하게 되는지 알아보도록 합시다. 단백질은 20종류의 아미노산을 재료로 만들어지는데 이 아미노산들은 크게 네 가지 성질을 가진 그룹으로 분류할 수 있습니다. 첫 번째 그룹은 물을 싫어하는, 마치 기름과 같은 성질을 지닌 아미노산들입니다. 기름과 물은 절대로 서로 섞이는 법이 없지요. 이렇게 물을 싫어하는 성질을 '소수성'hydrophobicity이라고 부릅니다. 소수성은 분자 안에 전자들이 균등하게 퍼져 있는 물질에서 나타나는 성질입니다. 소수성 분자들은 주변에 물이 있으면 물을 피해서 자기들끼리 뭉치려는 경향을 나타냅니다. 물분자 안에는 전자가 불균등하게 치우쳐 존재하기 때문에 소수성 분자는 성질이 다른 물과 어울리기보다는 소수성 분자들끼리 모여있는 것이 더 편하거든요. 학생도 싫어하는 사람과 함께 그룹 활동을 하는 것보다 친한 사람들과 그룹을 이루는 것이 더 편하지 않으세요? 분자들도 그렇답니다. 두 번째 그룹은 표면에 전기를 나타내지는 않지만 분자 안에 전자들이 한쪽에 치우쳐 있어서 마치 분자의 이쪽과 저쪽이 서로 다른 전기를 가진 것처럼 행동하는 아미노산들입니다. 이런 성질을 '극성'polarity이라 부르는데 전자의 불균형에 의해 극성이 나타나는 이유는 전자라는 것이 원래는 음전기를 나타내는 원인이 되기 때문입니다. 분자 전체에서는 양전기와 음전기가 균형을 이루고 있지만 같은 분자 안에서도 전자가 치우친 곳에는 아무래도 음전기적인 성질이 조금 강하게 작용하는 것이 극성이 나타나는 이유입니다. 극성을 나타내는 아미노산들은 역시 극성을 지닌 물질인 물과 아주 잘 섞입니다. 세 번째 그룹은 양전기를 나타내는 아미노산들이고, 네 번째 그룹은 음전기를 나타내는 아미노산들입니다. 극성을 나타내거나 전기를 나타내는 아미노산들은 모두 물과 잘 섞이는데 이런 성질을 '소수성'과 대비시켜 '친수성'hydrophilicity이라고 부르죠.

수용액 안에서 소수성 분자는 물과 안 섞이므로 자기네끼리 뭉치고, 친수성 분자들은 물과 잘 섞인다고 했습니다. 양전기를 띤 분자들은 음전기를 띤 분자들과 서로 잡아당기고 양전기를 띤 분자들끼리는 서로 밀어내지요. 이 네 종류의 분자들을 한 곳에 섞어 두면 어떤 일이 벌어질까요? 싫어하는 분자들끼리는 열심히 밀어내면서 동시에 좋아하는 분자들을 잡아당기려는 매우 복잡한 상호작용이 일어나겠죠? 그런데 네 가지 성질을 지닌 아미노산들이 자유롭게 움직이는 것이 아니라 무작위적으로 배치되어 한 줄로 연결되어 있으니 해당 단백질은 어떤 상태가 될까요?

앞에서 단백질을 아미노산이 한 줄로 연결된 목걸이라고 표현했지만, 사실은 단백질은 아미노산이 한 줄로 연결된 사슬이라는 표현이 더 적합합니다. 그런데 단백질은 서로 다른 성질을 지닌 아미노산들이 서로 밀치고 당기는 힘 때문에 막대처럼 펴져 있지 못하고 매우 복잡한 모습으로 접히게 됩니다. 이렇게 접혀 있으므로 단백질은 입체적인 구조를 지니게 되지요. 그러면 단백질의 최종 모양은 어떻게 결정될까요? 단백질이 이룰 수 있는 여러 가지 가능한 형태 중 아미노산들의 상호작용 결과 가장 안정한 모양으로 접히게 됩니다. 그리고 단백질의 가장 안정한 모양은 한 줄로 연결된 아미노산이 어떤 순서로 배치되었는지에 따라 결정됩니다. 따라서 아미노산 순서만 결정되면 그에 따라 '모양'이 저절로 결정되는 흥미로운 특성이 나타나게 됩니다. 특정한 모양을 갖춘 단백질 도구를 만들고자 하는 설계도란 결국 그냥 아미노산의 연결 순서만 적어놓은 문장인 것입니다.

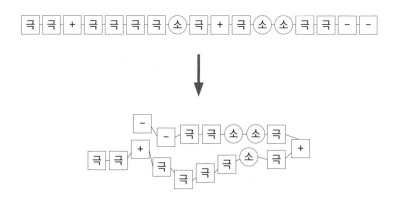

단백질의 접힘. 아미노산의 상호작용들에 의해 단백질이 접히면서 단백질의 종류에 따른 입체구조(3차 구조)를 형성하게 되며, 이 3차 구조의 모양이 그 단백질이 할 수 있는 일을 결정한다. 모든 도구의 기능은 그 구조와 연관되어 있다.

[약어표시] 극: 극성, 소: 소수성, +: 양전기, -: 음전기

단비   단백질의 모양이 기능에 중요하다는 것은 알겠어요. 그런데 단백질의 구조와 우연은 무슨 관계가 있는 건가요?

박 교수 그것은 바로 이렇게 정교한 아미노산 순서가 우연히 정해졌기 때문이지요. 정확히 말하면 아미노산의 순서를 결정하는 설계도가 우연히 만들어진 것입니다. 그 설계도를 우리는 '유전자'gene라고 부른답니다.

단비   믿을 수 없어요. 어떻게 우연에 의해서 생물체에 필요한 단백질들을 만드는 유전자들만 정교하게 만들어질 수가 있어요?

박 교수 생물체에 필요한 단백질을 만드는 유전자들만 선택적으로 우연에 의해 만들어질 수는 없지요. 아마도 처음에는 별별 이상한 설계도들이 많이 만들어졌을 것입니다. 목걸이 만들 때 여러 가지 종류가 만들어질 수 있는 것과 마찬가지로 말입니다. 그런데 그렇게 만들어진 설계도가 생물이 살아가는 데 도움이 되지 않거나 오히려 해가 된다면, 그렇게 만들어진 단백질 설계도를 가진 생물체들은 지구상에서 점차 사라졌을 것입니다. 그 결과 오늘날 존재하는 생물체들을 조사해보면 각각의 생물체들이 살아가는데 필요한 단백질들의 설계도만 선택적으로 만들어 가지고 있는 것처럼 보이는 것입니다.

필연의 의미

단웅이   그러면 모노는 왜 필연이라는 이야기를 했을까요?

박 교수 우연에 의존한다고 하더라도 일단 단백질의 설계도가 만들어
지면 그 후에는 그 설계에 따라 단백질이 만들어지기 때문에 해당 유
전자로부터 만들어진 단백질들은 필연적으로 같은 구조를 지니게 됩
니다. 그리고 그 구조는 오랫동안 자연선택natural selection을 거쳐 선별된
것이기 때문에 필연적으로 모노가 말하는 '합목적성'teleonomy을 나타
내게 됩니다. 생물체에서 '합목적성'이란 의미는 생물체에 필요한 기
능을 수행한다는 의미입니다. 해당 단백질을 생물체가 가지고 있다
는 이유로 '합목적성'을 나타내는 것은 아니고 '합목적성' 때문에 선
택되어 생물체 안에 존재하는 것이겠죠.

모노는 생물체의 특성을 '불변성'invariance과 '합목적성'으로 파악하
고 있습니다. '불변성'이란 생물체가 그 특성을 계속 유지하려는 성
질을 말하는데 이러한 원리는 유전자에도 그대로 적용됩니다. 즉 유
전자는 새로운 세포를 만들 때마다 계속 동일하게 복제되어 전해지
며, 심지어 자손에게도 전해집니다.

단웅이 '불변성'이 생물체의 특성이라면 진화는 불가능할 것 같은데요?

박 교수 단백질의 아미노산 순서 정보는 DNA라는 분자에 적혀 있는
데 DNA는 서로 마주 보는 두 개의 가닥으로 이루어져 있습니다. 이
두 가닥은 서로 짝이 맞게 되어 있어서 어느 한 가닥만 있으면 나머
지 한 가닥을 만들어낼 수 있습니다. 그래서 자손에게 유전정보를 물
려주기 위해서 DNA를 복제할 때 세포는 먼저 마주 붙어있는 DNA
두 가닥을 벌려서 살짝 떼어낸 다음 양쪽 가닥 각각에 대하여 상보
적인 새로운 가닥을 만들어냅니다. 이 일을 수행하는 이 복제 기계

는 매우 정교하고 심지어 실수를 찾아 교정하는 기능까지 갖추고 있지만 DNA에 적혀 있는 알파벳을 약 백만 개쯤 복제할 때마다 한 번쯤은 우연히 실수를 한다고 알려져 있습니다. 또 DNA가 우연히 특정 화학물질에 노출되거나 자외선, 방사선에 노출되어도 DNA가 손상될 수 있습니다. 이러한 실수나 손상에 의한 유전자의 변화를 돌연변이mutation라고 부릅니다. 돌연변이는 우연히 일어나지

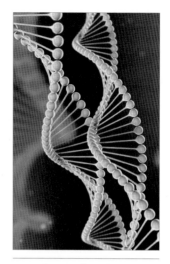

DNA 구조의 3D 일러스트

만, 그 결과 설계가 바뀐 유전자는 필연적으로 변화된 단백질을 생성하게 됩니다.

돌연변이를 생물체에 해로운 것으로 생각하는 경향이 있지만, 돌연변이가 해로운지 이로운지는 돌연변이 그 자체가 아니라 여러 가지 조건에 따라 결정됩니다. 예를 들어 헤모글로빈이라는 혈액 단백질을 암호화하는 유전자의 고장으로 발생하는 낫모양 적혈구병sickle cell anemia은 빈혈을 일으키므로 일반적으로는 사람들에게 해로운 돌연변이일 것입니다. 그런데 이 병에 의하여 헤모글로빈에 이상이 있는 사람은 말라리아에 저항성을 나타내므로 말라리아가 심각한 지역에서는 낫모양 적혈구병을 가진 사람이 오히려 살아남기 좋다고 합니다. 여기에서 보듯이 돌연변이의 방향이란 중립적으로서 그 자체로는 이롭거나 해롭다고 말하기 어려운 점이 있으며 환경조건이 결

정되면 그 조건에서 (자연)선택 압력을 받게 됩니다. 자연선택에 의해 살아남으면 이로운 돌연변이인 것이고 그렇지 못하면 해로운 돌연변이인 것입니다.

단웅이 분자생물학이란 이야기가 여러 번 나오는데 분자생물학이란 어떤 분야인가요?

박 교수 생물학을 공부할 때에는 공부 대상의 수준level을 따지는 경우가 있습니다. 수준에 따른 공부란 집단을 이해하고자 하는지, 개체를 이해하고자 하는지, 아니면 기관, 조직, 세포 등을 이해하고자 하는지를 말하는 것입니다. 그런데 집단을 이해하고자 한다면 그 집단을 구성하는 개체들을 들여다보는 경우가 흔히 있습니다. 하나 낮은 수준에서 상위 수준을 탐구하는 것입니다. 이런 연구방법을 분석적이라고 이해하셔도 좋을 것 같습니다. 위에 열거한 각 수준 중에서 생명현상을 볼 수 있는 최소 단위는 세포입니다. 그런데 세포는 다시 여러 가지의 분자들로 구성되어 있지요. 그래서 세포의 생명현상을 이해하려면 공부의 대상을 분자까지 낮추게 됩니다. 이렇게 분자 수준에서 생명을 탐구하는 분야가 분자생물학입니다. 분자생물학은 생명현상을 가장 근원적으로 탐구하는 분야라 할 수 있습니다. 분자생물학의 가장 대표적인 주제는 유전정보와 관련된 DNA와 RNA, 유전정보가 구현된 산물인 단백질 등입니다.

단웅이 자크 모노는 생화학자이자 분자생물학자라고 하셨는데요. 자크 모노의 업적 중에서 우리 학생들이 학교에서 배우는 내용이 있나요?

박 교수 아, 그럼요. 있습니다. 고등학교 교육과정에도 들어있는 것으로 알고 있는데 생물 시간에 '오페론'operon 개념을 배우셨는지요? 오페론이 바로 자크 모노가 발견한 것입니다. 대장균은 에너지를 충당하거나 자신의 몸을 구성하는 가장 기본적인 재료로 포도당을 사용합니다. 그런데 포도당이 없고 대신에 젖당lactose이라는 당이 존재하는 환경을 만날 때가 있습니다. 그러면 젖당을 분해해서 사용하면 됩니다. 그런데 젖당을 세균의 세포 밖에서 세포 안으로 받아들이고 다시 분해하여 사용하려면 그 일을 수행할 단백질 도구들이 필요합니다. 그런데 이 도구들을 만들어 보유하려면 상당한 비용을 치러야 하지요. 일하는 데 들어가는 비용을 우리는 에너지라고 부릅니다. 그러므로 젖당을 이용할 필요가 없을 때는 굳이 젖당 사용에 필요한 도구들을 만들 필요가 없겠지요. 자, 그럼 어떻게 하면 될까요?

단백질 도구들은 유전자의 정보를 읽어서 만들게 되므로 젖당이 없을 때는 젖당 사용에 필요한 도구들을 만드는 유전정보를 읽지 못하게 하다가 젖당이 있을 때만 유전정보를 읽도록 허용하면 되겠지요? 모노는 상황을 판단하여 결정을 내리는 이 논리회로가 별도로 존재하는 '의지'의 개입 없이 단백질의 상호작용만으로 구성될 수 있다는 것을 발견하였습니다. 유전자를 읽는 도구가 유전자를 읽으려면 유전자 앞쪽에 접근하여 DNA에 결합해야 하는데 이 자리를 '프로모터'promotor라고 부릅니다. 프로모터에 유전정보를 읽는 도구가 붙어서 차례로 유전자 알파벳을 읽는 것이죠. 그런데 이 '프로모터' 바로 뒤쪽에 살짝 겹치는 위치에 '억제자'repressor라 부르는 다른 단백질이 붙을 수 있는 자리를 하나 마련하면 어떨까요? 억제자 단백질이

그 자리에 붙어있으면 유전자를
읽는 도구가 '프로모터'에 붙지 못
하므로 젖당 사용에 필요한 유전
자들은 사용되지 않을 것입니다.

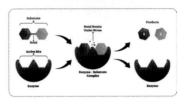

만약 젖당이 있으면 어떻게 하
지요? 억제자가 붙어있으면 젖
당을 사용하는데 필요한 도구
를 못 만들잖아요? 이 문제는 젖
당이 억제자 단백질에 결합하여
그 구조를 바꾸는데 해결의 열쇠

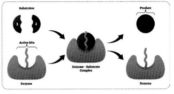

효소   출처: istockphoto

가 있습니다. 모든 단백질의 기능은 모양에서 나오기 때문에, 젖당의
결합에 의하여 모양이 바뀌면 억제자는 그 기능을 잃고 떨어져 나옵
니다. 그러면 유전자를 읽는 도구가 자유롭게 프로모터에 붙어서 유
전자를 읽어나가게 됩니다. 모노는 이 사실로부터 '만약'if이라는 조
건이 붙는 논리회로가 별도로 존재하는 '의지'의 개입 없이 단백질
의 상호작용만으로 구성된다는 것을 알아내었습니다. 한 가지 더 이
야기하자면 젖당 사용에 필요한 유전자 발현은 앞에서 말한 것처럼
젖당이 존재하는 조건 외에 추가로 '포도당이 없을 때' 이루어지는
데, 세균은 '포도당이 없을 때'라는 조건도 또 다른 단백질 세트의 상
호작용으로 판단하고 있답니다. 젖당이 있어도 포도당이 있으면 그
냥 포도당을 사용하는 것이 이득이니까 포도당이 없을 때만 젖당을
사용하기 위해서 이중의 조건을 충족하는 논리회로가 작동합니다.

단웅이 자크 모노는 오직 단백질들의 직접적인 상호작용만이 합목적성을 충족하는 조건이자 수단이라고 강조하는데 다른 물질들은 합목적성 충족에 도움이 되지 않나요?

박 교수 자크 모노는 분자생물학의 기념비적인 업적을 남긴 분이기는 하지만 그 당시의 지식은 매우 제한적이었습니다. 그 이후로 분자생물학은 비약적으로 발전해 왔으며 현재 세대는 모노보다 훨씬 풍부한 지식을 지니고 있습니다. 단백질의 기능이 그 모양에서 나오는 것이기 때문에 단백질이 아니더라도 해당 단백질과 동일한 모양을 갖출 수 있는 분자는 같은 기능을 수행할 수 있는 잠재력을 지니게 됩니다. 예를 들어서 화학 반응을 촉매하는 단백질을 효소enzyme라고 부르는데 RNA 중에도 효소 활성을 나타내는 것들이 있습니다. 그 이유는 RNA가 외가닥으로 구성되기 때문에 수용액에서 안정한 형태로 접혀가며 입체구조를 만들기 때문입니다. 그 입체구조가 특정 화학 반응을 촉매하는데 적합한 모양이면 해당되는 화학 반응을 촉매하게 됩니다. RNA 효소를 라이보자임ribozyme이라 부른답니다. 예를 들어, 금속으로 만든 젓가락을 일반적으로 사용하지만 나무로 젓가락을 만들어도 모양만 같으면 같은 기능을 지니는 것과 마찬가지입니다.

모노는 비록 한정된 지식으로 결론을 내렸지만, 그것은 아마 당시의 지식으로 이끌어낼 수 있는 최상의 결론이었을 것입니다. 그리고 우연이 실현되어 필연적인 결과를 가져온다는 그의 탁월한 견해는 여전히 유효합니다.

단웅이 모노는 진화의 방향성에 관하여 이야기했는데, 그렇다면 우주의 변화 방향을 알려주는 '의지'를 인정한 것과 마찬가지 아닐까요?

박 교수 진화의 방향 또는 경향성이라는 것은 결과론적인 이야기입니다. 현재까지 발견된 진화의 흔적들을 살펴보면 간단한 생명체에서 점점 복잡한 시스템을 갖춘 생명체로 진화한 증거들이 아주 많거든요. 그런데 이것은 점점 복잡하게 진화해야 한다는 규칙 때문이 아니고, 다양한 양상으로 변화하는 환경에서 복잡한 기능을 갖춘 생물체들이 자연선택 되었기 때문에 나타난 결과입니다. 기존에 없던 기능을 가진 생명체들이 조금이라도 더 살아남을 가능성이 컸겠지요. 그런데 만약 현재의 환경이 어떤 생물체에 최적이고 몇 가지 기능은 사용하지 않아도 잘 살 수 있다면 어떨까요? 그 기능을 버리는 것이 경제적이겠죠? 경제적이라는 것은 자연선택 될 수 있는 경쟁력을 의미합니다. 이런 경우 생물체는 필요 없는 기능을 버리는 쪽으로 진화할 수도 있습니다. 실제로 일부 식물들은 진화하는 동안 꽃을 피우는 방향으로 진화했다가 어느 시점에 다시 꽃을 버리는 방향으로 진화하고 있습니다. 모양과 색깔을 다 갖춘 비싼 꽃을 만들어 자손을 남기는 것보다 더 저렴한 방법이 생겨났기 때문이지요. 원래 꽃은 식물이 자손을 남기기 위해 만드는 기관이므로 가장 중요한 기능은 씨를 맺는 것입니다. 그런데 봄철이면 우리 주변에 흔히 보이는 개나리가 한가득 꽃을 피운 다음에 열매를 맺는 것을 보신 적이 있나요? 저는 기억이 없습니다. 그 이유가 무엇일까요? 개나리는 줄기에서 뿌리를 내려 새로운 개체를 쉽고 빠르게 형성하는 경향이 있거든요. 결국, 진화는 미리 정해진 방향을 따르는 것이 아니고 주어진 환경에서 가장 강한 경쟁력을 지닌 생물체가 선택되어가는 과정일 뿐입니다.

단웅이 분자생물학 공부를 한참 한 것 같은데 갑자기 왜 이런 내용들이 변증법과 같은 철학적 논의와 충돌하는지 궁금해졌습니다.

박 교수 앞에서 러시아의 농학자 리쎈코가 유전학을 배척했다고 언급하면서 그 이유는 이야기하지 않았네요. 변증법에서는 '정-반-합'이라는 변화의 과정을 설명하는데 '정명제'와 '반명제'가 충돌하여 질적인 변화를 일으키며 더욱 발전된 '합명제'로 발전한다고 합니다. 그런데 멘델이 관찰한 결과 서로 대립되는 두 가지 형질을 교배한 잡종 1세대에는 변화된 표현형이 아니라 두 형질 중 오직 한 가지 형질 우성만 나타났습니다. 변화 자체가 보이지 않았던 것이지요. 더욱 놀라운 것은 잡종 1세대에서 보이지 않던 열성 표현형이 잡종 2세대에서 홀연히 다시 나타났다는 점이었습니다. 열성 형질마저도 질적인 변화를 일으키지 않고 그대로 남아 있었던 것이지요. 멘델의 관찰 결과는 대립하는 두 표현형이 서로 충돌하여 질적인 변화를 일으키며 새로운 방향으로 변하는 것이 아니라, 각각 독립적으로 존재한다는 것을 보여주었습니다. 아마도 변증법으로는 도저히 이해할 수 없는 현상이었을 것입니다.

참고 문헌

1. 저서

자크 모노, 조현수 옮김, 『우연과 필연』, 궁리, 2010.

Alberts, Bray·Hoplin·Johnson·Lewis·Raff·Roberts·Walter, 박상대 외 옮김, 『필수 세포생물학』 3판, 교보문고, 2010.

The Nobel Foundation, *The Nobel Prize in Physiology or Medicine 1965 : Jacques Monod - Biographical*, https://www.nobelprize.org/prizes/medicine/1965/monod/biographical/.

Reece·Urry·cain·Wasserman· Minorsky & Jackson, 전상학 외 옮김, 『생명과학』, 9판, 바이오사이언스, 2012.

2. 사진 자료

istockphoto(www.istockphoto.com)

Pixta(kr.pixtastock.com/illustration/76833771)

포모나 대학교(www.pomona.edu)

alamy(www.alamy.com)

아주 작은 세계에 대한
오묘하고 아름다운 현상의 이해

─베르너 하이젠베르크, 『부분과 전체』

조헌국

> "저는 선생님과 마찬가지로 단순함을 자연법칙이 갖는 객관적인 특성이라고 믿습니다. 사고의 경제성 때문에 어쩔 수 없이 도입하는 것이 아니라요. 자연의 인도를 받아 단순하고 아름다운 수학적 형태에 이르게 되면 그것이 '진짜'라고, 그것이 자연의 진면목을 보여주는 것이라고 믿을 수밖에 없을 겁니다."

저자 소개 및 양자역학의 등장 배경

단비   『부분과 전체』*Der Teil und das Ganze*를 집필한 저자인 베르너 하이젠베르크에 대해 간단히 말씀해 주세요.

조 교수   베르너 하이젠베르크Werner Heisenberg, 1901~1976은 독일의 물리학자입니다. 그는 오늘날 현대물리학의 기초가 되는 양자역학의 기본 이론과 개념을 정립한 과학자입니다. 그는 고전문학을 전공한 아버지 덕분에 플라톤의 티마이오스 같은 고전도 즐겨 읽었고요, 철학에 대해 늘 관심이 많았습니다. 뮌헨 대학교Ludwig Maximilian University of Munich에서 물리학을 전공하였는데 그 곳에서 유명한 물리학자인 좀머펠트Sommerfeld와 빈Wien의 아래에서 수학하는 행운을 누립니다. 그리고 그의 스승인 좀머펠트 덕분에 괴팅겐에서 열린 학회에 참석하게 되는데 그 곳에 운명적인 만남을 가집니다. 바로 양자역학의 기초적인 해석의 아이디어를 만들게 된 덴마크의 물리학자 닐스 보어Niels Bohr를 만나게 되었죠. 당시 보어라는 물리학자는 아인슈타인만큼이나 파격적이고 새로운 아이디어를 주장하고 있었고 보어를 만나서 양자역학에 대해 토의하고 연구할 기회를 가지게 됩니다. 그 덕분에 코펜하겐 해석이라는 양자역학의 전통적 해석이 만들어졌습니다. 그리고 불확정성 원리와 함께 행렬 역학을 통해 물리학의 패러다임을 완전히 바꾸게 됩니다. 이를 계기로 31살의 젊은 나이에 노벨물리학상을 수상합니다. 이 외에도 입자물리학, 유체역학, 광학 등 다양한 분야에 대해서 연구하였고, 제2차 세계 대전 때는 독일의 원자폭탄을 개발하는 중책을 맡기도 했습니다. 전후, 독일의 카이저 빌헬름 연구소오늘날 막스 플랑크 연구소, 독일연구재단, 훔볼트 재단의 최고 책임자를 역임한 바 있습니다.

단비　『부분과 전체』가 집필되게 된 배경에 대해서 말씀해 주세요.

조 教授　이 책이 쓰여진 시기는 하이젠베르크가 은퇴하기 1년 전에 낸 책으로 자신의 삶을 돌아보면서 자신의 과학적 업적에 이르게 된 과정을 담담하게 회고하고 있습니다. 그래서 자서전이라기보다 20세기 양자역학이 걸어온 길을 잘 살펴볼 수 있습니다. 책의 시작은 자신이 20대 초반 친구들과 나눈 대화로부터 출발하는데요. 그의 젊은 시절인 1920년대는 제1차 세계대전이 끝난, 사회경제적으로나 정치적으로도 매우 혼란스러운 시대였습니다. 그래서 자유에 대한 열망이 강했고, 어디서나 다양한 주제에 대한 격론과 새로운 생각을 끌어내는 것에 대해 모두 열정적이었습니다. 공교롭게도 1920~30년대는 과학뿐만 아니라 예술에서도 아주 격정적인 시기였는데요. 초현실주의, 추상주의, 구축주의, 아방가르드 미술 등 아주 도전적이고 창의적인 시도가 예술에서도 넘쳐났습니다. 그리고 1940년대 이르러 독일은 히틀러를 중심으로 한 나치가 다수당의 지위를 차지하면서 세계는 다시 한 번 혼란에 빠졌고, 제2차 세계대전이 종식된 이후에는 냉전의 역사로 흘러가게 됩니다. 이 책에서도 이러한 사회적 변화 과정이 고스란히 기록되어 있습니다. 약 50여 년간의 독일이 겪은 변화들이 책의 곳곳에서 묻어나고 있습니다.

단비   이 책에서는 철학에 대한 이야기가 종종 등장하는데요. 어떻게 철학에 대해 관심을 갖게 되었고, 또 어떻게 물리학을 전공하게 되었을까요?

조 교수   우연인지 모르겠지만 하이젠베르크의 아버지는 뮌헨 대학교에서 그리스어를 가르치는 대학 교수였습니다. 그래서 그리스 고전을 접할 기회가 더 많았던 것 같습니다. 이 책에서도 플라톤이 쓴 『티마이오스』에 관한 이야기를 여러 곳에서 직접 떠올리면서 말하고 있습니다. 그와 동시에 그는 기독교루터교 신자이기도 해서 기독교에 대해서도 많은 관심이 있었습니다. 그럼에도 불구하고 사실 그가 관심이 있었던 것은 '수학'이었습니다. 자신의 아버지의 소개로 원주율(π)로 잘 알려진 린데만이라는 수학자의 제자가 되고 싶었지만 거절 당하고, 수학과 친구(?)인 수학물리학을 전공하는 좀머펠트 교수에게 가게 됩니다. 다행히 그를 받아준 덕택에 그는 이론물리학자로서의 길을 걷게 되었습니다. 양자역학을 좋아하는 사람들의 공통점인지 모르겠는데 또 다른 물리학자인 보어 역시 철학에 관심이 많았습니다. 보어는 키에르케고르의 실존주의 철학에 관한 강의를 들었고 그러한 영향으로 상보성의 원리를 생각하게 되었습니다.

양자역학의 의미와 코펜하겐 해석

단웅이　이 책의 독특한 특징이 있다면 무엇이 있을까요?

조 교수　아마 대부분의 사람들에게 하이젠베르크는 생소한 물리학자인데다, 양자역학은 너무 어렵다고 생각하고 있을 것입니다. 다행히도 그는 양자역학에 관한 수학 공식을 단 한 줄도 쓰고 있지 않고 오직 말로 설명하고 있습니다. 양자역학의 수학적 기초를 다진 그가 자신의 인생의 업적을 정리하는데, 수학을 단 한 줄도 쓰고 있지 않다는 것이 매우 의아하게 느껴집니다. 앞서 언급한 것처럼 그는 과학이 바라보는 자연 현상이라는 거대한 모습이, 결국 수학적 형태로 귀결될 것이라는 자신만의 세계관이 있었습니다. 그래서 책 여기저기에서 철학적 논쟁에 관한 이야기들을 늘어놓고 있습니다. 책 시작부터 이산화탄소 원자가 과연 갈고리 같은 모습으로 연결되어 있을까… 라는 자신의 친구와의 토론으로 시작하고 있습니다. 특히, 그의 세계 관은 자연 현상이 가진 단순함이라는 아름다움을 추구하고 있습니다. 이러한 논의는 그가 아인슈타인을 만나 자신의 생각을 나눈 곳에서도 잘 드러나고 있고요. 과학을 통해 바라보는 수학적 아름다움을 다음과 같이 표현하고 있습니다.

"모든 원자 현상의 표면 밑에 깊숙이 간직되어 있는 내적인 미의 근거를 바라보는 그러한 느낌이었다. 나는 이제 자연이 내 눈앞에 펼쳐 보여준 수학적 구조의 풍요함을 추적해야 한다는 데 생각이 이르자 현기증을 느낄 정도였다."

단웅이 하이젠베르크에 대해 찾아보면 불확정성의 원리, 코펜하겐 해석이라는 말이 자주 등장합니다. 두 용어는 무슨 뜻인가요?

조 교수 하이젠베르크하면 항상 붙어 다니는 용어가 그가 제안한 불확정성의 원리입니다. 불확정성의 원리에 대해서 설명하기 이전에 코펜하겐 해석이라는 용어부터 살펴보는 게 좋겠습니다. 그가 다녔던 뮌헨 대학교에는 유명한 물리학자들이 많았습니다. 그 중 한 명이 좀머펠트였는데요. 일반인들에게는 아인슈타인처럼 유명하지 않겠지만 물리학이나 화학을 공부하는 사람들에게 있어서 꼭 기억해야 할 이름이기도 합니다. 왜냐하면 바로 그가 물질의 기본인 원자 모형의 구조와 함께 금속에서 전자들이 어떻게 이동했는지에 대한 획기적인 새로운 모형을 제시했기 때문입니다. 하이젠베르크는 그의 스승

덕분에 괴팅겐에서 열린 '보어 축제'에 참여하게 되었고 거기서 닐스 보어를 만납니다. 실은 그는 가고 싶지 않았지만 스승 때문에 억지로 갔다고 회고하고 있고, 그가 만난 보어의 첫 모습은 매우 괴짜였던 것으로 기록하고 있습니다. 당시 닐스 보어는 이미 좀머펠트만큼 유명한 사람이었는데, 하이젠베르크를 처음 만났던 1921년 바로 그해, 보어는 노벨물리학상을 수상했습니다. 보어는 당시 이미 입지전적의 인물로서 덴마크의 코펜하겐 대학교에서 교수로 일하고 있었고 덴마크 정부와 맥주 회사로도 잘 알려진 칼스버그의 후원으로 닐스 보어 연구소를 설립했습니다. 그리고 여러 과학자들을 그의 연구소로 초청해 함께 이야기도 나누고 연구도 하면서 활발하게 활동했는데요. 그래서 보어와 함께 모여 연구하고 토론했던 사람들이 양자역학의 기초를 닦게 되었습니다. 그들이 모였던 곳이 바로 보어가 살았던 코펜하겐이어서 코펜하겐 해석이라는 이름이 붙여지게 되었습니다. 하이젠베르크는 보어의 조수로 코펜하겐 대학에서 일할 수 있었고, 그의 밑에서 일하는 동안 불확정성의 원리 외에도 양자역학에서 기발한 아이디어들을 창안하였습니다. 보어 외에도 함께 어울렸던 파울리, 보른, 디락 등 많은 동료들이 있어서 가능했던 일이었습니다. 코펜하겐 해석은 양자역학의 기초가 되는 개념들로서 입자-파동 이중성, 파동함수의 확률 해석, 상보성의 원리, 불확정성의 원리 등을 묶어서 부르는 이름입니다.

단웅이 너무 어려운데요. 조금만 더 상세하게 설명해 주세요.

조 교수 네. 양자역학은 아주 긴 이야기를 가지고 있는데요. 전편을 보지 않으면 본편이 이해가 되지 않는 드라마입니다. 그래도 최대한 간략하게 설명해 볼게요. 양자역학의 출발은 입자-파동 이중성에서 이뤄집니다. 이는 빛뿐만 아니라 모든 물질조차 입자와 같은 성질과 함께 파동과 같은 두 가지 성질을 모두 가진다는 의미입니다. 밤하늘 아름답게 빛나는 별빛은 전자기파라는 파장임과 동시에 광자라는 질량이 없는 입자로 이뤄져 있습니다. 그리고 전자 역시 입자이기도 하면서 파동이기도 합니다. 그럼 빛이나 전자는 입자, 파동 둘 중 무엇이냐고 묻는다면 아무도 모른다고 말할 수밖에 없습니다. 왜냐하면 그것이 무엇인지 알아내기 위해서는 관찰하려는 대상에 영향을 줄수밖에 없는데 그러면 내가 관찰하기 이전 상태와는 달라져 있기 때문입니다. 보어나 하이젠베르크가 알고 싶어했던 것은 아주 작은 세계에 관한 것들이었고 그러한 것들은 작은 빛에도 민감하게 반응하기 때문에 예측하기가 무척 어려웠습니다. 그럼에도 당시의 과학자들은 좀 더 나은 기술이나 장비가 등장한다면 분명 정확히 알 수 있을 것이라는 믿음이 있었습니다. 그런데 그러한 믿음을 깬 것이 하이젠베르크였습니다. 대상에게 영향을 주기 때문에 결코 완벽히 정확한 정보를 얻을 수 없음을 주장하는데요. 그가 상상을 통해 제시했던 사고 실험 중 하나는 '하이젠베르크의 현미경'입니다. 그는 어떤 공간에 파란색의 전자가 있다고 떠올려 보았습니다. 그런데 여기 전자가 있는지 알기 위해서는 빛을 쏘아서 전자로부터 반사되는 빛을 통해 전자의 위치와 운동량_{전자의 질량과 속도를 곱한 값}을 얻게 됩니다. 문제는 전자에게 빛_{전자기파}을 쏘면 전자는 아주 작아서 원래 있던 위치에서 다른 위치로 이동하게 됩니다. 예를 들면 스티로폼 공 하나가 있

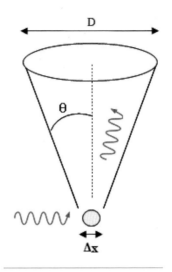

하이젠베르크의 사고 실험

는데 거기에 작은 구슬 하나를 충돌시키면 어떻게 될까요? 스티로
폼 공은 어디론가 다른 곳으로 굴러가 버리겠죠? 그렇게 되면 그 스
티로폼 공전자은 위치도, 속도도 모두 바뀌게 됩니다. 위치를 정확하
게 측정하고 싶으면 빛을 아주 좁은 범위에 쏘아야 하는데 그러면 속
도에 크게 영향을 미치고, 그렇다고 속도에 영향을 주지 않으려고 하
면 이번에는 위치의 오차가 커지는 문제가 발생합니다. 그래서 하이
젠베르크는 위치와 운동량, 이 두 개를 오차 없이 측정하는 것은 불
가능하고 아무리 노력해도 그 이상 정확하게 잴 수 없는 최솟값이
존재한다고 주장하게 되었습니다. 이를 불확정성의 원리(Uncertainty
principle, $\Delta x\,\Delta p \geqq \hbar/2$, Δx: 위치의 표준편차, Δp: 운동량의 표준편차,
$\hbar = h/2\pi$)라고 합니다. 물론 여기서 $\hbar$는 $1.05 \times 10^{-34}\,\mathrm{m}^2\,\mathrm{kg/s}$으로

매우 작은 값입니다만 그래도 정확한 값을 얻을 수 없다는 것은 과학자들에게 큰 충격이 아닐 수 없었습니다. 왜냐하면 과학은 수학을 통해서 완벽한 무오한 해답을 얻을 수 있을 것이라 믿었기 때문입니다. 이 때문에 상대성이론을 주장한 아인슈타인조차 양자역학을 좋아하지 않았습니다.

아인슈타인과 양자역학 사이의 논쟁

단비   아인슈타인은 왜 양자역학을 싫어했을까요?

조 교수 양자역학은 기본적으로 크게 두 가지 성격을 가지고 있습니다. 비결정론과 확률론입니다. 비결정론이라는 뜻은 말 그대로 결정되어 있지 않다는 의미로, 무엇인지 알 수 없다는 것을 말합니다. 빛이 입자인지 파동인지 아무리 실험해도, 그 모습이나 크기 등은 알 수 없게 됩니다. 그리고 확률론은 모든 것들을 확률의 문제로 살펴보겠다는 입장인데요. 인과론과 반대의 입장을 취합니다. 인과론이란, 어떠한 원인에 의해 결과가 발생한다는 논리적 입장인데 예를 들면 사과가 땅에 떨어지는 결과는 지구의 중력이라는 원인 때문에 발생합니다. 대부분의 과학에서는 어떤 원인을 찾고 그것에 따라 결과를 예상하거나 설명하려고 합니다. 그런데 양자역학에서는 원인과 결과의 연결보다는 확률로 생각합니다. 사과가 떨어지는 문제의 경우에도 마찬가지입니다. 사과가 나무로부터 이탈하게 되면 사과는 아래로 떨어질 수도, 그대로 있을 수도, 오히려 공중으로 올라갈 수도 있습니다. 물론 이성적으로 생각하면 사과 꼭지를 가위로 잘랐는데 그대로 공중에 떠 있거나 다시 올라가는 일은 없을 것 같지만 경우의 수를 생각해 본다면 그럴 수 있다는 뜻입니다. 현실 세계에서는 말도 안 되는 일이 원자와 같은 작은 세계에서는 실제로 일어납니다. 예를 들면 여러분이 담벼락 아래에서 테니스 공을 벽에 던진다고 합시다. 벽 너머에서 공이 발견되었다면 어떻게 해야 할까요? 벽보다 높이 던져야 공이 넘어가게 됩니다. 그런데 벽이 100m 정도 되는 엄청난 높이라고 한다면 절대로 담벼락 너머에서 공이 발견되는 일은 없겠지요. 그런데 원자와 같이 작은 세계에서는 공이 발견됩니다. 이런 일은 어떤 원인이 공을 통과시켰는지, 그리고 통과하지 않은 것은 왜 통과하지 않았는지 결코 설명할 수 없습니다. 다만 몇 개를 던지면 그 중에 얼마나 통과했는지 개수만 쓸 수 있을 따름입니다. 사실 생각해 보면 우리 주변에 원인이 뚜렷한 일이 생각보다 많지 않습니다. 친구와 주사위 굴리기를 통해 점심 내기를 한다고 합시다. 그러면 친구의 주사위가 3이 나왔다면 내가 굴리는 주사위의 값을 정확히 예측할 수 있을까요? 1부터 6까지의 여섯 개의 숫자 중 하나가 나올 수 있다는 것만 알 따름입니다. 또한 오늘 유명한 전자회사의 주식을 샀다고 합시다. 내일 주식이 오를지, 내릴지 정확히 예측하고 설명할 수 있나요? 가격을 정확히 예언하는 것은 누구도 할 수 없고 다만 결과가 나온 이후, 왜 올랐을까 혹은 내렸을까 이유를 찾으려고 노력할 뿐입니다. 급하게 약속이 생겨 나가야 하는데 길거리에서 택시를 잡을 수 있을 가능성은 어떤가요? 바로 내 앞에서 서게 될지, 아니면 10분 이상을 기다려야 할지는 아무도 모릅니다. 이처럼 우리 주변에 있는 현상들은 아무 것도 정해지지 않았고, 원인도 명확하지 않다는 것이지요. 이러한 생각을 과학에까지 끌어들인 것이 아마도 아인슈타인에게는 탐탁지 않았던 것 같습니다. 확률의 세계로 보는 그의 입장이 아인슈타인은 마음에 들지 않았고요. 그 둘은 1927년 오스트리아에 있던, 솔베이 회의에서 격한 토론을 벌이게 됩니다.

1927년 물리학자들이 모여서 당대 떠오르는 새로운 과학 이론에 대해 발표하고 반박하는 토론의 장이 열렸는데요. 이 회의에는 아인슈타인과 양자역학의 아버지, 플랑크 외에도 여러 과학자들이 참석했습니다. 퀴리 부인, 보어, 하이젠베르크, 보른, 디락, 슈뢰딩거 등 쟁쟁한 과학자들이 모두 모였고 여기 모인 사람들의 노벨상 숫자만 해도 20여개에 이릅니다. 아인슈타인이 양자역학의 약점을 공격하기 위해 만들었던 문제 중 하나는 EPR역설입니다. 만약 여러분이 친한 친구와 함께 같은 시각 인천공항에서 런던과 뉴욕으로 떠나는 비행기를 탄다고 합시다. 아마 들뜬 기분으로 짐을 꾸려서 비행기를 탑승하겠지요. 그러면 저는 여러분과 친구 둘 중 한 명에게 10센트 동전을 넣겠다고 말한 뒤 둘 몰래 어느 한쪽에 넣습니다. 그러면 비행기에서 내려 짐을 찾아 가방을 열면 어떤 일이 일어날까요? 만약 제가 동전을 넣었다면 동전이 발견될테고, 나에게 동전이 있다는 뜻은 아, 동전은 뉴욕으로 간 친구에게는 동전이 없겠군 하고 깨닫게 될 거고요. 거꾸로 동전이 발견되지 않는다면 런던으로 온 나에게 동전이 없으니 뉴욕으로 간 친구의 가방에 동전이 있다는 사실을 깨닫게 됩니다. 그런데 상대성이론에 따르면 그 어떠한 것도 빛보다 빠를 수 없고 어떠한 정보도 결국 빛의 속도보다 빠리 전달될 수 없습니다. 그런데 가방을 여는 순간 내가 알게 된 이 정보는 내 친구가 뉴욕이 아니라 화성, 안드로메다 어느 곳에 있더라도 바로 알 수 있게 되죠. 이러한 점을 들어서 그는 양자역학이 말이 되지 않는다고 주장했습니다.

단비　그렇다면 아인슈타인의 말이 맞는 것 아닌가요?

조 교수　물론 아인슈타인의 관점에서 보면 그렇겠습니다만, 이 이야기를 제대로 이해하려면 양자역학이 바라보는 세계에 대해 받아들여야 합니다. 일단 양자역학의 출발점은 비결정론 그리고 확률론입니다. 즉, 동전이 하나이고 이 둘 중 어디엔가 있다는 생각을 버려야 합니다. 동전은 원형의 납작한 모양인 입자가 아니라 형태를 알 수 없는 파동의 모습으로도 존재할 수 있습니다. 그래서 우리는 원래 10센트가 딱딱한 동전인지 파동인지조차 알 수 없습니다. 설령 가방을 열어 동전이 발견되었다 하더라도 그것은 확률에 의해 일어난 일이며, 내가 한 가방을 여는 행동과 동전으로부터 빛을 반사시키는 관찰 행동이 이미 동전이라는 존재에 영향을 미쳤기 때문에 일어난 일입니다. 그래서 가방을 열지 않고 동전에 아무런 작용도 하지 않고 동전이 있는지 알아내야 하는데 그것은 불가능합니다. (여러분 중 어떤 분은 공항의 X-선 검색대에 통과시켜 보면 된다고 말할 수 있겠지만 X-선 역시 강한 빛의 한 종류로 동전으로부터 반사된 빛의 결과를 통해 동전을 추적하게 됩니다.) 즉, 아인슈타인이 제기한 기본 가정부터 맞지 않다는 점입니다. 아인슈타인이 굳게 믿은, 어떤 것도 빛보다 빠를 수 없다고 생각해 결국 시간의 영향을 받게 된다는 점을 국소성의 원리locality principle라고 하는데요. 이것마저도 나중에는 다른 과학자들에 의해 깨지게 됩니다.

과학이 바라보는 세계의 규칙과 아름다움

단웅이 하이젠베르크가 말하는 수학적 세계란 무엇일까요?

조 교수 하이젠베르크의 수학적 세계에 대한 아이디어는 플라톤으로부터 출발한다고 볼 수 있습니다. 책 여러 곳에서 언급하고 있는 플라톤의 『티마이오스』는 우주를 구성하는 기본 입자와 구조에 대해 설명하고 있습니다. 플라톤이 살았던 고대 그리스 시대의 철학자들은 물질을 이루는 기본 입자가 물, 불, 공기, 흙과 같은 4개의 기본 원소4원소설로 되어 있다고 믿었습니다. (물론 모두 다 그런 것은 아닙니다. 물로 되어 있다거나 유기체와 같은 모습일 것이라고 생각한 철학자들도 많았습니다.) 특이하게도 플라톤은 이러한 기본 원소가 정사면체, 정육면체, 정팔면체, 정이십면체와 같은 정다면체로 이뤄져 있다고 믿었습니다. 참고로 피타고라스 학파 역시 자연계를 구성하는 요소는 모두 수학적 조화하모니아를 이룬다고 믿었고 이 과정에서 등장하는 것이 황금 비율이나 피타고라스 음계입니다.

하이젠베르크는 플라톤이 말하는 것처럼 물질을 이루는 아주 작은 입자나 요소들은 우리가 겉으로 볼 수 있는 세계의 모습과는 아주 달라서 독특한 모습일 수 있을 것이라는 생각에 동의하였습니다. 그래서 하이젠베르크는 우리 눈으로 볼 수 있는 거대한 세계들과는 달리 작은 세계로 점점 들어가면 아주 작은 입자들이 있고 그리고 그러한 입자는 수학적 형태에 이른다고 생각하였습니다. 그래서 그는 입자가 가진 물리적인 성질을 수학적인 형태로 모두 바꿀 수 있다고 여겼습니다. 예를 들면 어떤 입자의 위치는 '+', 속도는 'x', 에너지는

'□²'이라는 이런 계산하는 기호로 바뀔 수 있다는 생각을 하게 되었습니다. 그리고 작은 입자들은 하나의 고정된 값이 아니라 여러 가능성을 가진 값들의 합으로 확률의 모습을 하고 있다고 생각했고요. 그래서 입자의 상태를 행과 열로 이뤄진 모습으로 나타내었습니다. 모든 물리학적인 결과들을 수학적 형태로 귀결하려는 사상을 수학적 형식주의라고 하고, 하이젠베르크 외에도 디락 등 많은 양자역학을 연구하는 과학자들이 신봉한 아이디어입니다. 그래서 그 어느 때보다 양자역학은 많은 수학적 방법에 의존하고 있습니다.

단웅이 이 책을 읽어도 부분과 전체라는 말이 등장하지 않는데, 왜 제목이 부분과 전체일까요?

조 교수 실은 저자인 하이젠베르크도 뚜렷하게 왜 제목을 이렇게 지었는지 설명하지 않고 있습니다. 그래서 다만 내용을 통해서 추정할 따름인데요. 우선 책의 곳곳에 전체성과 관련된 이야기들을 제시하고 있습니다.

이 책의 제목은 왜 『부분과 전체』라고 지어졌을까? 하이젠베르크 자신에게 물어보지 않는 한, 이 질문에 대한 정답은 없습니다. 여러 가지 납득할만한 이유를 찾아낼 수 있을 뿐인데요. 예를 들면 보어를 처음 만나 대화하는 장면에서 보어는 하이젠베르크와 대화하면서 화학에서 여러 원소가 끊임없이 변화하지만 철 원자로 남아 있거나, 생물 역시 시간에 따라 변화하는 복잡한 구조임에도 안정적인 형태를 이룬다는 점에서 역동적인 부분들과 안정적인 체계로서의 전체를 비교하고 있습니다. 역동적이고 복잡한 작은 조각들이 모여서 서로 상호작용하면서 하나의 거대하고 안정적인 구조를 만들어내며, 전체는 다시 부분에 영향을 주기도 합니다. 그래서 변화와 안전성이라는 기묘한 질서를 이루는 세계에 대해 굳은 믿음을 논의하고 있습니다. 우리 몸 속의 물질을 이루는 각 원자들을 들여다보자. 작은 하나의 원자 안에는 수십 개의 전자가 있고 그 전자들은 한순간도 쉬지 않고 끊임없이 움직이고 있으며, 심지어 다른 원자의 전자가 들어왔다가 나갔다가 하기도 합니다. 그리고 원자들은 서로 다른 원자들과 끊임없이 결합했다가 헤어졌다가 반복하고 있습니다. 원자 속 작은 세계는 하이젠베르크가 말한 것처럼 불확정성의 원리로 인해 전자의 흐름이나 위치, 속도를 완벽히 정의하는 것은 불가능합니다. 그럼에도 우리는 한 인간의 개체로서의 모습을 하고 있으며 어느 순간 갑자기 무너졌다 바람처럼 사라졌다 동물의 모습으로 급격히 변화하는 일들을 일어나지 않습니다. 언뜻 보면 아주 작은 세계와 아주 큰 세계가 완전히 다른 것처럼 보이지만 실은 그렇지 않습니다. 아무리 작은 전자나 광자 같은 입자들도 점점 숫자가 늘어나면 우리가 생각하는 상식적인 세계의 존재들처럼 행동하게 되고, 양자역학이 고전적인 과학의 세계를 완전히 부정하는 듯 보이지만 그 범위를 크게 하면 할수록 고전역학과 점점 비슷해집니다. 이를 물리학에서는 대응 원리Correspondence principle이라고 하는데, 양자역학에서의 에너지가 커지거나 입자의 상태가 점점 늘어날수록 우리가 알고 있는 상식 세계의 과학에 점점 부합해져서 고전역학의 문제들도 양자역학으로 설명할 수 있게 된다는 점입니다. 이것은 마치 수학에서 가장 단순한 도형의 반복을 통해 여러 가지 모습을 만드는 코흐 곡선을 떠오르게 합니다.

삼각형을 그린 뒤 각 변의 길이의 1/3만큼의 정사각형을 그리게 되면 점점 복잡해지면서 눈꽃송이처럼 변해 갑니다. 이와 같은 단순한 도형의 반복을 이용한 것이 프랙탈이라고 하는데 수학적 규칙들을 통해 자연현상을 규명하려고 했던 가치가 반영된 것들이 아닐까 생각합니다.

코흐 곡선 제작 과정　　　　　　　　　　　　출처: istockphoto

더 읽을 거리

단비　이 책을 읽고 양자역학의 탄생과 과정에 대해 좀 더 알고 싶은데요. 어떤 책들을 읽으면 좋을까요?

조 교수　물리학을 전공하지 않는 학생들에게 양자역학은 매우 어렵게 느껴질 것입니다. 그래서 좀 더 발견 과정에 대한 이야기가 많은 책이 도움이 되리라 생각합니다. 우선 하이젠베르크의 사상과 생각에 더 많은 관심이 있다면 그가 쓴 다른 저서인 「물리와 철학」을 읽어보기를 권합니다. 이 책에 등장하는 파울리나 보른, 디락 등이 궁금하다면 양자역학의 등장 과정을 잘 그린 책이 있는데, 짐 배것Jim Baggott이 쓴 「퀀텀 스토리」나 루이자 길더Louisa Gilder가 쓴 「얽힘의 시대」를 읽으면 아마 도움이 되리라 생각합니다. 혹시 철학적 관점에서 양자역학을 어떻게 볼 수 있을까 관심이 있다면 존 폴킹혼John Polkinghorne이 쓴 「양자물리학 그리고 기독교 신학」, 한스 라이엔바흐Hans Reichenbach가 쓴 「양자역학의 철학적 기초」를 읽으면 많은 아이디어를 떠올릴 수 있을 것입니다. 만약 물리학적 지식이 있는 학생이라면 제임스 쿠싱James Cushing이 쓴 「물리학의 역사와 철학」이나 막스 야머Max Jammer가 쓴 「The conceptual development of quantum mechanics」를 추천합니다. 그리고 양장역학이 가진 아름다움에 대해 더 알고 싶다면 번역된 책은 없지만 제임스 맥칼리스터James McAllister가 쓴 「Beauty and revolution in science」를 읽는다면 과학에서의 아름다움이 과학적 지식의 변화와 어떻게 연결될 수 있는지 이해하는 데 많은 도움이 될 것입니다.

참고 문헌

1. 저서

루이자 길더, 노태복 옮김, 『얽힘의 시대』, 부키, 2015.

베르너 하이젠베르크, 유영미 옮김, 『부분과 전체』, 서커스, 2020.

베르너 하이젠베르크, 조호근 옮김, 『물리와 철학』, 서커스, 2018.

제임스 쿠싱, 송진웅 옮김, 『물리학의 역사와 철학』, 북스힐, 2006.

존 폴킹혼, 현우식 옮김, 『양자물리학 그리고 기독교신학』, 연세대학교 출판부, 2009.

짐 배것, 박병철 옮김, 『퀀텀스토리: 양자역학 100년 역사의 결정적 순간들』, 반니, 2014.

한스 라이헨바흐, 강형구 옮김, 『양자역학의 철학적 기초』, 지식을만드는지식, 2014.

Jan Faye and Henry Folse, Niels Bohr and the philosophy of physics: Twenty-first-century perspectives, Bloombury Publishing, 2017.

James W. McAllister, Beauty and revolution in science, Ithaca, 1996.

Max Jammer, The conceptual development of quantum mechanics, Los Angeles, 1989.

2. 사진 자료

istockphoto(www.istockphoto.com)

만유인력, 원자구조, 상대성 이론, 빅뱅, 진화론, 유전법칙, DNA
—아널드 R 브로디, 데이비드 E 브로디, 『인류사를 바꾼 위대한 과학』

홍인권

> "현대과학이 이처럼 위대하게 발전해온 저변에는 근간을 이루는 뿌리과학들이 자리하고 있다. 현대과학의 분류가 다양하게 발전하고, 세부 분야별 전문성이 두드러지게 발전했다 하더라도 이들은 모두 원류과학에 뿌리를 내리고 있음을 부정할 수 없을 것이다. 또한 그 학문적 발전이 이루어지기 전 우리가 살고 있는 우주의 탄생과 진화, 그 토대위에 생명의 탄생과 인류의 탄생, 현생인류 호모사피엔스의 출현과 생존 경쟁력은 어디에서 왔는가?" 이 책을 읽으면서 과학탄생의 시련과 배경을 살펴보고 과학의 파생 아이디어는 어디까지 뻗혀 나갈 수 있는가를 살펴보도록 한다."

현대과학의 근원, 뿌리 살펴보기

단웅이   이 책 『인류사를 바꾼 위대한 과학』*The Science Class You Wish You Had*의 서론에서 소개되는 내용을 요약해서 말씀해주세요

홍 교수 현대를 살고 있는 우리는 많은 첨단과학을 접하고 있는 현실입니다. 사실 이들 첨단 분야의 발전 속도는 매시간 변한다고 해도 맞을 겁니다. 우주개발분야, 미세입자과학, 생명과학, 통신 분야, 첨단항공기술등 이루 다 열거하기 힘들 정도로 다양하게 세분화되어 발전하고 있는 상황입니다. 그런데 이들 첨단 과학기술들의 그 이력을 살펴보면 몇 가지 주요 원류기술에 뿌리를 내리고 있음을 알게 될 것 입니다. 그래서 이 책『인류사를 바꾼 위대한 과학』에서는 그 원류기술을 7가지 뿌리과학에 기초한다고 보고, 7가지 과학기술에 대한 탄생과 학문으로서 자리 잡기 까지 역경을 겪은 위대한 과학자들의 생생한 노고, 심지어는 목숨을 바쳐 고수한 자신의 주장들을 같이 살펴보는 내용입니다. 물론 이 과학책의 특징은 우리의 선입견과는 다르게 외우는 공식이 하나도 나오지 않는다는 것입니다. 그냥 이야기로 읽는 것입니다. 특별하게 이 이야기를 하는 것은 과학 관련서적은 공식을 앞세워 이들 공식을 외우고 시험으로 이어지는 우리들의 학창시절(초중고뿐만 아니라 대학의 교육과정도 마찬가지지만)에 대한 기억을 떠올려서, 아예 공식 때문에 과학얘기에 접근하기 싫어함을 없애자는 의도입니다. 현대과학의 기초를 다진 사람 중 한사람인 아이작 뉴턴 얘기를 한번 듣고 가기로 하지요. 뉴턴은 위대한 업적을 이룩했지만 그의 소심하고 우울해하는 성격을 충분히 이해할 수 있습니다. 그가 태어나고 성장하는 환경을 보면 여러분들도 이해하리라 생각됩니다. 물론 그런 열악한 환경을 극복하고 위대한 연구 결과를 도출했음에는 많은 교훈들이 포함되어 있음은 물론이지요.

단웅이 그럼 뉴턴의 성장과정을 들려
주세요. 왜 우울하게 자랐나요?

홍 교수 뉴턴은 1642년 크리스마스에
영국의 시골마을 울즈소프 마을에서
체중이 아주 작은 아이로 태어났습니
다. 이날은 마침 위대한 과학자 갈릴
레오의 사망일이기도 합니다. 뉴턴의
태어난 날이 1642년 또는 1643년으로
기록되는 것은 이때가 율리우스력과

아이작 뉴턴   출처: istockphoto

그레고리력이 혼용되었기 때문입니다. 물론 달력은 이후에 그레고리
력으로 통일되어 지금까지 사용되고 있습니다. 어린아이 뉴턴이 깨
닫지 못했겠지만 뉴턴이 태어났을 때 뉴턴의 아버지는 이미 이 세상
사람이 아니었습니다. 뉴턴이 태어나기 3개월 전에 아버지가 사망했
기 때문입니다. 이때 뉴턴이 순조로운 가정에서 사랑받으며 자랄 많
은 가능성 중에 큰 한 가지가 없어진 거지요. 한 가정에서 자식들에
게 아버지의 역할과 영향력은 이루 다 설명할 수 없을 테니까요. 이
후 뉴턴이 세살 때 어머니는 건너 마을 스미스 목사 아저씨와 재혼하
고 외할머니한테 맡겨져 어린 시절을 보냈으니 뉴턴의 어린 시절이
밝지 않고 연속되는 흐린 날씨와 같았을 것이라는 것은 우리가 미루
어 짐작할 수 있을 것입니다. 후에 알려진 일이지만 뉴턴은 성장과정
에서 고백의 노트라는 일기메모형식의 글에서 스미스 아저씨와 어머
니를 원망하는 메모가 들어 있었습니다. 성장과정에 대해서는 이쯤
하고 뉴턴의 대학생활과 졸업 후 상황을 한번 살펴보기로 하지요. 뉴

턴은 61학번입니다. 여러분들이 22학번이지요? 뉴턴은 1661년도에 케임브리지대학의 트리니티 칼리지에 입학했습니다. 뉴턴의 대학시절의 교육풍조는 전통적인 아리스토텔레스의 이론이나 논리를 가르치는 것이었습니다.

물론 이때 최신의 발견이나 이론을 주장해온 갈릴레이나 케플러 등의 논리는 교과과정에 포함도 되지 못했을 겁니다. 이들 이론들이 학계에서 인정받고 더구나 교회가 인정하기까지는 그 후 수백 년이나 걸렸기 때문입니다. 뉴턴이 1665년 대학을 졸업하고 계속 대학에 머물면서 장학금을 받은 것으로 미루어볼 때 특정 연구팀에 속하거나 어떤 연구프로젝트를 수행하고 있었을 것으로 보입니다. 무엇인가 더 심오한 공부를 하며 연구를 계속하겠다는 의지가 있었던 거지요. 그런데 상황은 이상하게 엉뚱한 곳에서 꼬이기 시작했습니다. 이때 마침 유럽에 요즘의 팬데믹과 같은 상황이 밀어닥친 것입니다. COVID19가 아니라 흑사병이 런던을 덮친 겁니다. 런던의 모든 가게는 문을 닫았고 대학도 휴교를 하게 되었던 것입니다. 물론 인터넷을 이용한 원격회의, 원격수업을 상상도 할 수 없는 상태였지요. 뉴턴은 고향 울즈소프로 돌아가 대학이 다시 문을 연 1667년 봄까지 집콕을 한 것입니다. 이 동안 뉴턴이 무었을 했는지는 당시에 아무도 알 수 없었겠지요. 마치 여러분들 20~21학번이 대학에 들어온 상황하고 비슷하게 돌아가는 형국입니다. 펜데믹 상황에서 우리들도 대학에 등교는 못하지만 각종 인터넷 수단으로 학문적 소통을 활발히 하고 있음에 안도해야 할 것입니다. 인터넷이 없었으면 어쩔 뻔했어요? 뉴턴이 이 울즈소프 고향에서의 2년 동안 가히 과학의 혁명이라 불릴 큰 업적의 공부를 했다는 것이지요. 뉴턴의 업적을 일일이 열거하지 않아도 많은 자료에서 뉴턴이 이룬 많은 과학의 혁명적 결실들을 알 수 있을 겁니다.

천문학과 동서양 달력의 발전

단비 뉴턴의 생년에 대한 설명과정에서 달력의 차이점을 말씀하셨는데 지금 까지 완성되고 사용되는 달력에 대해 설명해주세요

홍 교수 네! 달력을 얘기할 때 율리우스력인가? 그레고리력인가? 라는 질문을 하게 되는데요. 결론부터 얘기하면 현재 우리가 사용하는 달력은 그레고리력입니다. 달력은 그 유래가 매우 오래된 이야기입니다 이미 B.C.4000년경에 시리우스별 관측결과로 계절과 시간의 흐름을 이해하기 시작 했다는 것입니다. 계절에 따른 나일강의 흐름 특성, 범람^{아케르}하는가?, 물이 빠져 파종을 하는가?^{페레트}, 추수철의 여름^{쉐무르}인가?로 계절을 구분하고 한 달이 10일씩 3주로 묶여있었습니다. 이 비옥한 삼각주 지역뿐만 아니라 고대 중국^{商나라시대}에서도 한 달이 10일씩 묶여 있었다는 자료가 있습니다. 죽은 선대의 왕들이 차례로 지하세계에서 동쪽으로 이동해 해가되어 아침에 동쪽에서 떠올라 서쪽으로 지는 규칙성이 있다고 생각한 거지요 이 왕들의 수가 10명으로 10개의 해가 차례대로 뜬다고 상상한 것입니다. 즉, 갑을병정……. 10간^干으로 이루어져서 반복되는 걸로 10간×3, 즉, 상순^{上旬}, 중순^{中旬}, 하순^{下旬}의 30일로 구성시켰습니다. 그리스인들은 헬리오스

아폴론과 피에톤(요한 하이스 작)   출처: Alamy

    태양신이 서쪽의 바다 밑에서 황금 사발 배를 타고 동쪽으로 이동하여 아침이면 태양마차를 몰고 하늘의 궤도를 타고 서쪽으로 간다고 믿었지 않았는가요?

    이때 달셀레네과의 관계를 언급한 것을 보면 달이 매일 일정한 시간, 같은 모양으로 떠오르지 않음을 표현해 놓았던 것입니다. 이집트에서 오랜 동안 사용되어온 달력이 BC 46년 로마의 율리우스 카이사르의 주도로 새로 정비하게 되었습니다. 홀수 달은 31일 짝수 달은 30일로, 2월은 29일등으로 정비하면서 다섯 번째 달인 퀸틸리스Quintilis를 자신의 생일 달을 기념하여 이름을 율리우스로 바꿨다는 것입니다. 이런 풍습이 유행이라도 된 것 인가요. 후계를 이은 아우구스투스도 여섯 번째 달인 섹스틸리스Sextilis를 아우구스투스Augustus로 바꿔

붙인 거지요. 거기에 더해 8월이 짝수 달임에도 31일로 만든 것 이지요. 어쨌든지 이렇게 사용되어오던 달력이 몇 가지 실제 날과 달의 경과와 달력의 날짜 사이에 불일치가 발생하고 수년간씩 그 불일치가 누적되면서 파종의 시기가 달력과 맞지 않음은 물론이거니와 교회 행사인 부활절도 해마다 일정치 않아 1592년 교황 그레고리 13세 때 일시에 날짜를 조정하고 달력을 보정해서 오늘날까지 그레고리력으로 사용되어 오고 있습니다. 그때 1600년대 초반까지도 율리우스력과 그레고리력이 혼용되었으니 뉴턴의 생년도 두 가지로 표현되었던 것입니다. 이건 홍교수 생각인데 우리가 달력을 채택해서 사용하면서 12개의 달을 아무 이름 없이 첫 번째, 두 번째..등 순서로만 사용하는 우리나라 달력이 참 너무 멋이 없는 듯합니다.

치욕과 죽음을 부르는 천문학의 불편한 진실

단웅이 천문학과 과학에 눈을 뜬 과학자들이 교회의 천동설을 완전 거부하지 못한 것은 좀 비겁하지 않은가요?

홍 교수 모든 과학자가 천동설을 거부하지 않은 것은 아닙니다. 그 당시에도 자유로운 사유와 자유로운 독서가 보장되어있지 않았던 것이지요. 지금 이글을 쓰는 순간에도 특정 도서를 금기하는 규정이 존재하고 있는 것은 사실입니다. 그때야 더할 나위 없었던 것이지요. 사람이 지극히 사적인 영역인 생각조차도 마음대로 못하고 표현하지 못한다는 것을 생각하면 말이 안 되겠지요. 1500년대 유럽에서도 금서가 존재했던 것입니다. 예로 에라스뮈스의 『우신예찬』愚神禮讚같은 도서가 있어요. 이 금서를 조르다노 브루노가 읽었기 때문에 그가 교회에 의해 피소가 된 거지요. 그때 브루노의 항변을 보면 브루노가 단지 금서를 읽었기 때문만은 아닌 것 같습니다. 이미 이 시기 새로운 과학혁명의 조류와 교회의 교리 사이에는 큰 갈등이 시작되었던 시기입니다. 이미 코페르니쿠스에 의해 우주의 중심이 지구가 아닌 태양이라는 것이 선언된 상황이었고 자연에 대한 동경심이 크고 범신론적 특성을 지닌 사제로서 사상과 표현에 대한 자유를 추구하는 브루노의 성정을 생각해볼 때 금서를 읽은 사실과 우주에 대한 태양중심설의 신봉에 대해 교회에 반성문을 썼을 것 같지는 않습니다. 브루노는 계속 태양계에 대한 코페르니쿠스의 이론을 연구했고 이는 자연스럽게 아리스토텔레스 이론과 부딪히게 되고 권력층의 사람들을 자극하게 되었습니다.

브루노가 당시 주장하기를 성경으로부터 도덕적인 가르침을 따를 수는 있지만 천문학적인 내용에 대해서는 동의할 수 없다 고 주장한 바를 현대에 사는 우리는 이해하지만, 교회가 법이요, 통치 권력인 당시에는 용인될 수 없는 상황이었겠지요. 결국에는 지구가 우주의 중심이 아니라는 것과 우주가 무한하다는 것, 별들이 수정구에 고정되어 있지 않다는 그의 저술의 내용으로 기소되어 7년간의 재판 끝에 자신의 주장을 철회하지 않고 죽음을 선택한 것입니다. 여기서 한번 눈여겨 볼만한 대목이 있습니다. 브루노가 독일로 피신해 있을 때 베네치아의 조반니 모체니고가 고향으로 돌아올 것을 권하고 브루노를 초대한 것입니다. 피렌체에서 사이좋게 지내던 모체니고가 갑작스럽게 등을 보인 것입니다. 모체니고가 종교재판소에 브루노를 고발한 것입니다. 지금 왜 모체니고가 브루노를 고발한지는 알 수 없습니다. 결국은 브루노의 죽음에 결정적인 역할을 한 인물이 모체니고인 것입니다. 상황을 이렇게 끌고 간 것이 결국 사람관계인 것이지요. 지금 모체니고 한테 그때 왜 브루노를 고발했는지 물어볼 수는 없습니다. 주변의 사람과 관계, 즉 믿음이 확실해야 된다는 교훈을 던져주는 대목입니다. 그럼 우리 이 대목의 질문에 답하기 위해서는 갈릴레오 갈릴레이1564를 얘기하지 않을 수 없습니다. 1564년 이 해가 천재가 태어나는 해였나 봅니다. 갈릴레이가 셰익스피어와 동갑내기이네요. 1616년 교회의 칙령은 갈릴레이의 연구에 찬물을 끼얹는 내용이었습니다. 코페르니쿠스의 학설은 거짓과 오류라고 교회에서 칙령으로 발표한 것입니다. 결정적인 문제가 터진 것은 1632년 갈릴레이가 『대화: 천동설과 지동설, 두 체계에 관하여』를 발표하면서 갈릴레이의 고난의 길이 시작되었습니다. 교회의 법대로 갈릴레이는 기소되어 재판으로 이어지고 그의 나이 70세인 1633년 무릎을 꿇고 자신의 모든 주요주장을 철회하고 목숨을 건진 후 연금 상태로 생을 마감했지요. 그 후 359년 만에 바티칸에서 과오를 인정하고 2009년 갈릴레이에게 사과를 했습니다. 2009년은 교황 바오로2세가 갈릴레이의 무죄를 언급한지 30년이 지난해인 셈입니다. 잘못 처분된 내용이 바로 잡히는 데도 수십 년 씩 걸린 것이지요. 갈릴레이가 자신의 주장을 철회하고 목숨을 건졌다고 '누가 비겁하다고 비난할 것인가?' 말입니다.

탈레스와 아낙시고라스가 내준 2500년 전의 숙제

단비 현대과학에서 물질개념을 다루면서 기본물질에 대하여 설명
해 주세요.

홍 교수 세상을 이루고 문명을 뒷받침해주는 모든 시설과 물질계를 이
야기 하면서 기본물질을 다루지 않을 수 없지요. 현대 물리와 화학의
개념이 설정 되면서 기본 물질로 당연히 원자를 들지 않을 수 없습니
다. 1700년대 후반으로 가면서 근대 과학적 개념의 원자는 보일, 라부
아지에, 달톤으로 이어져서 확립이 되었습니다. 즉 원자론이지요. 원
자의 개념에는 물론 원자내부의 구조가 원자핵과 전자로 구성된다는
것을 나타냅니다. 그렇다고 그 이전의 기본물질 개념들은 아무 쓸데
없는 주장일 뿐이었을까요? 뒤에서 또 설명할 기회가 있겠지만 현대
과학의 물질개념도 궁극적 기본물질을 밝히는 과정의 중간 단계가
아닐까하는 조심스런 질문을 던져보고 갑니다.

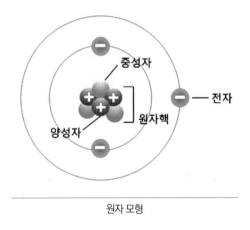

원자 모형

단비 그럼 근대적 개념의 기본물질 이전에는 어떤 내용들을 포함시킬 수 있습니까?

홍 교수 기본물질 개념은 멀리 그리스 시대까지 거슬러 올라갈 필요가 있습니다. 이 시기에는 학문이 세분되지 않고 모든 학문이 철학으로 묶여있었다고 봐야 될 것입니다. 그리스에서 철학이 탄생된 것은 신화로부터 벗어난 논리성을 찾기 위한 작업으로 봐야 될 텐데, 당연히 철학자들이 기본물질에 대해 고민했을 것입니다. 철학자들의 생각은 우주에서 별을 생각했을 것이고 일상에서 접하는 물건들의 질료質料를 고민했던 자료들이 많이 있습니다. 이들의 대표적인 예로 탈레스의 만물의 근원은 물이라는 것입니다. 또한 모든 물질의 근원 물질로 아낙시메네스의 공기, 크세노파네스의 흙, 헤라클레이토스의 불이라는 것을 들 수 있습니다. 이들 네 가지 기본물질 모두를 만물의 근원 물질로 보 사람들이 엠페도클레스, 데모크리토스, 아리스토텔레스등입니다. 이렇게 만물의 구성 성분을 고민했을 뿐만 아니라 미세입자 영역에 대한 개념도 이미 고대 그리스시대에 고민하고 제시되었음을 알 수 있습니다. 대표적인 인물로 아낙시고라스인데 그가 모든 물질을 작게 쪼갤 수 있다고 한 것입니다. 작게? 얼마나 작게 쪼갠단 말입니까? 그 작은 범위가 현대과학에서 얼마나 작게 쪼갤 수 있는지 계속 시험대에 올려 져 과학자들을 도전하게 만들지 않습니까?

단비 그럼 오늘날까지 물질은 얼마나 작게 쪼갤 수 있습니까?

홍 교수 하하 좀 어렵게 가는데요? 물질은 원자로 구성되고 모든 원자는 원자핵과 전자로, 다시 원자핵은 양성자와 중성자로 나뉘는 것은 모든 화학이나 물리교과서에 나와 있는 내용이지요. 그런데 최근에 물질을 소립자로 작게 쪼개는 과정에서 질량을 지배하는 물질과 물질의 구성에서 힘을 지배하는 물질이 따로 존재한다는 것이 밝혀졌습니다. 소위 힘의 소립자 보손입니다. 이들 보손에는 글루온, 힉스등이 존재함을 찾아낸 것입니다. 이 거 너무 깊숙이 물질의 근원 속으로 빠져 들어간 느낌입니다. 이렇게 작은 개념으로 쪼개는 작업이 계속 되지만 기본 물질은 원소element로 봐야 될 것 같습니다. 이들의 특성을 잘 나타내고 규칙성을 찾아 나열한 것이 현대화학의 주기율표 periodic table of the element 인데요, 이는 러시아의 화학자 멘델레예프가 이때까지 알려진 원소 61개의 주기성으로 창안하여 발표1696년한 것입니다. 물론 이때 현재와 같은 수의 원소들이 발견되지 않아 61개의 원소에 불과했습니다. 또한 다른 사람들도 비슷한 형태의 주기율표를 발표했는데 멘델레예프의 주기율표가 타당성이 제일 우수한 것으로 사용되어왔습니다. 그중 중요한 점은 그 당시 주기율표에서 채워지지 않은 즉, 발견되지 않은 빈자리에 어떤 특성의 원소가 올 것이라는 것이 정확히 주기성으로 예측이 되었다는 것이지요

인류를 살리는 과학과 인류를 죽이는 과학

단웅이 모든 과학이 인류에게 미치는 영향이 장단점의 양면성이 있을 텐데요? 이 분문에 대해 어떤 설명을 주실 수 있는지요.

홍 교수 그렇지요. 어떻게 보면 인간, 모든 동물이나 식물이 숨 쉬며

살아가는 것이 원자과학의 실현이라고도 할 수 있습니다. 간단한 예로 식물의 동화작용炭素同化作用 탄소를 공급받아 체내에서 성장과 생명유지에 필요한 양분, 탄수화물을 합성하는 작용입니다. 무기물에서 유기화합물로 전환되는 과정이지요. 물론 이 정도의 지식은 우리가 중고등학교 교과과정을 통해 이론과 실험을 경험한 내용들입니다. 고고학사전을 참고해보면 이들 중에 포함된 방사성탄소(^{14}C)가 다른 동위원소와 섞여 이산화탄소를 형성하고 생물체의 호흡과정에 관여하여 체내 방사성탄소가 대기권의 방사성탄소와 평형상태를 이루게 됩니다. 그런데 생물체가 호흡을 중지하면 방사성탄소의 체내 출입이 중지되고 체내에서 붕괴되어 ^{14}N로 돌아가게 되어 체내에 남아 있는 방사성탄소의 농도가 그 생체의 사망년도를 측정하는 지표가 되는 것입니다. 어떤 물질의 농도가 원래의 1/2로 감소되는데 걸리는 시간을 반감기라 합니다. 방사성탄소의 반감기는 국제적으로 대략 5568년으로 설정이 되어 있습니다. 이렇게 방사성탄소의 농도 측정에 의해 고고학이나 문화적 유물 등에 대한 연대를 측정하는 것입니다. 물론 이 연대 측정법에도 다소의 오차가 존재하게 되어 있습니다.

단웅이 극단적인 예라면 핵화학이 떠오릅니다. 핵화학에 대하여도 교수님께서 한번 짚어주세요.

홍 교수 원자를 구성하는 핵으로부터 어떻게 에너지를 얻어내느냐가 관건이 되었지요. 원자핵을 향해 양성자를 돌진시켜 충돌하게 하는 겁니다. 이러한 원리를 알게 된 과학자들은 경쟁적으로 실험 장치를 개발하게 되었고 드디어 1932년에 성공을 거두게 된 것입니다. 엄청 난 실험결과를 얻어낸 것이지요. 월턴발생기가 탄생된 것입니다 월 턴은 이 실험에 참여한 물리학자들 중 한명입니다. 사실 여기에서는 핵화학의 원리를 자세하게 설명할 필요는 없습니다. 이후 원자력에 너지 이용계획이 수립되었는데[1939년]. 이 기간이 제2차 세계대전 중이 라는데 문제를 안고 있는듯합니다. 자연스럽게 그 이용계획이 군사 적 목적으로 방향이 잡혀간 거지요. 이런 내용을 담은 편지에 아인슈 타인을 비롯한 여러 명의 과학자가 서명을 하고 당시 미국 대통령에 게 전달되어 이후 계획이 프록젝트화 되어 원자로 핵분열실험[시카고 파일, 1942년]의 성공으로 이끈 것입니다. 원자력에너지 수립계획에서부 터 불과 몇 년 사이에 핵분열실험으로 이어지고 이 시기가 군사적으 로 민감한 시기라는 것이 우리가 과거를 돌이켜볼 때 충분히 느낄 수 있는 시기였던 것입니다. 드디어 이 그룹에서 핵 폭발실험을 수행해 서 성공한 것[트리니티실험] 1945년 7월 16일이었습니다. 시간을 역산해보 면 원자폭탄[리틀보이]이 히로시마에 투하된 때가 1945년 8월 6일 이니 까 트리니티실험 후 불과 20일후입니다.

　핵폭발 실험할 때는 이미 원자폭탄이 완성되었거나 거의 완성단 계에 있었음을 미루어 짐작할 수 있습니다. 이는 현대의 핵무기가 문 제 될 때도 암시하는 바가 큽니다.

단웅이　그래서 결국은 핵 에너지 이용계획이 군사적 목적으로 실현 된 거네요?

홍 교수　그렇지요. 핵에너지 이용계획차원에서만 보면 이 계획은 계획대로 실행된 거지요. 인류에게 엄청난 재앙을 몰고 오는 이 무서운 계획이 말입니다. 그런데 우리가 여기서 신화를 한번 돌이켜 봅니다. 그리스 신화에서 신들 중 인간을 만들고 인간에게 특히 친절한 신이 누구였습니까? 그가 프로메테우스입니다. 프로메테우스가 인간을 만들려는 계획을 제우스에게 보고했을 때 제우스의 반응이 궁금하지요? 결론부터 예기하면 제우스는 인간을 만드는데 반대했습니다. 인간을 신을 위협할 위험한 존재로 본거지요. 그러니 프로메테우스가 제우스를 설득해서 허락을 받고 인간을 만들기까지 얼마나 많은 노력을 했겠어요. 이때 이미 인간의 1차 위험성을 경고한 거지요.

제우스가 가장 두려워한 존재?

단비　　그럼 제우스의 2차경고가 이어진다고 보시는지요?

홍 교수　네 제우스와 프로메테우스의 2차 갈등은 인간에게 불을 주려는 프로메테우스와 인간은 위험한 존재이니 절대 불을 주면 안 된다는 제우스가 팽팽하게 맞선거지요? 결과를 알지 않습니까? 불을 주지 말라는 제우스의 경고에도 인간을 끔찍하게 사랑한 프로메테우스는 제우스 몰래 인간에게 불을 그것도 훔친 불을 건네주고 얼마나 많은 벌과 고통을 받았습니까? 내가 보기에는 핵에너지 특히 원자폭탄은 불입니다. 인간이 소유하면 결국은 사용하려고 하고 사용하게 되면 모두가 파멸로 간다는 것을 우리는 알 수 있습니다. 이 얼마나 무서운 불입니까?

실러와 함께 가는 엘리시움의 세계

단웅이 똑똑하다고 자부하는
인간들이 이 무서운 불의 종말
을 모르고 있었나요?

홍 교수 아니지요. 이런 갈등의
상황을 미리 예언하거나 예측
하는 사람들이 선지자이겠지
요. 그 중 독일의 시인 실러 애
기를 하고 싶습니다.

실러는 1785년 환희의 송가
An die Freude의 시에서 인류의 갈
등 없는 환희의 세계 엘리시
움Elysium으로 함께 가기를 제
안 했던 겁니다. 가혹한 현실
이 갈라놓은 자들을 신비로운
환희의 힘으로 결합시켜 천상

제우스의 무서운 눈을 피해야지, 바람에 꺼질세
라 노심초사 회향나무통에 천상의 불을 훔쳐오
는 프로메테우스

출처: Alamy

의 엘리시움으로 형제가 되어 함께 가자고 제안을 한 거지요. 당시
이 시는 매우 유명했던 것 같습니다. 그 몇 십 년 뒤에 베토벤이 환희
의 송가를 감명 깊게 읽은 것입니다. 베토벤은 자신이 써놓은 역작 9
번 교향곡에 환희의 송가 가사를 붙여 합창곡으로 완성한 거지요. 지
금도 화합의 의미로 베토벤 9번 교향합창곡이 연주와 합창으로 불리
고 있습니다.

환희여, 아름다운 신의 광채여,

천상낙원의 딸들이여,

우리는 정열에 취하고

빛이 가득한 신의 성전으로 들어간다!

가혹한 현실이 갈라놓은 자들을

신비로운 그대의 힘으로 다시 결합시키는 도다.

그리고 모든 인간은 형제가 되노라,

온화한 그대의 날개가 머무르는 곳에서······.

〈환희의 송가〉 앞부분〉

　　지금까지 함께 살펴본 내용들이 신화나 다른 세계에서 일어나는 일들이 아니잖아요? 지금 이 시간에도 지구촌 어디선가 분쟁과 전쟁이 계속되고 그 파장은 우리가 고요히 잠자고 일어난 어느 날 아침부터 생활 속에서 경험하게 되지요. 이 책에는 그 외에 빅뱅에서부터 태양계의 형성, 지구의 탄생부터 주기적으로 나타나는 재앙들, 2억5천만 년 전의 화산분출에 의한 재앙, 6천6백만 년 전의 유카탄반도의 혜성충돌로 인한 생태계의 재탄생, 생태의 진화, 인류의 탄생과 진화, DNA의 발견과 재조합 기술 등의 소개가 이어집니다.

참고 문헌

1. 저서

아널드 R 브로디·데이비드 E 브로디, 김은영 옮김, 『인류사를 바꾼 위대한 과학』, 글담출판, 2013.

카렌 암스트롱, 정영목 옮김, 『축의시대』, 교양인, 2006.

2. 사진 자료

alamy(www.alamy.com)

flickr(www.flickr.com)

istockphoto(www.istockphoto.com)

wikimedia commons(commons.wikimedia.org)

김민수   단국대학교 교양기초교육연구소 교수.

한나 아렌트의 정치사상 연구로 시작하여 근대 지성사와 사상사 전반을 현대적으로 재해석하는 데 관심을 가지고 있다. 주요 논문으로는 「한나 아렌트의 인권의 정치와 환대의 윤리」, 「한나 아렌트의 '권리를 가질 권리'에 내재된 행위 개념의 의미와 곤란」, 「감정과 정동 사이: 감정의 역사화를 위한 방법론적 시론」 등이 있다.

김유미   단국대학교 자유교양대학 교수.

현대희곡을 전공하고 연극평론가로 활동하고 있다. 특히 아동청소년극에 지속적인 관심을 기울여왔다. 또한 사람들과 함께 연구하기를 좋아해서 다양한 장르의 전공자들과 대중서사연구회에서 공부했다. 저서로『내일을 위한 오늘의 연극』과『종합교양잡지와 연극비평지의 탄생』등이 있다.

박웅준   단국대학교 생명과학부 교수.

식물호르몬 옥신(auxin)의 작용과 생합성을 공부하였으며 옥신과 밀접한 연관을 지닌 뿌리의 발달에 관심이 많다. 옥신처럼 인돌 그룹을 가진 멜라토닌이 사람뿐 아니라 식물에도 존재한다는 사실에 착안하여 식물에서 멜라토닌의 역할을 알아내고자 하는 연구를 수행하였다. 현재에는 식물의 RNA 병원체이지만 그 안에 유전자로 확인되는 부분이 존재하지 않아 병원성 메커니즘이 거의 알려지지 않은 바이로이드에 관심을 기울이고 있다. 연구주제 관련 논문들을 지속적으로 발표하였다. 연구와 별도로 과학의 교양 교육에 관심이 많아, 생물체들이 먹고 먹히는 관계에서 어떻게 공격하고 어떻게 방어하면서 세상을 살아내는지 다룬 「생명의 전쟁」 과목을 강의하고 있다.

서상국   단국대학교 유럽중남미학부 러시아어과 교수.

20세기 소설을 전공했다. 대표 저서로는 『러시아 시 I 』, 『알렉산드르 세르게예비치 푸시킨 시』 등이, 번역서는 톨스토이의 『부활』, 도블라토프의 『외국인 여자』 등이 있다. 이 외에 러시아 수용소 문학과 사망 문학에 관한 논문이 다수 있다.

성은애   단국대학교 영미인문학과 교수.

19세기 여성작가, 산업혁명 이후 그리스 고전 수용사, 고전 번역 등에 관심을 두고 연구하고 있다. 최근 논문으로 「런던의 메데이아」, 「역사와 유령」, 「유대계 영문학의 분기점」, 「19세기 팬데믹과 영국소설」 등이 있다.

오민석 단국대학교 영미인문학과 교수.

시인이자 문학평론가이며 대중문화 연구에도 관심이 있다. 저서로는 『현대문학이론의 길잡이』, 『정치적 비평의 미래를 위하여』와 대중문화 연구서 『나는 딴따라다: 송해 평전』, 『밥 딜런, 그의 나라에는 누가 사는가』, 문학평론집 『몸―주체와 상처받음의 윤리』 등이 있다.

이동희 단국대학교 법과대학 교수.

현대자연법론과 인권론, 정의론 등에 관심을 갖고 연구하고 있으며, 학교에서 법철학, 법사회학, 법사학, 정의론 등을 강의하고 있다. 논문으로 「자연법의 구체화와 실정법의 정당성」, 「현대인권론과 공리주의―인권의 정당화―」, 「규범적 정의론과 절차적 정의」 등이 있고, 저서로는 『법철학요해』, 『법학입문』, 『법? 법!』 등이 있다.

이봉우 단국대학교 과학교육과 교수.

물리교육 및 교사교육, 과학사, 과학관 및 과학대중화에 관심을 갖고 있다. 대표 논문으로는 「물리학자의 연구문제 발견 사례를 통한 과학적 탐구에 대한 시사점」, 「선행탐구 변경을 통한 탐구 주제 발견 활동에서 예비 과학교사의 전략 분석」이 있으며, 대표 저서로는 『과학선생님, 영국가다』, 『과학선생님, 프랑스가다』, 『과학선생님, 독일가다』 등이 있다.

이유진 단국대학교 교양기초교육연구소 교수.

조선후기부터 근대에 이르기까지 역사체험과 지식을 기록하고 유통하는 방식에 관심을 가지고 있다. 주요 연구 성과로는 「『쇄미록』에 투영된 임진란에 대한 책무의식과 감정의 파고」, 「이순신 문학의 역사적 전기와 그 의미: 애국계몽기 「이순신전」을 중심으로」, 「『삼국지연의』의 문학적 위상의 전변」 등이 있다.

임승필 가톨릭관동대학교 VERUM교양대학 교수.

칸트 및 서양근대철학 전공. 저서와 논저로는 『형이상학의 꿈으로 해명한 영을 보는 사람의 꿈』, 「이성과 믿음의 관계에 대한 하만과 칸트의 견해: 흄의 딜레마에 대한 대응을 중심으로」, 「영혼 불멸의 믿음에 대한 칸트의 견해: 『모든 것들의 끝』을 중심으로」 등 다수가 있다.

조헌국 단국대학교 교육대학원 AI융합교육전공 교수.

과학과 예술의 융복합, 현대 과학사 및 과학철학, 인공지능을 활용한 학습성과 예측, 자연어 처리를 활용한 사용자 응답 분석을 하고 있다. 대표 저서로는 『초등학교 3~4학년 "과학" 교과서』(대표저자), 『과학으로 보는 예술, 예술로 보는 과학』이 있다.

홍인권 단국대학교 화학공학과 교수.

과학과 공학기술의 인문적 사고 융합화/열역학 원리를 이용한 분리 기술, 기능성 화장품연구, 기술경영자문을 맡고 있다. 대표 저서로는 『미래기술의 전망』, 『화공시스템실험』, 『화공열역학외』(역서) 등이 있다.